Zu diesem Buch

Viele Menschen trauen ihren Gefühlen nicht oder fürchten, von ihnen überwältigt zu werden. Deshalb versuchen sie, Konflikte oder Probleme nur mit dem Kopf zu lösen. «Focusing» ist eine ebenso vorsichtige wie wirkungsvolle Methode, mit den eigenen Gefühlen in Kontakt zu treten und zu lernen, ihnen wieder zu vertrauen. Die Konzentration auf den Körper hilft, das innere Erleben aufzuspüren. Wie Sie das erreichen können, allein oder mit einem Partner, wird einfühlsam und praktisch nachvollziehbar erläutert.

Martin Siems, geboren 1948, arbeitet als Psychotherapeut in Hamburg. In den letzten Jahren interessierte ihn in besonderem Maße, Laien Möglichkeiten der therapeutischen Selbsthilfe nahezubringen. Daraus entstand das Hamburger Focusingprojekt.

Zusammen mit Lutz Schwäbisch veröffentlichte er «Anleitungen zum sozialen Lernen für Paare, Gruppen und Erzieher» (rororo sachbuch 6846) und «Selbstentfaltung durch Meditation» (rororo sachbuch 8321).

Martin Siems

Dein Körper weiß die Antwort

FOCUSING als Methode
der Selbsterfahrung

Eine praktische Anleitung

Rowohlt

Originalausgabe
Umschlaggestaltung Klaus Detjen
Redaktion Beate Laura Menzel

29.–33. Tausend November 1990

Veröffentlicht im Rowohlt Taschenbuch Verlag GmbH,
Reinbek bei Hamburg, März 1986
Copyright © 1986 by Rowohlt Taschenbuch Verlag GmbH,
Reinbek bei Hamburg
Satz Times (Linotron 202)
Gesamtherstellung Clausen & Bosse, Leck
Printed in Germany
980-ISBN 3 499 17968 7

Inhaltsverzeichnis

Teil III: **Anleitung zum partnerschaftlichen Focusing**

Vorwort

Schon immer hatte ich den Wunsch, ein Buch zu schreiben, das den Laien wirklich dazu befähigen kann, auf Probleme aus sich selbst heraus Antworten finden zu können, anstatt von äußeren Autoritäten und Meinungen abhängig zu sein – nach dem Motto des chinesischen Sprichwortes: «Schenke den Menschen keine Fische – sondern lehre sie statt dessen das Angeln!»

Ich bin außerdem der Meinung, daß dieses Buch nicht nur für den Laien eine wichtige Anleitung und Anregung sein kann. Jeder, der in einem helfenden Beruf steht, sei es als Psycho- oder Körpertherapeut, als Lehrer, Arzt, Sozialarbeiter oder Geistlicher, wird wichtige Anregungen für seine helfende Tätigkeit finden.

Ich bin den verschiedenen Psycho- und Körpertherapeuten dankbar, die mich auf meinem Weg begleitet und unterstützt haben. Ohne ihre Hilfe hätte dieses Buch nicht entstehen können. Vor allem danke ich Gene Gendlin, Ernst Juchli, Friedhelm Köhne und Johannes Wiltschko für das, was ich durch sie und mit ihnen über Focusing gelernt habe. Weiterhin danke ich Ron Kurtz und Halko Weiss für das, was ich in der Hakomi-Therapie lernte, die dieses Buch stark beeinflußt hat. Außerdem danke ich John Brinley für seine Unterweisung in der Gestalttherapie und Michael Smith für sein Training in Reichianischer Atemtherapie.

Mein besonderer Dank gilt allen meinen Focusingpartnern, mit denen ich über lange Zeit das partnerschaftliche Focusing entwickeln konnte, vor allem Friedemann Pflug. Und selbstverständlich danke ich all den Teilnehmern an unserem Hamburger Focusingprojekt, deren Arbeit und deren Erfahrungen die Grundlage dieses Buches bilden.

Ich hoffe, daß ich einiges weitergeben kann, was ich selbst an Hilfreichem und Schönem erhalten und erfahren habe, und ich wünsche mir, daß dieses Buch vielen Menschen helfen kann, einen besseren Zugang zu der Weisheit ihres Körpers und tief in sich selbst ihren inneren Guru zu finden. Focusing ist ein guter Weg zu diesem Ziel.

Teil I
Der Focusingprozeß

1. Einführung

Focusing ist keine neue Therapiemethode und keine neue Heilslehre. Focusing ist die Beschreibung eines grundlegenden Veränderungsprozesses in unserem Erleben, der möglich ist, um bei der Beschäftigung mit einem Problem, mit einer schwierigen Situation oder bei der Suche nach einer kreativen Lösung Erfolg zu haben.

Insofern ist Focusing nicht neu. Jeder von uns hat es schon einmal intuitiv richtig durchgeführt – nämlich dann, wenn er bei der Beschäftigung mit einem Problem eine Lösung oder Entspannung gefunden hat. Aber da uns nicht bewußt war, was wir in diesen günstigen Fällen unserer Selbsterforschung richtig gemacht hatten, halfen uns diese positiven Erfahrungen nicht dabei, unseren inneren Prozeß zu verbessern, wenn wir wieder und wieder nachdachten und sich keine Lösung oder Entspannung einstellen wollte. Kennen wir das nicht alle? Wir verbeißen uns in ein Problem, verfolgen immer wieder die gleichen Gedankenschleifen, fallen immer wieder in dieselben altbekannten Gefühle hinein, erzählen immer wieder die gleichen Geschichten – und es verändert sich nichts? Hier kann Focusing helfen, da es den möglichen positiven und effektiven Veränderungsprozeß in unserem inneren Erleben genau beschreibt. Obwohl dieser innere Veränderungsprozeß eigentlich ganz einfach und unkompliziert ist, konnte er erst durch das Konzept des Focusing klar erkannt und definiert werden. Dies ist das Verdienst des amerikanischen Psychologen und Philosophen Gene Gendlin, der diesen Veränderungsprozeß erforschte und ihm den Namen «Focusing» gab.

Gendlin hatte die Beobachtung gemacht, daß die Klienten, die in ihrer Therapie Erfolg hatten und in ihrem Leben positive Veränderungen erfuhren, sich irgendwie anders auszudrücken schienen als die Klienten, die in ihrer Therapie keine Fortschritte machten. Erfolgreiche Klienten schienen anders zu sprechen, anders in sich hineinzuhorchen; sie hatten anscheinend ein besonderes Verhältnis zu ihrem Körper und erlebten schon während des Gespräches größere Veränderungen.

Gendlins aufregende Entdeckung war die, daß diese Merkmale im Erleben und Ausdruck der Klienten wichtiger für deren Veränderung und Wachstum waren als die Fähigkeiten und Techniken der Psychotherapeuten oder deren therapeutische Ausrichtung. Es war also *unabhängig* von der therapeutischen Methode so, daß die Art und Weise, in der der Klient mit seinem inneren Erleben Kontakt aufnahm, die ausschlaggebende Variable dafür war, ob sich durch die Therapie im inneren Erleben des Klienten etwas bewegen und verändern würde.

Gendlin begann jetzt, diese Art des Kontaktes mit dem eigenen Erleben begrifflich zu fassen und nannte diese Art Focusing, und das erstaunliche ist, daß das, was Gendlin über ein effektives Umgehen mit dem eigenen Erleben bei Klienten in der Psychotherapie entdeckte, ganz allgemein für alle Menschen und alle möglichen Situationen gilt. Wir können uns diesen Focusingprozeß nutzbar machen für die Lösung *persönlicher* Probleme, für das bewußtere Erleben unserer *Umwelt,* für bewußtere und offenere *Kommunikation mit* unseren Mitmenschen oder für einen langfristigen Weg der *Selbstentfaltung.* Ebenso können wir Focusing bei der kreativen Problemlösung und für den kreativen Ausdruck, besonders im künstlerischen Bereich, nutzen. Focusing steigert die Fähigkeit, sein Leben aus seiner Mitte heraus zu leben – und das wiederum erhöht die persönliche Befriedigung wie auch die Effektivität des Handelns in allen Lebenslagen.

Gendlin begann, diesen allgemeinen Focusingprozeß in einer Abfolge von verschiedenen Schritten abzubilden, um ihn lehrbar zu machen. Denn warum sollte nicht jedermann von diesen erfolgreichen Klienten lernen können? Mit diesen praktischen sechs Schritten befassen wir uns in diesem ersten Teil «Der Focusingprozeß». Auf diese Weise können wir mit Alltagsproblemen arbeiten, aber auch auf fokussierende Weise richtige Entscheidungen finden oder uns künstlerisch ausdrücken.

Wenn wir Focusing für einen langfristigen Weg der Selbstentfaltung nutzen wollen, können wir Focusing in einen bestimmten Kontext stellen und den allgemeinen Focusingprozeß in anderer Art abbilden und lehrbar machen. In Teil II dieses Buches «Focusing und Charakter» stellen wir Focusing in den Kontext der Charaktertheorie von Wilhelm Reich, und im Teil III: «Anleitung zum partnerschaftlichen Focusing», wird Focusing in der Verbindung mit dieser Charaktertheorie auf eine fließendere Art lehrbar gemacht, als es durch die sechs Schritte von Gendlin möglich ist. Meine Erfahrung ist, daß Focusing auf diese Weise zu einem tiefen und wesentlichen Weg der Selbstentfaltung werden kann – und zwar auf eine Weise, bei der wir uns durch unser Inneres, durch unseren Bauch, durch unseren Körper oder durch unseren «inneren Guru» leiten lassen, – wie immer wir das nennen wollen.

Und das ist gerade das Ziel von Focusing – es bringt uns in Kontakt mit unserer inneren Weisheit und macht uns unabhängig von äußeren Autoritäten oder unseren inneren Glaubenssystemen. Ich denke, die meisten von uns haben gesehen, daß es kaum möglich ist, ein Leben in Abhängigkeit von den Meinungen irgendwelcher Autoritäten, Experten, Buchautoren oder Gurus zu führen. Ebenso haben viele schon erfahren, daß der eigene Kopf mit all seinen früheren Erfahrungen, seinen Philosophien und Glaubenssystemen auch nicht der verläßlichste Führer ist. Focusing weist uns den Weg zu etwas Neuem – zu einer Quelle unseres Erlebens in unserem Inneren, die wir mit und in unserem Körper wahrnehmen können und die zu einem verläßlichen Führer in unserem Leben werden kann. Diese Quelle liefert alle Informationen, die wir brauchen; Focusing weist uns den Weg, mit dieser Quelle Kontakt aufzunehmen und unser Leben immer mehr von hier aus zu leben und zu gestalten.

Selbstverständlich kannst du weiterhin Bücher lesen, Autoritäten befragen oder Methoden ausprobieren – aber der Punkt, von dem aus du diese Dinge tust, von dem aus du beurteilst, was dir gerade helfen kann und was nicht, dieser Punkt liegt ganz in dir. Du brauchst kein Nachbeter irgendwelcher Erkenntnisse, kein Anhänger irgendeines Gurus und kein Verfechter irgendeiner Methode zu werden. Du kannst alles benutzen – aber deine letztendliche Autorität ist diese Quelle deines Erlebens in deinem Körper. Focusing kann dir helfen, sie zu finden.

– Dein Körper weiß die Antwort –

2. Der «felt sense»

Bevor wir uns damit beschäftigen, wie Focusing in der Praxis ausse-hen kann, will ich das Kernstück des Focusing, den «felt sense», vor-stellen. Vielleicht wirst du nicht gleich alles verstehen, auch wenn ich mich bemühen werde, den «felt sense» von den verschiedensten Sei-ten zu beleuchten. Vielleicht empfindest du dieses Kapitel als beson-ders schwierig und theoretisch. Dann sei auf jeden Fall beruhigt, denn später wird es sehr viel konkreter und praktischer. Vielleicht ist es deshalb sinnvoll, dieses Kapitel ganz zum Schluß des Buches noch einmal zu lesen.

Die zentrale Erkenntnis, die hinter dem Focusing steht, ist fol-gende:

> Damit sich unser inneres Erleben bewegt und
> verändert, müssen wir mit einer Erlebnisqualität
> Kontakt aufnehmen, die noch hinter den Worten,
> Bildern, Körperempfindungen und Emotionen liegt.

Diese Erlebnisqualität nennt Gendlin den «felt sense». Übersetzt heißt das «die gefühlte Bedeutung» oder «der gespürte Sinn», und praktisch bedeutet das ein vages, noch undeutliches Gefühl zu einer Sache, einem Problem, einem Menschen oder einer Situation, das wir auf schemenhafte Art in unserem ganzen Rumpfraum spüren kön-nen. Ich lasse hier den englischen Begriff «felt sense» als Kunstwort stehen, und wir werden aus den unterschiedlichsten Blickwinkeln auf dieses «Etwas» schauen und es mit den verschiedensten Begriffen be-schreiben. Andere Worte für dieses vage innere Gespür im Bauch- und Brustraum wären: «körperliche Resonanz» und «innere Aura». Es geht also um die Frage: «Wie fühlt sich das eigentlich an in meinem Körper, wenn ich über dies und jenes nachdenke?» oder: «Wie schwingt mein Körper mit, wenn ich mir dieses vorstelle?»

Diese *körperliche Resonanz* zu einem Problem, einer vorgestellten Person oder Situation, ist also ein noch vages und undeutliches Gefühl in meinem Körper, was per definitionem noch keine Worte, Bilder, Emotionen, Körperempfindungen oder andere fest umrissene und geformte Erlebniseinheiten in sich hat. Der «felt sense» ist noch et-was Ungeformtes – also etwas Vages, Undeutliches und Nebelhaftes.

Und dennoch können wir uns auf ihn direkt beziehen – bei der praktischen Ausübung von Focusing.

Wenn wir in unser Innenleben hineinschauen, dann werden wir Gedanken, Bilder, Emotionen oder Körperempfindungen wahrnehmen. Meist haben wir eine Vorliebe für eine oder mehrere dieser Erlebnisebenen. Der eine denkt mehr in Worten und Begriffen, der andere hält sich besonders gern auf der Ebene der Imagination auf, und wieder ein anderer hat sich für seine Körperempfindungen sensibilisiert und nimmt seine Welt besonders durch seinen Körper wahr.

In verschiedenen Therapieschulen werden diese Erlebnisebenen in verschiedenem Maße genutzt. Meist wird auf der *verbalen* Ebene gearbeitet – wie in der Psychoanalyse oder den verschiedenen Gesprächstherapien. Im katathymen Bilderleben, in der Psychosynthese und in anderen imaginativen Verfahren arbeitet man hauptsächlich auf der *Bilderebene*. Einen großen Teil der Arbeit nimmt in der Primärtherapie, der Gestalttherapie und der Reichianischen Atemtherapie die Arbeit mit den *Emotionen* ein, und in verschiedenen Atem- und Körpertherapien arbeitet man primär mit den *Körperempfindungen*.

Aber bei all diesen verschiedenen Methoden muß auf die eine oder andere Weise Bezug zu etwas genommen werden, was hinter diesen Ebenen der schon geformten Einheiten liegt – sonst würde keine Veränderung geschehen. Es muß zu etwas Bezug genommen werden, was noch zentraler ist als die schon geformten Erlebniseinheiten – und das ist der «felt sense».

Ich möchte zur weiteren Beschreibung noch zwei neue Begriffe einführen: wir nennen die Gesamtheit der schon geformten Erlebniseinheiten «das Explizite», und das, was wir eben mit dem «felt sense» umschrieben haben, das Ungeformte, nennen wir «das Implizite».

Das Implizite, der «felt sense», ist also das, was nur vage zu spüren ist und noch keine Worte und Bilder hat. Das Explizite ist das Reich der Symbole und fest umrissenen Formen. Das sind die Bilder, die Worte, die Emotionen und die fest umrissenen Körperempfindungen.

Man könnte sich auch andere graphische Abbildungen für das Verhältnis von Implizitem und Explizitem ausdenken. Beispielsweise könnte man versuchen abzubilden, daß Emotionen oder Körperempfindungen dichter am Impliziten dran sind als Worte und Bilder. Aber hier will ich solch einen Gesichtspunkt ganz unberücksichtigt lassen.

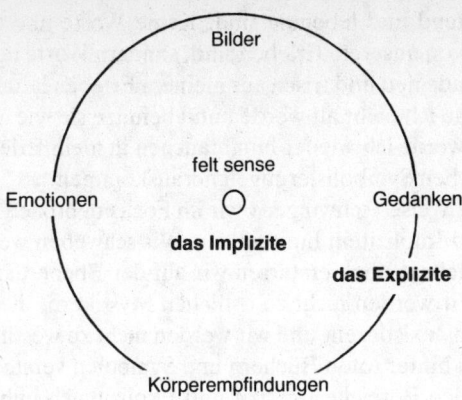

Ich will mit diesem Schema einfach klarmachen, daß es in uns etwas Implizites gibt, per definitionem ohne Form und Benennung, und daß es da das Explizite gibt, das Reich der Namen, Bezeichnungen, Begriffe und festen Formen.

In der Mitte unseres Erlebens liegt das Implizite, das Ungeformte, auf das wir uns beim Focusing immer wieder beziehen. Wir tauchen beim Focusing in dieses Implizite hinein und gelangen dann beim Ausdrücken des Erlebens wieder aus der Mitte zur Peripherie – in den Bereich des Expliziten, der Worte und Bilder.

Das Implizite expliziert sich in den Symbolen

Unser inneres Erleben – oder auch das Leben – zeigt sich uns in Begriffen, Worten und Bildern. Das ist ein Prozeß wie: Entstehen, Gebären, in Existenz bringen, in die Welt bringen.

Wenn wir aber den Bereich der Symbole verlassen, um in den Bereich des Impliziten einzutauchen (wenn wir also Kontakt mit dem «felt sense» aufnehmen), dann geben wir die alten Formen auf, lassen alte Begriffe und Namen los, tauchen in den Strom unseres inneren Erlebens hinein. Das ist dann ein Prozeß wie: Loslassen, Auflösen, Sterben und zur Quelle gehen.

Und wir tauchen in den inneren Strom unseres Erlebens hinein, um mit neuen Begriffen und Worten wiederzukehren, die jetzt frisch, neu, zutreffend und lebendig sind. Keine Worte und Symbole, die abgetrennt von unserem Erleben sind, sondern Worte und Bilder, wie sie jetzt gerade neu und frisch aus meinem Erleben heraus entstehen. Und die lasse ich nicht alt werden und benutze sie wie alte Ladenhüter. Gleich werde ich wieder hinabtauchen in mein Erleben und wieder mit frischen Symbolisierungen herauskommen.

Auf diese Weise «schwingen» wir im Focusingprozeß zwischen Explizitem und Implizitem hin und her. Wir schweben weder im ungeformten Erleben, noch erstarren wir auf der Ebene der Namen und Begriffe. Wir werden nicht zu östlichen Mystikern, die nur noch im reinen «Sein» existieren, und wir werden nicht zu westlichen Gelehrten, die sich hinter toten Büchern und Symbolen verstecken, wir lassen die beiden Bereiche Implizit und Explizit sich immer wieder in einem lebendigen Prozeß durchdringen.

Noch einen Unterschied zwischen Implizitem und Explizitem möchte ich hier hervorheben, der auch später bei der praktischen Anwendung wichtig sein wird. Die Art der Informationsspeicherung in beiden Bereichen ist grundverschieden. Im Expliziten sind Informationen als eigenständige Einheiten gespeichert, also so wie in einem Computer. Im Impliziten haben wir aber nur ein vages, ungeformtes Gesamtgefühl ohne getrennte Informationseinheiten. Das macht auch deutlich, wie falsch unsere übliche Auffassung vom Bewußten und Unbewußten ist. Meist stellen sich Leute das Unbewußte so vor, daß da schon verschiedene geformte Einheiten sind, die aber nur noch nicht zu sehen sind, nur noch hervorgeholt werden müssen.

Das Bild vom Impliziten (wir können es ungefähr mit dem Unbewußten gleichsetzen), das noch keine Form hat und sich dann in Symbolen expliziert und bewußt wird, ist da sehr viel genauer.

Beim Focusingprozeß lassen wir also diese beiden Bereiche in einen dialektischen Dialog eintreten, der beide Bereiche befruchtet, sie vereint und ihnen erst Sinn gibt. Wir verlassen unsere Struktur und überlassen uns unserem inneren Erlebensstrom, um dann mit neuen Symbolen und Strukturen wiederaufzutauchen. Es entsteht dann eine fließende Struktur oder ein strukturiertes Fließen – und auf diese Weise geschieht Wachstum und Weiterentwicklung.

Das wesentliche beim Focusing ist also die fortwährende Rückbesinnung auf das Implizite. Focusing geschieht ganz von selbst dort, wo wir in unserem Denken, Bildern, Fühlen und Spüren innehalten und einmal dahin lauschen, woher all diese Gedanken, Bilder, Emotionen und Empfindungen kommen. Wir nehmen kurz mit dem Ursprung all dieser Impulse Kontakt auf. Das wird unser Erleben und unseren Ausdruck bereichern und verändern. Sich einfach etwas Zeit nehmen, immer mal wieder in sich hineinzuhorchen oder zu – schauen. «Wie fühlt sich dieser Ort an, von dem diese Worte und Bilder kommen? Wie fühlt sich das an, aus dem Lachen und Weinen kommen? Wie fühlt sich das alles zusammen als vages, aber bedeutungsgeladenes Gefühl in meinem Bauch- und Brustraum?»

Die meisten Menschen in unserer westlichen Kultur bewegen sich vorrangig auf der expliziten Ebene und brauchen deswegen Hilfen, um mit dem vagen Impliziten besser in Kontakt kommen zu können. Da sind Schritte zum Raumschaffen hilfreich, über die wir noch später sprechen werden. Entspannungs- und Spürübungen, Atem- und Körperarbeit und Meditation bereiten in diese Richtung vor.

Es gibt aber auch Menschen, die im Impliziten mehr zu Haus sind. Häufig fühlen sie sich von Meditation angezogen und haben Lust zur Arbeit mit dem Körper: Sie drücken sich eher künstlerisch aus, und das Spüren und Fühlen ist ihnen ganz vertraut, häufig vertrauter als das Ausdrücken und Symbolisieren. Diese Menschen erlernen Focusing häufig leicht. Sie können schnell den felt sense finden und brauchen dann nur Arbeit einzusetzen, um ihr inneres Erleben zu symbolisieren.

Aber unabhängig davon, woher wir kommen, – Focusing will uns helfen, die beiden Bereiche zusammenzubringen. Wie bei allen Polaritäten geht es auch bei Implizit – Explizit darum, daß die beiden Pole nicht getrennt voneinander existieren, daß sie sich nicht feindlich gegenüber stehen und sich vielleicht sogar bekämpfen, sondern daß sie sich ergänzen, sich gegenseitig fördern, sich gegenseitig befruchten und zu einer harmonischen Balance finden.

3. Was Focusing nicht ist

Leider neigen wir häufig dazu, in schwierigen oder problematischen Situationen so destruktiv mit unserem inneren Erleben umzugehen, daß Focusing und Veränderung unmöglich werden. Mit diesen destruktiven Arten unserer Selbstkommunikation wollen wir uns in diesem Kapitel auseinandersetzen. Vielleicht hast du diese destruktiven Weisen in deinem Leben schon überwunden, dann kannst du dich freuen, daß du heute anders mit dir umgehst. Vielleicht aber macht dieses Kapitel einige Punkte deutlich, die bisher verhinderten, daß du so weiterwächst, wie es dir gemäß ist.

Das Suchen nach Gründen

Wenn Menschen über sich nachdenken oder versuchen, ein persönliches Problem zu lösen, beschäftigen sie sich meist mit der Frage: «Warum ist das so?» Irgendwie scheinen sie davon auszugehen, daß die Erkenntnis des Grundes irgend etwas verändern würde. Auch wenn es dich schockiert oder verwirrt:

> Das Erkennen von Gründen, ganz egal, wie richtig
> oder falsch sie sind, verändert nichts

Die Tatsache, daß du weißt, daß du jetzt diese Angst hast, weil dein Vater dich damals geschlagen hat oder: daß du jetzt traurig bist, weil dein Über-Ich dir kritische Sätze sagt oder: daß du weißt, daß du einen Ödipuskomplex hast usw. usw. – das alles macht keinen Unterschied. Das einzige, was durch dieses Analysieren und Suchen nach Gründen erreicht wird, ist, daß dein Verstand etwas zu tun hat. Aber es verändert nichts in deinem Erleben.

Es ist verständlich, daß wir so funktionieren. Unser Verstand hat sich unter dem Zwang, unsere Umwelt zu bewältigen, entwickelt, und daher rührt sein kausales Denken: A ist der Grund von B, und B der Grund von C usw. Auf diese Weise hat unser Verstand u. a. auch die Naturwissenschaften entwickelt, und wir haben gelernt, die Natur begreifen und beeinflussen zu können.

Dort hat der analytische Verstand auch seine Berechtigung – aber unser inneres Erleben verändert sich auf Grund von anderen Gesetzmäßigkeiten. Und es ist eher so, daß das Suchen nach Gründen geradezu die Funktion hat, nicht mit unserem Erleben direkt in Kontakt zu kommen. Anstatt zu spüren, wie es sich eigentlich genau anfühlt, wenn wir verletzt wurden oder Schmerz spürten, fragen wir uns, warum das wohl passiert ist. Das Suchen nach Gründen lenkt uns von unserem Erleben ab.

Und was ist mit all den Berichten, die man aus der populären psychologischen Literatur kennt, wo jemand ein Kindheitstrauma erinnert oder ein anderer ein Geburtstrauma oder ein Trauma aus einem früheren Leben, und sich dann ganz viel verändert?

Es ist zwar wahr, daß manche Menschen ein Kindheitstrauma oder Geburtstrauma oder ein Trauma aus einem früheren Leben erinnern und sich auf Grund des Erlebens dieser Erfahrungen verändern. Das hat aber nichts damit zu tun, daß sie nun den Grund für irgend etwas erkennen, sondern daß die Erinnerung an die betreffende traumatische Szene sie so mit ihrem inneren Erleben in Kontakt bringt, daß sich dieses bewegen und verändern kann.

Erst ist unser inneres Erleben da, etwa das Gefühl, ständig bedroht zu sein, und wenn wir dann mit diesem felt sense arbeiten und ihn sich ausdrücken lassen, dann kann eine Kindheitsszene helfen, daß sich dieses Implizite explizieren kann und dadurch verändert. Aber wir können für dieses Explizieren des vagen Gefühls die verschiedensten «psychischen Bühnen» benutzen: Wir können mit Kindheitserinnerungen arbeiten, wie es die Psychoanalyse tut. Wir können mit der Geburt arbeiten, wie es viele Therapeuten tun, die das Geburtstrauma in das Zentrum der Arbeit stellen; wir können das frühere Leben als Bühne der Explikation benutzen, wie es Reinkarnationstherapeuten tun, und wir können auf der Ebene des kollektiven Unbewußten und der Archetypen arbeiten, wie es die Jungianischen Therapeuten tun. Aber auf all diesen Ebenen finden wir keine Gründe für unser Erleben; diese Ebenen können lediglich Bühnen sein, auf denen wir unser vages Implizites sich explizieren lassen.

Wenn aber nun unser Gehirn so daran gewöhnt ist, Gründe zu suchen, daß sich dieses Analysieren immer wieder einschleicht? Wir brauchen nicht dagegen anzugehen und diese Neigung zu bekämpfen. Es genügt, diesen Hang zum Analysieren zwar bewußt wahrzunehmen, sich aber nicht mit diesem «Analysierer» in uns zu identifizieren. Es ist ein Teil von uns – aber wir sind mehr als dieser Teil. Einfach

wahrnehmen, daß da wieder eine Stimme ständig sagt: «Ich muß jetzt
aber den Grund herausbekommen.» O. k. – soll sie doch da sein und
plappern –, ich gehe ihr jetzt nicht nach und entscheide mich, mich
meinem felt sense zuzuwenden. Die Frage «warum ist das so?» bringt
uns also nicht weiter, wenn wir etwas in unserem inneren Erleben
verändern wollen. Wir ersetzen sie einfach durch die Frage: «Wie
fühlt sich das denn in meinem Körper an?»

Das Abwerten des inneren Erlebens

Eine andere Art destruktiver Selbstkommunikation ist das Bewerten,
Abwerten, Bagatellisieren unseres inneren Erlebens und die Selbst-
anklage: «Wie kann ich das nur wieder fühlen oder denken», «Ach,
dieses dumme Gefühl wieder» oder «Na, das finde ich aber wieder
unmöglich, was ich da in mir sehe.»

So verständlich es sein mag, daß wir einige Gefühle und Gedanken
in uns nicht mögen und sie ablehnen, so wichtig ist es auch, uns ganz
klarzumachen, daß dieses ablehnende Umgehen mit uns selbst die
Dinge auf keinen Fall verändert oder löst. Im Gegenteil – alles wird
durch diese Ablehnung nur noch starrer und verspannter.

<u>Wogegen wir angehen, das verstärken wir,</u>
<u>was wir ablehnen, kann sich nicht verändern</u>

Für viele Menschen besteht die größte Schwierigkeit darin, sich auf
akzeptierende und liebevolle Weise dem inneren Erleben zuwenden
zu lernen. Aber es ist eine Grundgesetzmäßigkeit des inneren Erlebens wie auch des Lebens: Es kann sich nur etwas verändern, wenn
wir es liebevoll wahrnehmen und annehmen lernen. Diese Grundgesetzmäßigkeit ist einfach da, ist gültig und wirkt – egal, ob wir an sie
glauben oder ob wir es schaffen, uns nach ihr zu verhalten. Sie ist
einfach da, und wir tun gut daran, uns ihr anzupassen, sonst kann sich
in uns nichts verändern und lösen.

Wenn wir diese Nichtakzeptierung in unserer Wahrnehmung verändern wollen, dann sind zwei Dinge wichtig:

Als erstes müssen wir diese Abwertung aufspüren und bewußt machen, falls sie sich nur implizit äußert. Häufig wird nämlich diese Abwertung gar nicht explizit geäußert, sondern wirkt sich in der Betonung unserer inneren Stimmen aus. Jemand sagt beispielsweise: «Ja,

da ist wieder dieser Schmerz in der Brust» – und er sagt es mit einer Betonung, die ausdrückt: «Dieser alberne Schmerz, der sollte wirklich nicht da sein.» Wird ihm nun diese Betonung und Haltung seiner Stimme gar nicht bewußt, dann wird bei der weiteren Selbstexploration sich alles zusammenziehen und schrumpfen, was immer er wahrnimmt. Unser inneres Erleben reagiert da wie ein zartes Kind, das zusammenschreckt, wenn es gescholten oder lieblos angeschaut wird. Wir verändern an dieser Situation schon etwas, wenn wir diese Ablehnung explizit machen, damit unsere Stimme wieder akzeptierend werden kann. Also aus

«Ja, da ist wieder der Schmerz in meiner Brust»
(Stimme ablehnend)   wird
«Ja, da ist wieder der Schmerz in meiner Brust»
(Stimme akzeptierend)
«Und ich mag das nicht»
(Stimme akzeptierend)

Das zweite, was wir tun können, ist, uns wieder klarzumachen, daß wir diese abwertenden Stimmen zwar in uns haben, daß wir sie aber nicht *sind*. Wir können akzeptieren, daß sie da sind, brauchen ihnen aber keine Macht über unser Verhalten zu geben.

«Wieso denn das schon wieder», «Ich will das nicht», «Ich mag das nicht», «Nicht schon wieder» und «Das halte ich nicht aus» – all diese Stimmen dürfen gern weiter herumplappern, aber wir entscheiden uns, uns liebevoll und akzeptierend unserem inneren Erleben zuzuwenden, zu dem auch diese Stimmen gehören.

Das Hineinfallen in das innere Erleben

Eine andere Art, das akzeptierende Hinschauen zu vermeiden, ist das Hineinfallen in das eigene Erleben. Sich von seinen Gefühlen überschwemmen zu lassen, in ihnen zu baden, sich in sie hineinfallen zu lassen oder sie zu dramatisieren – all das sind Wege, mit denen wir ebenfalls das klare, nüchterne und liebevolle Wahrnehmen verhindern. Dann ist da zwar «Erleben», aber keiner, *der* erlebt. Dieses Hineinfallen kann man immer wiederholen, es kann sogar zur Sucht führen, diese ewig gleichen Sensationen zu fühlen, aber es wird sich nichts verändern.

> Das wieder und wieder Hineinfallen in seine bekannten Gefühle sowie das Dramatisieren des inneren Erlebens verhindert eine Veränderung und Entwicklung.

Damit ist nicht gemeint, daß wir keine starken Gefühle haben sollten. Wir akzeptieren selbstverständlich unsere Gefühle ebenso wie alles andere in uns. Gemeint ist hier aber ein Verhalten, bei dem jemand mit dem Kopf seinem Körper ein Schema aufzwingt, etwa: «Ich brauche meine Gefühle nur kräftig genug zu spüren, dann verändert sich alles.» Häufig hat da jemand durch falsche Interpretation kathartischer Therapiemethoden, bei denen ja mit starken Gefühlen gearbeitet wird, sich solch ein System zurechtgelegt. Die Gefühle kommen jetzt nicht mehr einfach dann, wenn sie wollen, – der Betreffende versucht sie zu produzieren und zu forcieren, um etwas zu erreichen. So werden Gefühle unecht.

Zum anderen sind mit dieser Vorgehensweise häufig falsche Annahmen verbunden: «In mir ist soviel Traurigkeit – ich muß jetzt ganz viel weinen, damit dieser See von Traurigkeit geleert wird» oder «Ich habe soviel Wut, daß ich ganz viel Matratzen schlagen muß, bis dieser Sack von Wut geleert ist.» – «Und wenn alles entleert ist, dann bin ich ein anderer» – falls jemand nach diesem System mit sich umgegangen ist, dann ist es ganz wichtig, sich klarzumachen, daß diese Annahmen einfach falsch sind. Wir sind keine mechanischen Maschinen mit Behältern für ein bestimmtes Quantum an Traurigkeit oder Wut. Wir entstehen jede Sekunde neu, und es ist wichtig zu beobachten, nach welchen Gesetzmäßigkeiten und auf welche Weise wir immer wieder die gleichen Erfahrungen kreieren.

So wertvoll das Erleben von vorher verdrängten Emotionen sein kann, so kommen wir doch nicht um die Arbeit herum, genau hinzuschauen, was das eigentlich für eine Traurigkeit oder Wut ist. Was würden diese Gefühle sagen, wenn sie sprechen könnten? Wie fühlt sich der Ort im Körper an, von dem sie kommen, und welche Gedanken und Bilder sind mit diesen Gefühlen verbunden? Wir wollen beim Focusing Klarheit und Verstehen. Wir wertschätzen die Emotionen, aber das «Herauslassen der Gefühle» allein ist noch kein therapeutisches Ziel – es sei denn, um Raum zu schaffen.

Falls wir diese Tendenzen zum Forcieren der Gefühle oder zum

Dramatisieren in uns haben, dann geht es wieder darum, diese Tendenzen liebevoll wahrzunehmen, aber sie nicht mehr unser Verhalten beeinflussen zu lassen, – auf jeden Fall dann, wenn wir fokussieren wollen.

Das bohrende Eindringen

Eine Haltung, die ebenfalls den Focusingprozeß verhindert und keine Änderung bewirkt, ist das bohrende und inquisitorische Eindringen in das eigene Erleben. «Jetzt will ich es aber genau rausbekommen!», «Nun komm schon – welche Bilder passen denn» oder «Wenn ich jetzt keine Klarheit bekomme, dann werde ich aber sauer!» Dieses ungeduldige und gewalttätige Eindringen in das innere Erleben wird dieses nur verschrecken. Wieder paßt das Beispiel von einem kleinen zarten Kind – vor unserer Ungeduld und Wut versteckt es sich. Vielleicht paßt auch folgendes Bild: Wenn wir unseren felt sense befragen, welche Worte und Bilder zu ihm passen, dann vollzieht sich der darauf folgende Explikationsprozeß so, wie eine Blume oder Pflanze wächst. Solch ein organischer Wachstumsprozeß braucht eine liebevolle und behutsame Atmosphäre. Herrschen draußen Kälte und Sturm, können keine neuen, zarten Triebe wachsen.

Jede Ungeduld und Gewalttätigkeit wird unser Innerstes erschrekken, und es wird nicht daran denken, sich zu zeigen oder zu entfalten. Schon der Versuch, stark einzudringen, um ganz tief zu kommen oder viel herauszubekommen, kann zur Folge haben, daß unser inneres Erleben sich zurückzieht.

Ungeduld und Gewalttätigkeit verhindern eine Veränderung und Lösung

Auch diese Tendenzen in uns können wir wieder akzeptierend wahrnehmen. Es ist in Ordnung, daß sie da sind, – aber wir können uns dennoch frei entscheiden, aus einer liebevolleren Haltung heraus an unser inneres Erleben heranzugehen.

4. Die Haltung des akzeptierenden Wahrnehmens

Nachdem wir nun die eine oder andere destruktive Art und Weise der inneren Wahrnehmung bewußt gemacht und akzeptiert haben, müssen wir uns im nächsten Schritt zu einer positiveren Grundhaltung entscheiden, aus der heraus wir an die Focusingarbeit herangehen, was bedeutet: Wir nehmen aus der *richtigen Distanz* unser Erleben auf eine nichtwertende, akzeptierende und neugierige Weise wahr: «Aha, das ist ja wieder interessant, was ich da sehe, – damit will ich mich einmal ausführlicher beschäftigen.»

Mit der «richtigen Distanz» ist hier gemeint, daß wir weder von unserem Erleben so weit entfernt sind, daß wir es gar nicht mehr richtig spüren – noch so in unserem Erleben versinken, daß wir ganz unser Erleben *sind*. Es gibt da unser Erleben, und es gibt da uns als die Erlebenden. Und wir stellen eine Beziehung her zwischen uns als den Erlebenden und unserem Erleben. Und wie bei Beziehungen zwischen zwei Menschen ist es auch hier: sind wir voneinander zu weit entfernt, ist die Distanz also zu groß, dann leidet die Beziehung. Sind wir auf der anderen Seite zu stark miteinander verschmolzen, ist die Distanz zu klein, dann leidet die Beziehung auch. Erst in der richtigen Distanz können wir mit unserem inneren Erleben fruchtbar umgehen.

Das zweite ist, daß wir unser Erleben auf eine nichtwertende, akzeptierende und neugierige Weise wahrnehmen sollten. Nur auf diese Weise kann sich in uns etwas entspannen, lösen, klarer werden, sich bewegen und verändern. Wenn wir alleine fokussieren, wird uns dabei der 1. Schritt, das «Raumschaffen», helfen, in diese Haltung zu finden. Wenn wir zu zweit arbeiten, wird uns der Partner oder der Therapeut helfen können, diese Haltung einzunehmen. Schon dadurch, daß eine andere Person nicht so wie wir betroffen ist, kann sie uns akzeptierender wahrnehmen als wir uns selber, und diese akzeptierende Wahrnehmung wird dann wieder unsere eigene Wahrnehmung beeinflussen. Wenn wir es selbst nicht schaffen, die Haltung des nichtwertenden und akzeptierenden Wahrnehmens einzunehmen, wird eben eine zweite Person für die Arbeit wichtig sein. Diese Veränderung unserer inneren Wahrnehmung ist der zentrale Punkt bei jeglicher Arbeit an der eigenen Person – unabhängig davon, welche Methode man benutzt. Denn hier wird das Wichtigste verändert: nicht die Wahrnehmungs*objekte,* sondern der Wahrnehmer selbst. Das Auge, mit dem wir schauen, verändert sich – und dadurch kann sich alles, was wir anschauen, lösen und verwandeln.

Wir können ein Auge haben, unter dessen Blick sich alles schmerzhaft zusammenzieht und schrumpft, und wir können ein Auge haben, das alles wachsen und gedeihen läßt.

Um es mit einem anderen Bild zu sagen: durch das nichtwertende und akzeptierende Wahrnehmen verändern wir das Bewußtheitslicht, mit dem wir unser Inneres ausleuchten. Wir können dann eine der destruktiven Haltungen mit einem grellen, häßlichen Scheinwerferlicht vergleichen, das akzeptierende und liebevolle Wahrnehmen aber mit einem warmen und freundlichen Licht, das alles sanft hervorlockt und Raum läßt für Veränderungen. Kalte und kritische Bewußtheit nützt gar nichts, sie hemmt eher die Entwicklung. Nur warme und freundliche Bewußtheit hilft uns, zu wachsen und uns zu verändern.

Während wir beim Focusing zu diesem akzeptierenden Wahrnehmer werden, geschieht noch etwas anderes: wir identifizieren uns nicht mehr vollständig mit unseren Gedanken, Bildern, Körperempfindungen und Gefühlen, sondern identifizieren uns zusätzlich mit dem Teil von uns, der all diese Dinge *wahrnimmt.* Das ist der Wahrnehmer, der Beobachter oder der Zeuge. Roberto Assagioli, der Gründer der Psychosynthese, nennt das unser *persönliches Zentrum,* unser Zentrum der Wahrnehmung und des Willens. Da gibt es sozusagen einen Ort in uns, der bei aller Turbulenz unseres Lebens wie das innere Auge eines Hurricans still und unberührt bleibt – unberührt von all den Wahrnehmungsobjekten. Hier bist du das Zentrum deiner Wahrnehmung. Und von dort aus kannst du auch Entscheidungen fällen, aber aus einem anderen Willen heraus als dem, den wir in unserem Alltag als Gegensatz zu unserem Gefühl erleben.

Um ein deutlicheres Gefühl für dieses Zentrum der Wahrnehmung zu bekommen, schlage ich dir vor, hier einmal die *Disidentifikationsübung* von Assagioli auszuprobieren:

Setz dich bequem hin oder lege dich auf ein Bett und schließe die Augen. Schau einmal in deinen Körper und nimm einfach wahr, was für Körperempfindungen im Moment da sind. Nimm dir einige Augenblicke Zeit dafür und mache dir dann klar, daß

es da etwas in dir gibt, was diese Körperempfindungen wahrnimmt, also nicht diese selbst sein kann. Sage dir dann: Ich
habe meine Körperempfindungen, aber ich bin sie nicht.
   Schau dann einmal, was für Gefühle in dir sind. Nimm dir
ebenfalls dafür einige Augenblicke Zeit und sage dir dann: Ich
habe meine Gefühle, aber ich bin sie nicht.
   Und dann mache das gleiche mit deinen Gedanken und Bildern. Nimm sie wahr, schau sie dir an und sage dann: Ich habe
meine Gedanken und Bilder, aber ich bin sie nicht.
Ich bin jetzt derjenige, der all die Dinge in mir wahrnimmt. Ich
bin jetzt das Zentrum meiner Wahrnehmung.

Es geht bei dieser Übung nicht um das intellektuelle Verstehen, sondern darum, dieses *Zentrum der Wahrnehmung* einmal spüren zu können.

Wenn du es jetzt etwas spüren und schmecken konntest, dann stell
dir weiter vor, daß dieses Zentrum jetzt in deinem Körper ist – im
Bauch- und Brustraum. Dort unten ist jetzt unser wahrnehmendes
Auge – es sieht nicht nur, sondern spürt und fühlt und atmet. Das ist
dann unser *Focusingbewußtsein.*

Und die Sicht aus einem etwas anderen Blickwinkel soll uns noch
weiter klar machen, auf welche Weise die akzeptierende Wahrnehmung uns verändern kann: Wenn wir gegen bestimmte Dinge in uns
ankämpfen, sie zu unterdrücken versuchen, sie zensieren oder bewerten – dann identifizieren wir uns mit dem einen Teil von uns, der den
anderen Teil unterdrücken will. Und das wird dazu führen, daß wir im
nächsten Moment der andere Teil sind, der gegen den Unterdrücker
kämpft, was sich indirekt durch psychosomatische Leiden ausdrücken
kann. Wenn sich durch diese Zerrissenheit dann nichts verändert,
denken wir, wir hätten eben noch nicht genug unterdrückt, gewaltsam
verändert oder gekämpft; wir strengen uns noch mehr an – und alles
wird nur schlimmer. Wenn wir jetzt wahrnehmen könnten, was all
dies mit unserem Körper macht, dann würden wir erkennen, daß
diese Nichtakzeptierung uns verdichtet, verkrampft und verspannt.

Sobald wir aber aus unserem System heraustreten, uns weder mit
dem einen noch mit dem anderen Teil identifizieren, sondern nur mit
dem Zentrum unserer Wahrnehmung, wenn wir uns also nur einmal

kurz in Frieden lassen – dann beginnt sich unser ganzes System zu reorganisieren und zu verbessern. Unser Körperzustand wird bei diesem Heraustreten leichter und feiner. Liebevolles Wahrnehmen wird unseren Zustand in solch feine Schwingungen versetzen, daß sich alles, was in uns ist, transformiert. Aus jedem negativen und bekämpften Teil unseres Selbst kann etwas Schönes und Wertvolles werden.

> Nur Liebe und Annehmen kann ungeliebte
> Dinge sich verwandeln lassen. Haß und
> Kampf machen sie nur häßlicher und starrer

Für unsere Focusingarbeit brauchen wir diesen Zustand der akzeptierenden Wahrnehmung. Zu Beginn unserer Arbeit sollten wir deshalb «Raumschaffen», d. h. durch die eine oder andere Methode in einen Zustand der Gelassenheit und Ruhe kommen. Wenn wir also in einem verspannten, ärgerlichen, selbstquälerischen oder selbstanklagenden Zustand sind, tun wir zunächst etwas, um diesen Zustand zu verändern und um Raum für den akzeptierenden Wahrnehmer in uns zu schaffen. Mit diesem Tun entscheiden wir uns zu dieser akzeptierenden Grundhaltung.

5. Ein praktisches Focusing-Beispiel

Ich will dir jetzt einen Focusingprozeß zeigen, wie er in der therapeutischen Situation ablaufen kann – also mit einem begleitenden Helfer. Ich werde den Prozeß so schematisiert darstellen, daß wir ihn später leicht in verschiedene Schritte einteilen können, die du dann allein ohne einen Helfer für dich ausprobieren kannst.

Stellen wir uns vor, ich bin jetzt mit einem Menschen im Gespräch, den wir Thomas nennen wollen. Wir beide sitzen in einem Raum, in dem wir über eine längere Zeit nicht gestört werden können, und Thomas berichtet mir von seinem Problem. Obwohl er sich sonst in seinem Leben ganz wohl fühlt und mit seinen langjährigen Freunden und Bekannten gut zurechtkommt, macht er in einer neuen Arbeitsgruppe recht neuartige Erfahrungen mit sich selbst. Er kennt die anderen Gruppenmitglieder noch nicht so richtig und fühlt sich in seinem Verhalten auf eine Art und Weise gehemmt und ängstlich, wie er das sonst nicht von sich kennt. Er fühlt sich zugeknöpft, kontrolliert und schüchtern. Er könnte dieses Thema auch einfach zur Seite schieben und abwarten, wie er sich in Zukunft in dieser Gruppe entwickeln würde, aber da er in der Schulzeit ähnliche Erfahrungen gemacht hat, nimmt Thomas diese Gefühle ernst und möchte einmal ausprobieren, ob er durch Focusing mehr Klarheit und Entspannung erreichen kann.

Zunächst spricht Thomas über die verschiedensten Situationen, in denen er sich ähnlich gefühlt hat. Er versucht, die richtigen Erklärungen für sein Verhalten zu finden, und er spricht über fruchtlose Versuche, diese ängstlichen Gefühle zu verändern. Bei allem Bemühen und Suchen findet er jedoch beim Sprechen keine Erleichterung oder Lösung. Wie er es auch dreht und wendet – sein Problem bleibt unverändert.

Ich frage ihn jetzt, ob dies beschriebene Problem jetzt das Thema sein sollte, an dem wir einmal Focusing ausprobieren können. Er nickt, und ich schlage ihm vor, erst einmal etwas zu tun, um sich Raum zu schaffen. Er könnte die Augen schließen, einmal nach innen spüren und schauen, was ihn da alles so belastet, und das erst einmal zur Seite stellen, um Raum für sich als Erlebenden zu bekommen.

Er könnte sich auch auf die Matratze legen und erst einmal durch das Hineinspüren in seinen Körper Raum schaffen oder aber mich um eine Atemmassage bitten, um erst einmal entspannt da sein und seinen Körper und Atem deutlicher spüren zu können. All diese Methoden werde ich später unter «Raumschaffen» ab Seite 33 beschreiben.

Jetzt bitte ich Thomas, sich einmal vorzustellen, all das, was er mir da über sein Problem erzählt hat und vielleicht noch das, was er mir noch darüber erzählen könnte, in einen Sack zu stecken und dann zu schauen, wie sich das alles zusammen als eine Gesamtheit in seinem Bauch- und Brustraum anfühlt. Ich erkläre ihm dabei, daß ich keine konkreten Körperempfindungen meine, wie einen Stich, einen Druck oder eine Zuckung – später werden wir auch mit diesen Empfindungen arbeiten –, sondern daß wir auf der Suche sind nach einem ganz vagen und undeutlichen Gefühl im ganzen Rumpfraum.

Es ist nämlich so, daß zu jedem Problem, zu jeder vorgestellten Person oder Situation sich solch eine vage innere Aura im Rumpfraum bilden kann – eine körperliche Resonanz zu dem Problem sozusagen – oder in unserer Fachsprache: Wir bilden den felt sense. Und Thomas und ich machen uns nun auf die Suche nach diesem vagen, undeutlichen Gefühl im Bauch- und Brustraum, das all das, was mit seinem Problem der Gehemmtheit zusammenhängt, als eine Gesamtheit widerspiegelt. In diesem vagen Gefühl finden sich noch keine Worte und Bilder; dieses Gefühl zeichnet sich sogar dadurch aus und ist dadurch definiert, daß es noch undeutlich und ungeformt ist.

Auf der Suche nach dieser körperlichen Resonanz sollte sich Thomas Zeit lassen und in einer absichtslosen und entspannten Haltung nach innen lauschen, weil alles Wollen und Sichanstrengen verhindern könnte, in Kontakt mit diesem zarten und undeutlichen Etwas zu kommen. Der felt sense, so könnte ich ihm noch erklären, ist so etwas Ähnliches wie das unbestimmte Gefühl vor einer Wortmeldung in einer Gruppe. Du weißt genau, was du sagen willst, wartest ganz ungeduldig darauf, daß du drankommst – und dennoch sind in deinem Gefühl noch keine Worte vorhanden. Du weißt genau, was du sagen willst und hast dennoch keine Worte dafür. Erst wenn du dann dran bist, redest du einfach darauflos und läßt die Worte und Sätze sich selbst formen.

Thomas nimmt sich jetzt Zeit, spürt in sich hinein und schließt die Augen. Er sagt nach einiger Zeit, daß er so etwas Unklares zwar in seinem Körper spürt, daß er aber nicht weiß, ob das das richtige ist und wie er das nennen soll. Jetzt weiß ich, daß er in Kontakt mit seinem felt sense ist, denn wäre es für ihn deutlicher und könnte mit Worten beschrieben werden, dann wäre es schon nicht mehr der felt sense.

Ich bitte Thomas, einfach noch eine gewisse Zeit bei seinem felt sense zu bleiben. Nichts mit ihm tun, nichts herausbekommen wollen – einfach nur in Gegenwart des felt sense sein. Er kann dabei auf seinen Atem achten und auf diese Weise den felt sense im Ein- und im Ausatmen wahrnehmen. Oder anders ausgedrückt: Er kann sachte seinen Atem in sein Erleben hineinfließen lassen.

Jetzt fordere ich Thomas auf, einmal ein Wort, einen Satz oder ein Bild aus dem felt sense kommen zu lassen. Etwas, was für dieses vage Gefühl passend zu sein scheint. Er spürt in sich hinein und sagt «eng».

«Ja, das paßt – ich fühle mich eingeengt.» Vielleicht wird er jetzt beim
Aussprechen dieses Wortes schon eine kleine Erleichterung oder eine
kleine Bewegung in seinem felt sense erleben, aber wir suchen zunächst nur ein Wort, Satz oder Bild als Überschrift für den felt sense,
als «Handgriff», wie Gendlin das nennt. Was der Handgriff für einen
schweren Koffer bedeutet, bedeutet jetzt dieses Wort als Kürzel für
den gesamten felt sense.

Und jetzt vergleichen wir den Handgriff erneut mit dem felt sense.
Wir wandern mit unserer Aufmerksamkeit von dem gefundenen Wort
zum felt sense und wieder zurück und prüfen, ob das Wort wirklich
stimmt. Wir fragen uns: «Paßt dieses ‹eng› wirklich?», horchen nach
innen, nehmen erneut Kontakt mit dem felt sense auf und lauschen
auf die Antwort. Vielleicht ist es so etwas wie: «Nein, das ist es noch
nicht ganz – such noch einmal weiter» oder: «Ja, das ist es. Ich bin
ganz erleichtert und entspanne mich.»

Thomas prüft jetzt, ob «eng» so ganz paßt, spürt in sich hinein und
sagt: «Oh, jetzt ändert sich etwas, wenn ich das prüfe. Es ist Angst.
Was ich fühle in der Situation, ist richtige Angst.» Und obwohl er
diese Erkenntnis vorhin im Tagesbewußtsein beim Sprechen mit geöffneten Augen schon längst geäußert hatte, erlebt er doch in diesem
Moment, in dem er sein Gefühl richtig benennt, eine spürbare Erleichterung in seinem Körper. Das ist ein *body-shift,* eine erleichternde Bewegung und Entspannung im felt sense. Meist muß man
nach einem body-shift erleichtert aufatmen, und es fühlt sich an, als
ob man freier und leichter wird. Solche body-shifts sind das Ziel unserer Arbeit – und nicht so sehr die verschiedenen Erkenntnisse, die
dabei abfallen. Der body-shift verändert unseren Körper und unser
Dasein, und unsere Gedanken verändern sich dann als direkte Folge
dieses veränderten Körperzustandes.

Jetzt schlage ich Thomas vor, dem felt sense noch einmal eine Frage
zu stellen, und zwar die Frage: «Was macht mir da Angst?». Er soll
sich nicht diese Frage stellen und dann darüber nachdenken und sie
aus dem Kopf heraus beantworten. Vielmehr soll er noch einmal mit
seinem felt sense unter der Überschrift «Enge» Kontakt aufnehmen,
sich die Frage stellen und dann einfach warten, was für eine Antwort
ganz von selbst aus dem felt sense herauskommt. Er fragt sich die
Frage, und läßt seinen Körper antworten.

«Was ist das für eine Angst?» Thomas wartet, horcht in sich hinein, und plötzlich kommt ihm: «Ich denke, ich habe Angst, die anderen lehnen mich ab.» Er sagt zwar «Ich denke . . .» – und trotzdem kommt dieser Gedanke nicht aus seinem Kopf, sondern aus seinem Bauch. Er hätte auch leicht gedanklich zu diesem Satz kommen können, doch das hätte nichts verändert. Jetzt, wo aus dem felt sense heraus diese Worte kommen, fühlt er dort eine größere Veränderung in seiner Befindlichkeit. Vielleicht hat er vorher noch nicht gewagt, diesen Gedanken zu denken, vielleicht ist ihm dieser Gedanke gar nicht angenehm, aber *körperlich spürbar* tritt jetzt eine Lösung ein. «Ja, das ist es wohl. Ich habe Angst, daß mich die anderen nicht mögen, und deswegen halte ich mich so zurück. Es ist gut, das jetzt so zu merken» – und er macht einen tiefen Atemzug.

Ich lenke jetzt noch einmal Thomas' Aufmerksamkeit auf die gespürte Erleichterung im Körper und fordere ihn auf, noch einmal genau zu spüren, was sich da verändert hat. Ist irgend etwas weiter, leichter oder freier geworden? Ich ermutige Thomas, diese Veränderung erst einmal wertzuschätzen und zu bewahren, bevor wir auf die gleiche Art mit weiteren Focusingrunden das Thema weiter erforschen.

Dieses Vorgehensschema entspricht in etwa Gendlins sechs Schritten zum Focusing. Mit seiner Hilfe kann man gut allein Focusing durchführen. Es ist ein Ordnungsschema, mit dem sich der Focusingprozeß abbilden läßt; wie jedes Schema ist es selbstverständlich starrer und eingeengter als die fließende Wirklichkeit, aber es eignet sich gut dazu, Focusing zu lernen.

Thomas und ich arbeiten jetzt mit einem fließenderen Focusingprozeß weiter, wie er in Teil III, «Anleitung zum partnerschaftlichen Focusing», ab Seite 99 beschrieben wird. Ich werde dabei darauf achten, ob bei Thomas grundlegende einengende Glaubenssysteme zum Vorschein kommen, die wir genauer untersuchen und evtl. auflösen können. Darüber wird im Teil II «Focusing und Charakter» noch mehr gesagt werden.

Thomas wird jetzt bei der weiteren Selbsterforschung klar, wie sehr sich diese Angst durch sein ganzes Leben zieht; er hat sein Leben in den letzten Jahren lediglich so eingerichtet, daß er diese Angst nicht mehr merken mußte. Aber in seinem Körper ist sie noch gespeichert und hat sich als Spannungsmuster ausgeprägt. Die neue Gruppensituation ist nur ein Auslöser für diese alten und verschütteten Gefühle. Er kann seine Angst jetzt auch körperlich spüren, als deutliche Enge im Brustkorb. Er erreicht durch Hineinspüren und Hineinatmen einige Lösung in der Brust, spürt jetzt aber sein Herz deutlicher. Dort gibt es einen Schmerz. Ich probiere als ein Experiment einmal einen positiven Satz, der das ausdrücken könnte, was Thomas jetzt braucht, was psychische Nahrung für ihn wäre und ihm guttun könnte. Dies ist die Technik der «Sonde», die aus der Hakomi-Therapie von Ron Kurtz stammt. Ich gebe Thomas diesen Satz und fordere ihn auf, einfach zu fühlen, was dadurch mit seinem felt sense geschieht. Was für einen felt sense bewirkt die Sonde selbst, und welche Bilder, Worte, Gefühle und Körperempfindungen entstehen danach? Dabei kann die Sonde in eine positive Richtung wirken, daß der Körper sie glauben kann und eine Entspannung und Befreiung entsteht. Oder aber es meldet sich nach der Sonde im Körper ein «Nein». Durch Sätze oder Körperspannungen sagt der Körper, daß er diesen Satz nicht glauben kann. Wenn das geschieht, erforschen wir dieses «Nein» auf fokussierende Weise genauer. Wenn man allein arbeitet, kann man sich solch eine Sonde selbst suchen und geben und dann einfach schauen, wie der Körper antwortet.

Ich sage jetzt zu Thomas: «Was geschieht, wenn du hörst ... (3 Sek. Pause): ‹Thomas, wir mögen dich, so wie du bist!›» Thomas läßt den Satz auf sich wirken, spürt in sich hinein, und er wird traurig. Ihm kommen viele Erinnerungen an Situationen, in denen das eben nicht so war. Er berichtet von Erlebnissen in der Schulklasse, und wir kommen schließlich auch auf sein Verhältnis als Kind zu seinen Eltern. Hatten die ihn denn so akzeptiert, wie er war?

Und während Thomas all diese Dinge äußert und erforscht, achte ich darauf, daß er immer wieder zwischen dem Ausdruck durch Worte und Bilder und dem Spüren des felt sense hin- und herpendelt. Expliziert er für eine längere Zeit, so fordere ich ihn wieder auf, zu spüren, wie sich das alles im Bauch- und Brustraum anfühlt. Ist er längere Zeit im Kontakt mit einem noch nicht benennbaren vagen Gefühl, dann werde ich ihm Fragen stellen, wie: «Wenn diese Empfindung (Gefühl, Schmerz, Bild usw.) sprechen könnte, was würde sie sagen?» Ich fordere ihn also auf, den vagen felt sense zu benennen und durch Symbole auszudrücken, so daß wir immer wieder zwischen dem vagen felt sense und den Worten und Bildern hin- und herpendeln.

Dieses fließendere Umgehen mit dem Focusingprozeß ist besonders dann geeignet, wenn man zu zweit arbeitet; wir können aber auch dann auf diese Weise vorgehen, wenn wir allein arbeiten.

Wenn Thomas all seine Erinnerungen und Gefühle erforscht hat, wird er sich vermutlich verändert und erleichtert in seinem Körper fühlen. Ich gebe ihm dann zum Schluß noch einmal die Sonde: «Thomas, wir mögen dich, so wie du bist.» Diesmal geht die Sonde in den Körper hinein, sein Körper kann sie glauben und annehmen, und es breitet sich in ihm ein herrliches Gefühl der Entspannung, Freiheit und Wohligkeit aus.

Aber bevor wir uns damit in Teil II und III näher beschäftigen, wollen wir uns auf den nächsten Seiten noch einmal genauer mit Gendlins 6 Schritten befassen.

6. Raumschaffen (1. Schritt)

Der erste Schritt besteht darin, Raum für uns als Erlebende zu schaffen. Gendlin benutzt hier das Bild einer überfüllten Dachkammer, die wir aufräumen wollen. Da steht alles so vollgepackt und durcheinander, daß wir selbst nirgendwo stehen können. Wir müssen uns also als erstes einen Platz verschaffen, auf dem wir stehen und atmen können, um von dort aus dann an die weitere Aufräumarbeit zu gehen.

Durch das Raumschaffen versetzen wir uns in einen Zustand, der uns hilft, in gelassener, entspannter und akzeptierender Weise auf unser inneres Erleben schauen zu können. Wir schalten sozusagen durch das Raumschaffen unseren «inneren Beobachter» ein.

Gendlins Vorschlag für das Raumschaffen ist folgender: Wir wenden uns nach innen und schauen, welche Probleme, Sorgen oder Spannungen dort im Moment vorhanden sind. Wir gucken uns nur kurz jedes Problem an, benennen es und stellen es dann zur Seite. Wir beschäftigen uns also mit keiner Sache länger, machen nur Inventur – und räumen alles aus unserem Körper heraus. Wir machen das so lange, bis wir spüren, wie sich unser Körper anfühlt, wenn wir all diese Probleme und Sorgen nicht hätten. Meist holen wir dann tief Luft – wir bekommen jetzt auch Atemraum. Von diesem positiven Gefühl im Körper ausgehend, können wir dann an unsere Focusingarbeit mit einem Thema gehen.

Du kannst auch andere Bilder für dieses Raumschaffen benutzen.
Beispielsweise: die Probleme eines nach dem anderen in ein Taschentuch wickeln und zur Seite zu stellen. Oder sie in eine Schachtel tun,
kurz beschriften und in einem Regal abstellen. Das Prinzip ist, daß wir
auf die uns gemäße Weise so lange Raum schaffen, bis wir einen guten
Ort in unserem Körper finden, in dem wir uns frei und entspannt fühlen. Das ist dann unsere Basis, von der aus wir arbeiten können.

Für viele Menschen ist es hilfreich, für das Raumschaffen mit
Übungen zu arbeiten, die einen zunächst aus dem Kopf heraus und in
den Körper hinein bringen. Das verschafft ebenfalls eine größere Distanz zu all den Gedanken und Gefühlen und sensibilisiert zusätzlich
für die Körperempfindungen und den Atem. Die drei folgenden
Übungen helfen uns, aus dem Alltagsbewußtsein in das Empfindungs- und Spürbewußtsein hineinzukommen – oder, wie wir es auch
nennen können, in die *innere Achtsamkeit*.

Falls du alle drei Übungen einmal durchführen möchtest, um evtl.
hinterher mit der Übung weiterzuarbeiten, die dir am besten gefallen
hat, empfehle ich dir, den Text auf ein Tonband zu sprechen und ihn
dir dann vorzuspielen. Oder aber du bittest einen Freund, dir den
Text mit den angegebenen Pausen vorzulesen. Falls du dich aber entscheidest, diese Übungen – wie auch alle anderen Übungen in diesem
Buch – jetzt nicht durchzuführen, sondern nur durchzulesen, dann
möchte ich dir folgenden Vorschlag machen: lies die Übungen einfach
etwas langsamer, als du normalerweise liest. Achte dabei auf deinen
felt sense und frag dich: «Wie würde es sich wohl in meinem Körper
anfühlen, wenn ich die Übung richtig durchführen würde?» Du
kannst auf diese Weise bereits eine Ahnung von der Wirkung dieser
Übungen bekommen, ohne sie eigentlich durchzuführen.

Körperspüren

Leg dich bequem auf den Boden oder eine harte Unterlage – die Füße
liegen nebeneinander und die Arme neben dem Körper. Wandere
jetzt einmal mit deinem Bewußtsein zu der Berührungsfläche zwischen der linken Gesäßseite und dem Boden. Gehe einfach mit dem
Bewußtsein dorthin und spüre, wie die linke Gesäßseite den Boden

berührt. Nimm einfach das an Empfindung entgegen, was kommt. Manchmal ist es viel, und manchmal ist es weniger. Streng dich nicht an – einfach nur das fühlen, was da ist. Spüre dabei deinen Atem – wie er ein- und ausfließt – nimm ihn einfach wahr, ohne ihn kontrollieren zu wollen – laß den Atem ganz los und halte ihn nicht fest. Nun wandere weiter (bleibe bei jedem Körperteil ungefähr eine Minute)

o zur Berührungsfläche der rechten Gesäßseite und dem Boden,
o zur Berührungsfläche zwischen dem linken Oberschenkel und dem Boden,
o zum linken Knie,
o zur linken Wade, wo sie den Boden berührt,
o zum linken Fuß mit Ferse, Sohle und allen fünf Zehen,
o zum rechten Oberschenkel, wie er auf dem Boden aufliegt,
o zum rechten Knie,
o zur rechten Wade,
o zum rechten Fuß mit Ferse, Sohle und allen fünf Zehen,
o noch einmal die beiden Gesäßseiten im Kontakt zum Boden spüren. Auch den Unterbauch auf der Vorderseite spüren und den ganzen Bauch-Becken-Raum dazwischen;
o die Kreuzgegend im Kontakt zum Boden. Wenn man den Boden dort nicht berührt, über den Abstand hinweg in den Boden hineinfühlen;
o den ganzen Rücken am Boden spüren. Die Wirbelsäule – die Schulterblätter und den ganzen Rücken in seiner Gesamtheit;
o die linke Schulter,
o den linken Oberarm,
o den linken Ellenbogen,
o den linken Unterarm,
o die linke Hand mit allen fünf Fingern,
o die rechte Schulter,
o den rechten Oberarm,
o den rechten Ellenbogen,
o den rechten Unterarm,
o die rechte Hand mit allen fünf Fingern,
o den Hals und den Nacken. Auch hier wieder über den Abstand zum Boden hinweg in den Boden hineinfühlen,
o die Berührungsfläche zwischen dem Hinterkopf und dem Boden.

An dieser Stelle alle Spannungen aus dem Kopf in den Boden hineinlassen.

Diese Übung wird ca. 10 Minuten dauern, und meistens wird sich das Körpergefühl dabei sehr verändern, es werden sich Spannungen lösen, und der Atem wird sich ganz von selbst vertiefen, ohne daß wir ihn willentlich beeinflussen. An dieser Übung wirst du erfahren, wie schon einfaches bewußtes Wahrnehmen Veränderung bewirkt.

Atemmassage

Bei dieser Übung nehmen wir unsere Hände zur Hilfe und achten bei der Spürung in besonderem Maße auf die Atembewegung. Dies ist eine Form der Atemmassage, wie sie von Frau Prof. Middendorf gelehrt wird, die wir hier in ihrer einfachsten Form zum Raumschaffen nutzen können und deren Anwendung zu zweit wir später (ab Seite 99) üben können.

Du legst dich locker und entspannt auf den Boden oder auf ein nicht zu weiches Bett; beide Hände liegen oben auf der Brust – kurz unter den Schlüsselbeinen. Du solltest dabei bekleidet sein – die Atemmassage wirkt dann tiefer, als wenn du die Hände auf die nackte Haut legst.

Jetzt sammle dich einmal unter deinen Händen, versuche dort unter den Händen mit deinem Bewußtsein anwesend zu sein und spüre die Atembewegung unter den Händen, d. h. das Weiter- und Engerwerden des Brustkorbes. Im Einatem wird er weiter – im Ausatem enger. Bleib einfach in dieser Spürung unter den Händen für ca. 5–10 Atemzüge und gehe dabei nach der Middendorfschen Atemformel vor:

> Wir lassen unseren Atem kommen
> wir lassen ihn gehen
> und warten, bis er von selbst wiederkommt

Du wirst merken, daß sich mit der Zeit unter den Händen etwas verändert. Die Spürung wird deutlicher, Empfindungen verändern sich; etwas beginnt zu fließen und zu strömen, die Atembewegung wird deutlicher, und es stellt sich immer mehr ein Gefühl von Weite, Durchlässigkeit und Freiheit ein.

Leg dann deine beiden Hände auf die Körpermitte, in der Gegend des Zwerchfells; spüre dich auch hier unter den Händen im Ein- und Ausatmen, wobei der Atem immer mehr seinen eigenen Rhythmus findet. Für den Anfang kannst du deine Hände jeweils für ungefähr 5 Atemzüge folgendermaßen auflegen:

o beide Hände auf den Unterbauch,
o beide Hände auf die Leisten,
o beide Hände auf die Seiten des Beckens,
o auf die Seite der Taille,
o auf die Seite auf die unteren Rippen,
o oben auf die Brust,
o noch höher auf die Brust unterhalb der Schlüsselbeine,
o die rechte Hand unter die linke Achsel,
o die rechte Hand unter die linke Schulter,
o die rechte Hand auf die linke Schulter,
o die linke Hand unter die rechte Achsel,
o die linke Hand unter die rechte Schulter,
o die linke Hand auf die rechte Schulter,
o beide Hände unter den Körper, dabei Handflächen zum Boden und
   der Handrücken berührt den Rücken unterhalb der Schulterblätter,
o beide Hände in Kreuzgegend,
o beide Hände unter dem Becken.

Spür dann in dich hinein mit der Frage: «Wo braucht mein Körper jetzt noch etwas? Wo hungert er nach Berührung? Wo will es jetzt zu fließen anfangen?» Und lege deine Hände jetzt dorthin. Laß dich für einige Zeit ganz von deinem Körper führen. Lege zum Abschluß noch einmal die Hände auf deinen Oberbauch. Leg sie dabei so, daß Handmitte über Handmitte liegt. Das ist die Schlußhaltung. Vielleicht kannst du jetzt unter den Händen eine Kraft spüren, die ganz zart und sehr kräftig zugleich ist.

Das Bewegen der Gelenke im gestöhnten Ausatem

Diese Übung ist der funktionellen Entspannung nach Marianne Fuchs nachempfunden, deren Grundprinzip wir hier für eine Übung des Raumschaffens verwenden. Sie bewirkt eine starke Durchatmung des Körpers – wiederum ohne jegliche willentliche Beeinflussung des Atems –, was häufig mit kräftigem Gähnen während der Übung verbunden ist. Dieses Gähnen sollte ruhig zugelassen werden, es löst das Zwerchfell. Manche Menschen fühlen sich allerdings durch diese Übung so aktiviert, daß es in ihrem Falle besser ist, sie eher an das Ende eines Focusingprozesses zu stellen, so daß sie wieder frisch und erholt in den Alltag finden. Statt dessen solltest du für den Beginn eine andere Übung wählen.

Wir bewegen bei dieser Übung ganz leicht unsere Gelenke im gestöhnten Ausatem. Dieser gestöhnte Ausatem geschieht laut mit einem genüßlichen «mmmh». Wir atmen so lange aus, wie wir können, und bewegen dabei leicht das betreffende Gelenk. Wir lassen dann den Atem kommen, so wie er von selbst kommen will, und spüren drei Atemzüge lang nach, ohne jetzt den Atem laut zu machen. Der Einatem wird dann meist dort stärker und deutlicher in dem Bereich des Körpers gespürt, den wir gerade bewegt haben. Danach wird dann das nächste Gelenk im gestöhnten Ausatem bewegt; wir liegen dabei wieder mit dem Rücken auf dem Boden oder auf einem nicht zu harten Bett. Wir bewegen:

o zunächst das Becken wie in einer sexuellen Bewegung leicht nach oben und unten, dann
o das Becken leicht nach links und rechts,
o die Knie leicht nach links und rechts,
o die Fersen leicht nach oben und unten,
o die Zehen leicht nach oben und unten,
o noch einmal das Becken leicht nach oben und unten,
o dann stellen wir uns in Höhe des Oberbauches vor, daß von der Wirbelsäule aus ein Faden nach unten in den Boden und ein anderer nach oben zur Decke führt. An diesen Fäden ziehen wir gedanklich die Wirbelsäule leicht nach unten und oben. Oder ein anderes Bild: Wir bewegen die Wirbelsäule in Höhe des Oberbauches wie eine Schlange leicht nach oben und unten – im gestöhnten Ausatem;
o ebenso die Wirbelsäule in der Herzgegend,
o das gleiche am Halsansatz,
o wir bewegen: beide Schultern nach oben und unten,
o dann die Ellenbogen nach links und rechts,
o die Hände aus den Handgelenken heraus nach links und rechts,
o den Kopf nach links und rechts, als wenn wir verneinen,
o den Kopf nach vorn und hinten, als wenn wir zustimmen,

○ dann den ganzen Körper ganz weich nach links und rechts zur Seite fallen lassen – und wieder nachspüren.

Und falls du diese Übung nicht an den Anfang zum Raumschaffen setzt, sondern an den Schluß, – dann dreh und räkle dich kräftig und lasse dabei ganz von innen heraus den Atem noch einmal ganz laut werden – wie ein Tiger im Urwald.

7. Den felt sense bilden (2. Schritt)

Wenn du dir jetzt Raum geschaffen hast, suchst du dir ein Thema oder ein Problem, auf das du fokussieren möchtest. Du kannst es kurz beschreiben und definieren und suchst dann in diesem zweiten Schritt nach der körperlichen Resonanz, die dieses Thema in dir auslöst.

Über den felt sense ist ja jetzt schon so viel gesagt worden, daß dir jetzt sicherlich klar ist, daß damit das vage und undeutliche Gefühl im ganzen Rumpfraum gemeint ist, das sich einstellt, wenn wir uns das Thema vorstellen. Dieses Gefühl ist noch ohne Worte und Bilder.

Damit du jetzt aber auf ganz praktische Weise den felt sense selbst erfährst, schlage ich dir zwei Übungen vor. Danach wirst du Gelegenheit haben, den felt sense an einem praktischen Beispiel aus deinem eigenen Leben zu bilden.

Übung: Zwei Personen

Denk einmal an zwei Personen, die dir nahe stehen und die dir wichtig sind. Frag dich dann zu jeder Person: «Wie fühlt es sich ganz vage im Bauch- und Brustraum an, wenn ich an diese Person denke. Wie fühlt sich die Gesamtheit dieser Person in mir an?»

Mache das erst mit der einen Person, dann mit der anderen und vergleiche die beiden körperlichen Resonanzen. Das, was du da als Gesamtheit zu jeder Person im Bauch- und Brustraum fühlst, ist der felt sense.

Übung: Sonde

Die Technik der Sonde, die schon am Beispiel von Thomas genauer beschrieben worden ist, kann auch eingesetzt werden, um zu erfahren, was ein felt sense ist.

Bei folgendem Satz ist es egal, ob ich ihn ernst meine oder nicht. Wichtig ist, die Reaktionen in deinem Inneren auf diesen Satz zu untersuchen. Du sollst diesen Satz einfach in innerer Achtsamkeit anhören und schauen, was er in dir bewirkt. Laß ihn einfach in dich hineinfallen, als ob ich einen Kieselstein in einen See werfe. Zunächst wird ein ganz vages und undeutliches Gefühl im Bauch- und Brustraum entstehen. Das ist der felt sense. Danach entstehen dann Worte, Bilder, Körperempfindungen oder Emotionen.

Also, was geschieht, wenn du hörst ———— (3 Sekunden Pause) ————

(«Dein Name), du bist willkommen»

Nimm dir Zeit zu spüren, wie dein Körper reagiert. Wir suchen nicht nach Antworten aus dem Kopf. Das, was du als erste Reaktion ganz vage und undeutlich spüren konntest, das ist der felt sense.

Ein Beispiel

Wir wollen jetzt alle sechs Schritte einmal praktisch durchführen. Und zwar möchte ich ein Thema vorschlagen, das den meisten Menschen vertraut ist und außerdem zu wichtigem Kernmaterial von uns führen kann (siehe Teil II). Um es dir zu erleichtern, diese Schritte für dich nachzuvollziehen, werde ich sie an einer fiktiven Person, wir nennen sie mal Michael, vorführen.

Unser Thema: «Wenn ich nach Haus zu meinen Eltern gehe, dann bin ich nicht mehr der erwachsene Mensch, der ich sonst in meiner Umgebung bin, sondern ich fühle mich anders und verhalte mich auch anders. Ich werde wohl wieder der (das) kleine Junge (Mädchen), der (das) ich damals zu Haus war.»

Das ist also das Thema, mit dem wir arbeiten wollen. Stell dir jetzt einmal ganz konkret vor, wie das eigentlich bei dir ist – wie du dich fühlst, wenn du deine Eltern besuchst. Stell dir vielleicht eine Szene vor, die sich kürzlich abgespielt hat, und schau, was für eine innere Aura oder körperliche Resonanz das gibt. Laß dir Zeit; es kann 1–2 Minuten dauern, bis sich der felt sense bildet; bleib dann einfach dabei und spüre dieses vage Gefühl im Ein- und Ausatem.

8. Einen Griff finden (3. Schritt)

Der dritte Schritt besteht darin, aus dem felt sense ein Wort, ein Bild oder einen Satz kommen zu lassen, der zu ihm paßt. Wir explizieren den felt sense. Dabei soll bei diesem dritten Schritt das Wort oder das Bild den felt sense noch nicht konkret ausdrücken. Wir suchen nur nach einer vorläufigen Bezeichnung für das Ganze – einen Namen, wie «klebrig» oder «eingeengt» oder «verbittert» oder «wie ausgesogen» oder «wie in einer Höhle gefangen».

Nicht immer kann man gleich ein Wort oder ein Bild finden. Es kann hilfreich sein, erst einmal eine Geste oder einen Laut kommen zu lassen. Gesten und Laute sind häufig näher am felt sense dran und sind deswegen erst einmal leichter zu finden. Dann lassen wir für diese Gesten und Laute ein Wort oder ein Bild kommen.

Wir suchen nach dem Kern des felt sense. Finden wir ein Wort, das paßt, dann ist schon häufig innerlich eine Veränderung zu spüren. Eine kleine Erleichterung, so, als ob jemand in uns bei dem Spiel «warm und kalt» sagt: wärmer, wärmer, wärmer ..., und wir wissen, daß wir auf der richtigen Spur sind. So wie wir einen Handgriff für einen Koffer brauchen, um diesen zu tragen, haben wir jetzt ein Wort oder Bild zur Verfügung als «Griff» für den gesamten felt sense.

Beispiel Michael
Wenn Michael nach Haus zu seinen Eltern kommt, dann ist er wirklich anders als sonst. Er hat sich das noch einmal konkret vorgestellt, hat in seinem Körper den felt sense dazu gebildet und jetzt, bei unserem dritten Schritt, kommt ihm das Wort: «neblig». Er fühlt eine kleine Erleichterung, die ihm sagt: «Die Richtung ist richtig.» Nicht, daß der felt sense sich total verändert und eine große Erleichterung

über ihn kommt, aber das Gefühl ist da: «Da geht es lang.» – «Neblig»
paßt als Name für die Straße, die er gleich erkunden wird.

Dein eigenes Beispiel

Laß jetzt aus deinem eigenen felt sense einen passenden Griff kommen.

---

9. Vergleichen (4. Schritt)

Im vierten Schritt vergleichen wir nun den Griff mit dem felt sense. Wir
prüfen, ob das Wort oder das Bild auch wirklich mit dem felt sense
übereinstimmt. Das bedeutet, daß wir uns innerlich den gefundenen
Griff noch einmal vorsagen und wieder lauschen, wie unser felt sense
reagiert. Sagt er «Ja» oder «Nein» oder «Nicht ganz, sondern . . .»? Wir
sollten uns mindestens eine Minute Zeit nehmen, um mit dem felt sense
wieder in Kontakt zu kommen. Dies ist jetzt der Schritt, bei dem wir
zwischen Implizitem und Explizitem hin- und herwandern.

Vielleicht verändert sich dabei der felt sense, vielleicht entsteht ein
body-shift – eine spürbare Erleichterung. Vielleicht ändert sich auch
der Griff, und es kommen uns bessere, d. h. passendere Worte oder
Bilder. Wir lassen sich beides laufend verändern und pendeln hin und
her.

Beispiel Michael

Paßt «neblig» wirklich? Nimm dir etwas Zeit und horche in dich hinein. Ja, doch – aber da ist noch etwas. Neblig und «quallig»; «neblig»
ist fast zu luftig, es ist aber mehr so «feucht-neblig», wie eine Qualle,
die einen umfängt. Stimmt das – «neblig, quallig»? Noch einmal Zeit
nehmen. O ja, das stimmt eher. Es wird noch freier und klarer im
Inneren. «Quallig» – das scheint es zu sein.

Dein eigenes Beispiel

_____

_____

_____

_____

_____

_____

10. Fragen (5. Schritt)

Falls schon beim vierten Schritt eine spürbare Erleichterung und Veränderung eingetreten ist, können wir gleich zu Schritt 6 übergehen. Ist
das noch nicht in einer befriedigenden Weise der Fall, können wir nun
dem felt sense offene Fragen stellen. Wir fragen ihn «Wer bist du
eigentlich?», «Was kannst du mehr über dich erzählen?» Wir warten
dann ab, welche Antworten ganz von selbst aus dem felt sense kommen. Dafür müssen wir uns Zeit lassen. Antworten, die sofort kommen, stammen meist aus dem Kopf und nicht aus dem *Körper*. Es sind
meist die schon allzu bekannten Antworten, die keine Veränderung
bewirken. Aus dem felt sense kommen nur neue Antworten, Antworten, die gerade entstehen und die es vorher noch nie gegeben hat. Die
Antworten mögen vielleicht die gleichen Worte haben wie schon früher gefundene Antworten, aber es haben nur Antworten aus dem
Körper, die im Hier-und-Jetzt entstehen, eine Veränderung zur
Folge. Die Veränderung geschieht durch den *Prozeß* des Antwortfin-
dens – nicht durch die fertige Antwort an sich.

Zwei Fragen, die uns bei diesem Schritt helfen können, sind:
o «Was ist das Schlimmste daran?»
o «Was brauche ich, um mich besser zu fühlen?»

Wir stellen diese Fragen und lauschen mit Geduld und Ruhe, wie
unser felt sense reagiert, so wie wir vorhin auf die Wirkung der Sonde

gewartet haben. Dabei kann die Antwort ganz andere Kanäle benutzen als Worte und Bilder. Vielleicht meldet sich eine Körperempfindung, eine Bewegung oder eine Emotion. Dann versuchen wir diese Reaktion in Worte zu fassen. Auch bei diesem 5. Schritt schwingen wir wieder hin und her zwischen dem Impliziten und dem Expliziten. Es können dabei mehrere kleine Erleichterungen oder Lösungen im Körper geschehen, aber auch eine große Veränderung, die vollkommen entspannt und befreit. Es ist gut, auf diese body-shifts zu achten. Doch wir sollten auch nicht zu stark auf diese Veränderungen fixiert sein, denn was man zu stark ersehnt, bleibt dann meistens aus. Folgen wir also einfach diesem inneren Dialog und freuen wir uns, wenn uns dabei eine körperliche Erleichterung geschenkt wird.

Beispiel Michael

Michael fragt sich: «Was ist das schlimmste an diesem Gefühl von ‹neblig–quallig›?» Er lauscht nach innen und wartet, und von dort kommt: «Ich habe gar keinen eigenen Willen und merke das gar nicht richtig.» Verändert das etwas im Empfinden? Ja, da verschiebt sich irgend etwas. «Was würde ich brauchen?» – «Einen eigenen Raum.» – «Wieso einen eigenen Raum?» Es kommt das Bild, als ob Michael von einer Aura umgeben sei, die nur ihm gehört. Ah, ja. Jetzt kommt eine spürbare Erleichterung. Er hat gar keinen eigenen Raum! Sie sprechen zu Hause so, als ob er ein Teil von der Mutter und vom Vater sei. Als ob es ihn gar nicht als etwas eigenes gäbe. Das ist es also – ja, das gibt eine Entspannung. Und das quallige Gefühl hat sich verändert. Jetzt kann er diesen eigenen Raum um sich herum spüren. Das macht die Brust freier.

Dein eigenes Beispiel

_____

_____

_____

_____

11. Annehmen (6. Schritt)

Als letzter Schritt ist es jetzt wichtig, die entstandene Veränderung wertzuschätzen, anzuerkennen und zu genießen und das über eine kleine Zeit. Es ist gut, sich für diese entstandene Veränderung ein wenig Zeit zu nehmen und in sie hineinzuatmen. Damit bekräftigen wir solch einen Veränderungsprozeß, zeigen ihm, daß wir ihn dankbar begrüßen, und es wird wahrscheinlicher, daß wir in Zukunft weitere Veränderungen erleben werden.

Der Verstand hat nämlich meist die Neigung, solch kleine Veränderungen gar nicht wahrzunehmen. Häufig sieht er nur das «halbleere Glas Wasser» und nicht das «halbvolle Glas». Deswegen will er gleich das Ergebnis analysieren, Pläne für die weitere Arbeit schmieden und sich den Kopf darüber zerbrechen, wo und warum noch keine Veränderung geschehen ist. Hier ist es wichtig, daß wir diese Tendenz akzeptierend wahrnehmen, aber all diese Versuche erst einmal zur Seite stellen. Jetzt wollen wir die kleine Veränderung dankbar anerkennen und deutlich wahrnehmen. Wie fühlt es sich jetzt im Körper genau an? Welches Wort oder Bild würde passen, damit wir diesen positiven Zustand später erinnern können?

Beispiel Michael

Michael spürt jetzt die größere Freiheit im Körper und hat dieses Bild von der ihn umgebenden Aura. Das Wort, das am besten paßt, ist «Mein eigener Raum». Er stellt sich jetzt vor, in diesem neuen Körpergefühl mit seiner Familie zusammen zu sein und phantasiert ganz neue Tischgespräche, die er dann führen würde. Er stellt sich auch vor, wie er mit diesem Körpergefühl mit seiner Freundin und an der Universität kommunizieren könnte. Dabei erlebt er diese Situationen so, als ob sie passierten. Sein Gefühl wird dabei größer und schöner. Er ist sehr glücklich und dankbar für diesen Focusingprozeß.

Dein eigenes Beispiel

_____

_____

_____

_____

_____

12. Die sechs Focusingschritte im Überblick

Mit diesen sechs Focusingschritten bildet Gendlin den Focusingprozeß ab und macht ihn lehrbar. Es ist so, als ob wir den Prozeß der Selbstkommunikation wie durch ein Mikroskop ganz genau anschauen, sezieren und in einzelne Schritte aufteilen. Obwohl der wirkliche Focusingprozeß später fließender sein und sich auch nicht immer an diese Reihenfolge halten wird, bieten diese sechs Schritte doch eine gute Möglichkeit, sich in das Focusing hineinzuarbeiten.

Du kannst nach dem Schritt 6 weiter beim Focusing bleiben, indem du wieder mit Schritt 2 beginnst oder aber den Schritt 5 «Fragen» erweiterst. Du kannst dann so lange weiterarbeiten, wie es deine Zeit erlaubt oder bis eine für dich befriedigende Erleichterung eingetreten ist. Du kannst dir zu Haus eine längere Zeit einräumen, um mit dir oder mit anstehenden Problemen zu arbeiten; du kannst aber auch immer wieder in deinem Alltag kleine Pausen einlegen, nach innen schauen und sehen, was da für Eintrübungen oder Belastungen ihr Unwesen treiben. Bereits 1–2 Minuten, in denen du Raum schaffst und die Dinge herausstellst, geben neue Klarheit und Frische.

Zur Übung solltest du dieses Schema der sechs Schritte an folgenden drei Themen ausprobieren:

o ein leichtes Problem aus der letzten Zeit, das irgendwie wichtig für dich war, aber dich nicht allzu stark belastet hat;

o ein Problem, bei dem du den Eindruck hast, daß es sich durch dein ganzes Leben zieht und über das du dir schon sehr oft den Kopf zerbrochen hast;

o ein positives Gefühl. Beispielsweise das gute Gefühl, das du bei deiner Freundin, deinem Freund oder deinem Ehepartner hast. Oder aber das gute Gefühl, das du bekommst, wenn du deine Katze streichelst. Positive Gefühle können durch focusing noch deutlicher, voller und körperlicher erfahren werden.

Du kannst auch folgendes probieren: Such dir ein Thema deiner Wahl, bilde den felt sense und drücke diesen dann erst einmal mit kreativen Medien aus, beispielsweise durch Malen mit Ölkreide oder Fingerfarben, Modellieren in Ton oder durch ein Musikinstrument. Du brauchst keine Vorerfahrung oder Übung dazu. Du versuchst einfach, deinen felt sense sich in diesen kreativen Medien ausdrücken zu lassen. Danach gehst du dann mit der Symbolisierung durch Worte und Bilder voran. Es gibt Menschen, die bereits bei diesen «Trockenübungen» zum Focusing sehr intensive und wichtige Erfahrungen machen, und es gibt andere, auf die diese Übungen nicht so intensiv wirken. Gehörst du zu den letzteren, dann mach dir keine Sorgen und denke daran, daß der eigentliche Prüfstein für dieses Focusingschema deine Realität ist. Wenn du dich das nächste Mal mit einem echten Problem herumschlägst, ganz in ihm gefangen bist und mit deinem normalen Denken nicht mehr weiterkommst – dann setz dich hin und arbeite mit diesem Schema. Du wirst sehen, daß es etwas verändern und bewegen kann und wird.

Du wirst auf jeden Fall wichtige Erfahrungen machen, wenn du einen Freund bittest, bei deinem Focusingprozeß anwesend zu sein und sich dabei auf dich zu konzentrieren. Er braucht dabei gar nichts zu sagen, und auch du mußt deinen Focusingprozeß gar nicht laut durchführen. Schon seine bloße Gegenwart wird deinen Focusingprozeß intensivieren und verstärken.

Selbstverständlich kannst du dann auch laut fokussieren und dich dabei von deinem Freund begleiten lassen. Wie das auf eine optimale Weise geschehen kann, zeige ich in Teil III «Anleitung zum partnerschaftlichen Focusing» ab Seite 99.

1. RAUMSCHAFFEN

Richte dich auf eine dir gemäße Art so ein, daß du einen guten Abstand zu deinem inneren Erleben bekommst und dieses mit Ruhe und Gelassenheit wahrnehmen kannst. Stelle Belastendes erst einmal zur Seite, so daß du Raum für dich als Erlebenden und Beobachtenden bekommst.

2. FELT SENSE

Suche dir ein Thema, auf das du fokussieren möchtest. Das kann ein Problem sein, ein Mensch oder eine Situation. Du kannst auch etwas ganz Unspezifisches zum Thema machen: «Wie fühle ich mich im Moment?»

Bilde den felt sense zu diesem Thema. Spüre in deinen Bauch- und Brustraum und schau, welche körperliche Resonanz dort entsteht. Bleibe bei diesem vagen und undeutlichen Gefühl, bei dieser inneren Aura, sei einfach mit ihr und spüre deinen Atem.

3. GRIFF

Finde einen Griff für diesen felt sense. Das kann ein Wort, Bild oder Satz sein. Manchmal kann es anfangs auch eine Geste oder ein Laut sein, und wir finden dann später einen Satz oder ein Wort. Zwinge dem felt sense keinen Griff auf, sondern warte geduldig, bis dieser von selbst kommt.

4. VERGLEICHEN

Gehe zwischen dem Griff und dem felt sense hin und her und schaue, ob der Griff auch wirklich paßt. Vielleicht entstehen noch andere

Worte und Bilder, und vielleicht verändert sich auch der felt sense. Gehe hin und her und lausche auf den felt sense.

5. FRAGEN

Stelle deinem felt sense offene Fragen und warte nach innen lauschend auf seine Antworten. Lasse die Antworten ganz aus dem Körper kommen. Antworten aus dem Kopf werden zurückgestellt. Gute Fragen sind: «Was ist das schlimmste daran?» und «Was brauche ich, um mich besser zu fühlen?» Achte bei diesem inneren Dialog auf entstehende körperliche Erleichterungen.

6. ANNEHMEN

Nimm die entstandene Veränderung in deinem Körpergefühl dankbar an. Lasse sie noch in dir nachklingen und stelle Versuche des Kopfes, sofort zu analysieren und zu begreifen, beiseite.

Teil II
Focusing und Charakter

1. Einführung

In diesem Teil des Buches werden wir den Focusingprozeß im Zusammenhang mit der Reichianischen Charaktertheorie durchführen lernen. Während die Anwendung des allgemeinen Focusingprozesses über die Psychotherapie hinaus für alle möglichen Zwecke und Situationen nutzbar ist, soll Focusing hier unter das Ziel gestellt werden, sich den psychischen Charakterpanzer und den damit verbundenen Muskelpanzer bewußt zu machen und schmelzen zu lassen. Focusing kann in diesem Kontext eine machtvolle Methode auf einem langen und tiefen Weg der Selbstentfaltung sein, gleichgültig, ob wir es jetzt allein oder zu zweit als Selbsthilfemethode anwenden oder aber in einer professionellen Therapie.

Die «Landkarte», die wir hier für diesen langfristigen Veränderungsweg benutzen, ist die Charaktertheorie nach Wilhelm Reich. Sein Verdienst ist es, die psychoanalytische Charaktertheorie mit der Körperstruktur und dem Energiefluß im Körper in Verbindung gebracht zu haben. Er führte die Begriffe des Charakter- und Muskelpanzers ein und arbeitete den Zusammenhang zwischen den psychischen Haltungen und den muskulären Verspannungen heraus. Alexander Lowen und John Pierrakos entwickelten diese Charaktertheorie in der Bioenergetik auf ihre Weise weiter; so, wie ich die Reichsche Charaktertheorie hier schildern werde, basiert sie auf der Beschreibung von Ron Kurtz in der körperorientierten Psychotherapie, der Hakomi-Therapie.

«Hakomi» kommt aus der Sprache der Hopi-Indianer und bedeutet «Was ist deine Welt?» oder «Wie stehst du in Beziehung zu diesen vielen Welten?», was bei den Hopis so viel bedeutet wie «Wer bist du». So drückt dieses Wort deutlich aus, wie wir Charakter verstehen wollen – als ein komplexes System, als eine komplexe Welt, die sich um bestimmte grundlegende Glaubenssysteme herum organisiert. Einige Methoden und Vorgehensweisen aus der Hakomi-Therapie, wie beispielsweise die schon geschilderte Technik der «Sonde», werden wir hier in unseren Focusingprozeß integrieren, um bei unserer

Arbeit zum Kernmaterial dieser grundlegenden Glaubenssysteme vorstoßen zu können.

Ich werde hier die Charaktertheorie nicht beschreiben, um dir ein möglichst vollständiges Wissen über die Reichschen Charaktere zu vermitteln. Ich benutze die Charaktertheorie vielmehr als ein didaktisches Mittel, um dir deutlich zu machen, daß wir Menschen unser Leben auf Grund der verschiedensten einengenden Glaubenssysteme organisieren. Diese Beschreibung soll dir helfen, dich als ein System wahrnehmen zu lernen, das sich körperlich wie psychisch um bestimmte Grunderfahrungen, Grundgefühle und grundlegende Glaubenssysteme herum aufbaut. Keinesfalls will ich dich an Hand der verschiedenen Charaktertypen einordnen oder in eine Schublade stecken, und selbstverständlich solltest du das auch nicht tun.

Eine Beschreibung der verschiedenen Charaktertypen kann uns jedoch für die Wahrnehmung unserer Person als System sensibilisieren und kann uns die verschiedenen Beschreibungskategorien eines solchen Systems deutlicher machen. Außerdem erweitert sich unser Wahrnehmungshorizont, denn wir lernen, mit welch verschiedenen Grundthemen sich Menschen herumzuschlagen haben. Wir schauen also einmal über unser individuelles «Drama» hinaus.

Diese Beschreibung wird dich dazu bringen, dein Leben aus einer großen Distanz wahrzunehmen. Es ist so, als ob wir von der Bühne unseres Lebens hinab in den Zuschauerraum steigen, um einmal von dort aus unserem Spiel zuzuschauen. Vielleicht erschrecken wir ein wenig, vielleicht werden wir etwas traurig, vielleicht müssen wir auch schmunzeln, aber dieser Blick aus der Distanz gibt uns auch die Möglichkeit, bewußt und klar wahrzunehmen, was wir da eigentlich immer wieder tun. Und vom Zuschauerraum aus lassen sich auch leichter neue Regieanweisungen entwickeln, falls wir unser Spiel verändern und verbessern wollen. Durch diese neue Wahrnehmung identifizieren wir uns also nicht so sehr mit uns als *Spieler* auf der Bühne, sondern mehr mit uns als *Regisseur* des ganzen Stückes.

Was wollen wir hier unter «Charakter» verstehen? «Charakter» ist eine Organisationsstruktur der Person, die sich um bestimmte Grunderfahrungen und daraus resultierenden Grundannahmen über sich selbst und die Welt organisiert. Diese Organisation drückt sich in unserer Psyche, in unserem Körperbau, in unserem Atem, in unserem Verhalten, in der Art unserer Beziehungen, in unserer Berufswahl und in der Wahl unserer Umwelt aus. Kern dieser Organisation ist ein grundlegendes Glaubenssystem, das in den meisten Fällen vollkommen unbewußt ist. Aber gerade weil es unbewußt ist, kann es machtvoll unser ganzes Leben beeinflussen.

Um dieses Glaubenssystem herum bauen wir unsere Welt auf – und denken dann, das wäre *die* Welt. Mit steigender Bewußtheit wird uns immer deutlicher, daß jeder Mensch sich ständig seine eigene, subjektive Welt kreiert, es also so viele Welten wie Menschen gibt. Wir können dann Charakter auch als ein Organisationsmuster definieren, nach dem wir immer wieder unsere Welt schaffen oder – in der Focusing-Sprache ausgedrückt – als die Art und Weise, wie wir das Implizite in den expliziten Raum hinaustragen. Therapie bedeutet dann, dieses Organisationsmuster aufdecken und verändern zu lernen, was beim Focusing nicht nur kognitiv und willentlich abläuft, sondern als ein organischer Wachstumsprozeß tief in unserem Körper.

Um dieses Charakterkonzept noch plastischer zu machen, stellen wir uns beispielsweise einen Menschen vor, der schon bei seiner Geburt die Erfahrung gemacht hat: «Ich werde liebevoll empfangen. Ich bin liebenswert. Die Welt scheint ein guter Ort zu sein!» Er macht diese Erfahrungen natürlich nicht bewußt, sondern die liebevolle und angenehme Geburt wird sich diesem Menschen auf eine nonverbale Weise einprägen. Dieses Grundgefühl ist jetzt sozusagen implizit in ihm vorhanden. Dieser Mensch wird sich später eine Welt schaffen, die seine Grunderfahrung immer wieder bestätigen wird. Menschen werden liebevoll auf ihn zukommen, er wird viele liebevolle Menschen treffen, seine Ausstrahlung wird andere Menschen dazu auffordern, liebevoll zu ihm zu sein, und auch in feindlichen Menschen wird er wahrscheinlich deren liebevollen Kern wahrnehmen.

Dagegen ein weniger glücklicher Mensch. Er hat bei seiner Geburt die Erfahrung gemacht: «Ich werde nicht gewollt. Ich bin nicht liebenswert. Die Welt scheint ein kalter und unfreundlicher Platz zu sein.» Es ist klar, daß dieses Grundgefühl und grundlegende Glaubenssystem sich später in seinem Leben ebenfalls bestätigen wird. Seine Ausstrahlung wird Menschen dazu bringen, ihn abzulehnen oder aber er wird sich ihn ablehnende Umwelten suchen. Da er sich ständig so verhält, als ob die Umwelt ihm feindlich gesinnt wäre, wird er andere dazu auffordern, sich tatsächlich feindlich zu verhalten.

Mit diesem Beispiel will ich nicht ausdrücken, daß das Geburtstrauma die Ursache für die grundlegenden Glaubenssysteme ist. Ich glaube im psychischen Bereich nicht an Ursachen. Wilhelm Reich beschreibt bei den verschiedenen Charakteren die frühkindliche Entwicklung jedoch als ursächlich, und wir werden diese Beschreibung übernehmen, weil sich gut damit arbeiten läßt. Aber ich möchte über Reich und die ganze übliche Psychotherapie hinausgehen und dich einmal zu folgender Sichtweise auffordern:

Stell dir vor, der Grund für dein Dasein auf diesem Planeten ist einzig und allein dein grundlegendes Glaubenssystem. Du hast es schon in vielen Leben aufbauen und stärken können, hast schon die verschiedensten Dramen um es herum erlebt und hast jetzt die Möglichkeit, es dir bewußt zu machen, es aufzulösen und gegen angenehmere und positivere Glaubenssysteme einzutauschen. Stell dir also vor – zuerst war da dein Glaubenssystem, erst dann kamen Geburt, Kindheitserfahrungen und das spätere Leben. Und die spiegelten natürlich dieses Glaubenssystem wider.

Ich meine nicht, daß du diese Sichtweise glauben sollst. Ich selbst glaube auch nicht daran. Aber ich arbeite damit. Ganz sicher kann ich sagen, daß von dieser Sichtweise, selbst wenn man sie nur versuchsweise und spielerisch einnimmt, Veränderung und Therapie begünstigt werden und zwar einfach durch die Entscheidung, einmal in seiner Wahrnehmung die Rolle des *Täters* und nicht die des Opfers einzunehmen. Du übernimmst dadurch Verantwortung für alles, was dir passiert. Und die Erfahrung lehrt, daß sich die Dinge auf diese Weise fabelhaft verändern lassen. Es geht also nicht darum, daran zu *glauben,* daß du Täter bist, sondern aus dieser Haltung heraus sich zu entscheiden zu leben – einfach weil das eigene Leben sich dann positiv verändern kann.

Denkst du über dein Leben in der Rolle des Opfers nach, dann wirst du dich immer machtlos und ausgeliefert fühlen. Du gibst mit deinem Denken deine Macht, dich zu verändern, an andere und die Umwelt ab.

Du kannst das ganz leicht nachprüfen:

o Erzähl einmal fünf Minuten lang laut von einer belastenden Sache und nimm dabei die Opferrolle ein. Spüre richtig beim Erzählen, wie gemein das Schicksal und das Leben zu dir war. Fühl dann nach den fünf Minuten in deinen Körper hinein und spüre, was das Erzählen mit dir gemacht hat.

o Erzähl jetzt noch einmal von dem gleichen Hergang, diesmal aber aus der Haltung des Täters oder des Schöpfers dieser Situation heraus. Erzähl, wie du das alles genau so, wie es war, selbst veranlaßt und geschaffen hast. Spüre dann wieder in deinen Körper und schau, was diese Art des Sprechens jetzt mit dir gemacht hat.

Gibt diese zweite Art nicht mehr Raum, Freiheit, Energie und das Gefühl, etwas verändern zu können? Und kommen dabei nicht sogar wichtige Erkenntnisse? – Probier es einmal aus!

Doch zurück zu dem Konzept von Charakter, das uns bei der praktischen und körperlichen Arbeit, unsere grundlegenden Glaubenssysteme aufzudecken und zu verändern, helfen soll. Charakter ist auf der einen Seite so etwas wie ein wärmender Mantel, den wir irgendwann einmal zu unserem Schutz angezogen haben, um mit dieser Welt zurechtzukommen. (Ich benutze wieder mehr die Opfersprache – und das ist Absicht!) Schwierig wird es, wenn uns der Mantel zu eng wird und unser Leben behindert. Vielleicht ist die Welt nicht mehr so kalt wie damals, vielleicht scheint jetzt die Sonne, aber wir laufen immer noch in unserem dicken Wintermantel herum.

Zum anderen ist Charakter so etwas wie eine getönte Brille, durch die wir die Welt sehen. Der eine sieht sie rot, der andere grün, der nächste gelb und wieder ein anderer blau. Und da wir nur schwerlich unser eigenes Auge, das sieht, anschauen können, werden uns normalerweise diese Brillen nicht bewußt.

Die folgenden Beschreibungen einzelner Charaktertypen machen diese verschiedenen Mäntel und Brillen deutlicher. Bitte beherzige, daß diese Beschreibung weniger das Ziel hat, dich in die eine oder andere Kategorie einzuordnen, sondern daß die Veränderung deiner *Wahrnehmungsdistanz* im Vordergrund steht, letztlich die Veränderung deines Körperzustandes beim Lesen des Textes. Die Beschreibung mag dir auch distanziert und ironisch vorkommen, aber denk daran, daß ich nicht über konkrete Menschen, sondern über abstrakte Typen spreche, deren Energien ich zwar so plastisch und anschaulich wie möglich schildern möchte, die es aber in der Wirklichkeit nicht gibt.

2. Der schizoide Charakter

Beginnen wir die Charaktertypen zu definieren in der zeitlichen Abfolge ihrer Entstehungsgeschichte in der Kindheit. Als erstes haben wir da das schizoide Drama, das schon vor der Geburt im Mutterleib, bei der Geburt oder kurz nach der Geburt entstehen kann. Das Thema, das den Schizoiden bestimmt, ist das der *Sicherheit*. Seine grundlegende Erfahrung ist die der Unsicherheit, Angst und Bedrohung. Vielleicht ausgelöst durch ein Erlebnis der Todesnähe bei der Geburt, vielleicht durch eine irgendwie feindliche oder ablehnende Mutter drückt sein grundlegendes Glaubenssystem so etwas aus wie: «Es ist nicht sicher hier», «Ich kann mich nicht geborgen fühlen» oder «Ich bin nicht willkommen». Sein grundlegendes Gefühl sagt ihm, daß die Welt nicht sicher, sondern gefährlich ist und daß jederzeit etwas Furchtbares passieren könnte. Der Schizoide fühlt sich fremd und nicht dazugehörig, wie ein Fremder auf diesem Planeten.

Sonden, die dementsprechend das ausdrücken, was für den Schizoiden psychische Nahrung wäre, sind:

o Du kannst dich hier ganz sicher fühlen.
o Wir freuen uns, daß du da bist.
o Du hast ein Recht, da zu sein.
o Du gehörst zu uns.
o Du bist willkommen.

Die schizoide Strategie, d. h. die Reaktion des Schizoiden auf dieses Grundgefühl, sieht vor, seine Energie von der Umwelt zurückzuziehen und sich ganz nach innen zu verkriechen, wie ein Tier, das sich bei einer Bedrohung totstellt. Der Kontakt zur Welt wird abgebrochen; der Schizoide lebt allein in seiner Eigenwelt. Wer ständig seine Energie nach innen zieht, wird unter kalten Händen und Füßen leiden. Und da sind wir dann bei dem Punkt, wie sich dieses Grundgefühl und seine Strategie in seinem Körper widerspiegelt. Der ganze Körper wirkt unlebendig und verkrampft, wobei besonders starke Spannungen in den Gelenken vorhanden sind. Spannungen im Hals- und Nackenbereich «trennen» Kopf und Körper und wehren die grundlegende Panik und Angst ab. Der Atem ist flach und wird durch starke Spannungen in der Zwerchfellgegend behindert. Häufig sitzt da ein Gefühl, als ob eine Bombe explodieren könnte. Denn der Schizoide kann natürlich seine Gefühle nicht zeigen und herauslassen; dazu ist die Welt zu gefährlich. Häufig wird er aber diese ganzen Spannungen nicht wahrnehmen, da sich sein Bewußtsein sowieso aus seinem Körper in seinen Kopf verlagert hat. Energiemäßig existiert er wie ein Gasballon am Faden – alle Energie geht in den Kopf und dessen Eigenwelten.

Ein Computerfachmann, der allein lebt, morgens schon beim Frühstück sein Essen gar nicht wahrnimmt, sondern mit seinen Gedanken schon bei einem neuen System ist, das er gerade austüftelt, dann zur Arbeit geht, ohne irgendeinem Menschen in die Augen zu schauen, sich dann vor seinen Computer setzt, um den ganzen Tag mit diesem zu kommunizieren, wäre ein gutes Beispiel für die schizoide Energie.

Starke Spannungen um die Augen gehören dazu – bei all der Angst und Bedrohung im Körper kann er die Welt nicht klar wahrnehmen, denn Blickkontakt bringt Spannung und Angst. So können wir uns eine Gruppe von Schizoiden vorstellen, bei der keiner den anderen anschaut, jeder für sich in einer Ecke sitzt, liest, meditiert oder in anderen Regionen schwebt. Es gibt keinen Körperkontakt. Keiner berührt den anderen.

Jedes Negative trägt auch einen positiven Kern in sich, jede Schwäche kann zu einer Stärke werden. So auch beim Schizoiden. Man könnte ihn *kreativ* nennen, denn wer kreativ sein will, muß die Welt verlassen, um in seine private Welt ganz eintauchen zu können. Was ihm das Leben aber erschwert, ist sein Nichtgegründetsein auf der Erde und im sozialen Kontakt. So wird ein Ziel bei einer Therapie immer sein, seinen Bodenkontakt zu verbessern, überhaupt die Spürung im Körper zu erhöhen und ihn wieder in Kontakt zu bringen. In einer längeren Therapie könnten ihm alle Ängste und die damit verbundenen Körperspannungen bewußt werden, und Ziel wäre schließlich ein Grundgefühl von Sicherheit und Geborgenheit, also ein Glaubenssystem wie: «Die Welt ist ein sicherer Ort.»

Ich denke, daß fast jeder Mensch solche schizoiden Züge in sich trägt, ohne daß dieses Thema der Angst sein Hauptthema sein muß.

Manchmal kann man solche Gefühle unter Drogen oder in ganz besonderen Streßsituationen erleben. Versuche einmal, dich ganz in diesen geschilderten schizoiden Charakter hineinzudenken und zu spüren, wie sich das dann von innen anfühlt. Wir wollen mit dieser Beschreibung nicht sogenannte «schizoide Typen» erkennen können, sondern uns für diese «schizoide Energie» sensibilisieren, die dann und wann in unserem Leben, in einer bestimmten Kommunikation und Situation und auch während unserer Focusingsitzungen auftreten kann: sich bedroht und nicht sicher fühlen, eingefroren sein und nicht atmen; die Energie zieht sich nach innen, und alles wirkt etwas unklar und verwirrt. Nicht dazuzugehören und fremd sein – einige Bilder der Surrealisten drücken dieses Gefühl sehr gut aus.

3. Der orale Charakter

Wenn du dir vorstellst, daß die verschiedenen Charaktere an dir vorbeiziehen, wirst du sie an den Gefühlen erkennen können, die sie in dir auslösen. Kommt der Schizoide vorbei, wirst du bei einem Gespräch auch bald Gefühle von Unklarheit und Verwirrung in dir spüren können. Die Gefühle des Schizoiden übertragen sich auf dich. Vielleicht schaust auch du dich bald ängstlich um.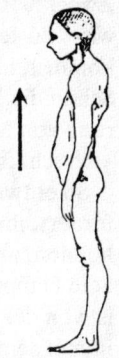

Kommt nun der orale Charakter vorbei, dann erkennst du ihn daran, daß du dein Portemonnaie ziehst und ihm einen Geldschein in die Hand drückst. Das ist es, was der Orale in dir auslöst – Mitleid und Helfenwollen. Der Orale hat seine ganze Persönlichkeit so organisiert, daß er andere Leute nonverbal auffordert, ihm zu helfen und ihn zu unterstützen.

Sein Thema ist *Nahrung* im weitesten Sinne, alles, was mit bekommen und Bedürfnisbefriedigung zu tun hat. Sein Grundgefühl ist etwa «Ich schaff es nicht» und «Ich bekomme doch nicht, was ich brauche».

Sonden, mit denen man arbeiten könnte, wären:

o Du kannst es schaffen.

o Du bekommst alles, was du brauchst.
o Ich werde dich nicht verlassen.
o Der Kosmos sorgt für dich.

Das alles wird er abwehren müssen. Das ist nicht seine Wahrheit. Er lebt in einer Welt des Mangels, in der er nie genug bekommt. Und das war auch seine grundlegende Kindheitserfahrung. Sein Drama kommt als zweites, gleich nach dem schizoiden Drama. Er liegt als Baby im Bett und schreit; er braucht etwas – und keiner kommt. Vielleicht ist die Mutter nicht da, oder sie füttert nach Zeitplan, auf jeden Fall bekommt das Baby nicht das, was es braucht. Es schreit so lange, bis es schließlich resigniert. Und das ist dann auch das grundlegende Glaubenssystem, mit dem der Orale sein Leben lang herumläuft: die Welt ist ein Ort, wo man nie das bekommt, was man braucht.

Das spiegelt auch sein Körper wider. Die Brust ist eingefallen, der Bauch etwas vorgestreckt, die Knie durchgedrückt, damit wenigstens sein Skelett ihn aufrecht hält, und der Kopf ist etwas nach vorn gestreckt. Der ganze Körper drückt aus: «Es hat doch alles keinen Zweck.» Resignation. Und wenn du einmal diese Haltung einnimmst, wirst du feststellen, daß du tatsächlich etwas nicht ausreichend bekommst, nämlich Luft. Der Atem reicht nicht, um etwas zu schaffen. Schon die Körperhaltung bestätigt also immer wieder die alte Erfahrung von Mangel. Und damit einher geht ein Gefühl von Schwäche. «Ich schaffe es nicht. Es ist zu schwer.»

So entwickelt der Orale eine Persönlichkeit, die andere Leute auffordert, ihm zu helfen. Er hat es aufgegeben, etwas allein schaffen zu können, und nun lehnt er sich an andere an oder stützt sich gar auf sie. Sein Hauptthema ist die *Bedürfnisbefriedigung*, und seine ganze Welt ist von der Frage bestimmt, wo und wie er diese finden kann. Er wird immer jemanden suchen, der ihm helfen soll, er wird immer jemanden haben, mit dem er telefonieren oder sprechen kann.

Eine orale Gruppe müssen wir uns folgendermaßen vorstellen: Ein großes Bett im Raum, alle unter einer Decke und alles knuddelt und schmust zusammen. «Willst du mal von meinem Eis lecken?» – «Dann gib mir auch noch mal einen von deinen Bonbons!» Aber solch eine Knuddelorgie kann über Stunden gehen – der Orale wird sich trotzdem hinterher leer und unbefriedigt fühlen. Hier kann man noch einmal gut sehen, wie es mit den grundlegenden Glaubenssystemen ist.

Ist innerlich noch das Grundgefühl vorhanden: «Ich bekomme doch nicht, was ich brauche», dann wird sich das immer wieder bestätigen, unabhängig davon, was man wirklich erhält. Denn der Orale bekommt eigentlich viel; er ist so niedlich und bedürftig, daß er sehr viele Streicheleinheiten bekommt. Aber er kann sie nicht annehmen und fühlen. Er kann nicht erleben: «Oh, ja –. Das ist schön, das tut gut.» Denn sein Grundgefühl ist eben nicht: «Ja, die Welt ist ein Ort, wo man das bekommt, was man braucht.» Die Situation des Oralen ist die desjenigen, der am gedeckten Tisch sitzt und verhungert.

In einer Beziehung wird der Orale immer wieder fragen: «Liebst du mich wirklich?» – «Ja, ich liebe dich» – und nach einiger Zeit: «Liebst du mich wirklich?» – usw., bis dem Partner irgendwann der Kragen platzt und er sagt: «Nein, natürlich liebe ich dich nicht», – und schon ist das grundlegende Glaubenssystem wieder bestätigt worden.

Die Stärken des Oralen sind seine *sozialen Fähigkeiten*. Derjenige, dessen Hauptthema die Bedürftigkeit ist, muß Antennen für die Bedürfnisse anderer Menschen entwickeln, auf diese reagiert er sensibel, und das orale Spiel läuft so ab: Ich gebe dir, was du brauchst, und du gibst mir, was ich brauche.

Der Typ des *kompensiert Oralen* dagegen hat sich schon früh gesagt: «Dieses ganze Drama mit Babysein und Abhängigsein, das mache ich nicht mit.» Sein Hauptziel im Leben ist autark, unabhängig und stark zu sein. Tarzan im Urwald, die Dauerläufer und Bergbesteiger sind oft aus diesem Holz geschnitzt. «Ich schaffe es allein» ist ihre Devise, und das müssen sie sich immer wieder beweisen, um das drohende Gefühl der Hilflosigkeit und Abhängigkeit abzuwehren. Bei einem solchen Menschen wird erst dann Leidensdruck entstehen, wenn er eine enge Beziehung haben will. Denn eine Beziehung kann nur dann wirklich intim sein, wenn alles zugelassen werden kann. Wenn ein wesentlicher Teil, nämlich das kleine, bedürftige Baby, versteckt wird – kann keine echte Nähe und Intimität entstehen.

4. Der psychopathische Charakter

Als nächster in der Entwicklung folgt der psychopathische Charakter. Wenn ein Psychopath an dir vorüber geht, dann erkennst du ihn daran, daß du Angst empfindest. Der Cowboy, der mit drohender Miene, gezogenen Colts und aufgeblasener Brust auf dich zukommt – das ist der Psychopath. Sein ganzer Körper will ausdrücken: «Du sollst Angst vor mir haben. Ich bin stärker als du.» Sein Körper drückt Imponiergehabe aus, seine ganze Energie ist nach oben gezogen, er hat eine schlechte Gründung in den Beinen und Füßen. Sogar der Bauch ist nach oben gezogen. Der Körper strukturiert sich so, als ob ständig die Gefahr besteht, unterdrückt und kleingemacht zu werden. Das Thema des psychopathischen Charakters ist *Macht*. Wer kontrolliert wen, und wer hat Macht über wen – das sind die Fragen, die ihn bewegen. Und das ist auch seine zentrale Kindheitserfahrung. Es ist Macht über ihn ausgeübt worden, die Mutter hat ihn meist autoritär oder auch verführerisch manipuliert und für ihre Bedürfnisse benutzt.

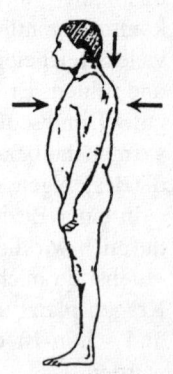

Seine Strategie ist: «Bevor ich mich manipulieren lasse, manipuliere ich lieber selbst.» Seine Grundbefürchtung ist, unterdrückt oder ausgenutzt zu werden, wenn er Schwäche zeigt.

Und so wären Sonden für ihn:

o Du bist uns wichtig.
o Wir respektieren dich.
o Ich will dich nicht klein machen.
o Ich bin auf deiner Seite.

Das könnte den Psychopathen entspannen, dann könnte er etwas Luft aus seiner Brust herauslassen.

Es ist sehr schwer für ihn, Kontakte auf gleicher Ebene zu schließen. Er fühlt sich wohler in der Rolle des Vorgesetzten. Man darf ihm nicht zu nahe kommen – das könnte seine Gefühle berühren. Seine Haltung ist: «Cool bleiben und sich nichts anmerken lassen.»

«Was sind schon Gefühle!»

Wie mag eine Gruppe von Psychopathen aussehen. Normalerweise treffen sich Psychopathen nicht als Gruppe, denn bei zwei Psychopathen in einem Raum ist schon einer zuviel. Zur bildhaften Vorstellung können wir uns aber eine Cowboy-Kneipe vorstellen, wo jeder jeden etwas von oben herab mit einem Schulterschlag begrüßt und «Na, wie geht's» sagt, wobei die Betonung ausdrückt: «So gut wie mir wird es dir wohl kaum gehen können!»

In der Therapie werden wir selten psychopathische Energie sehen, besonders wenn wir in einem vertrauten setting und in der Entspannung, wie beim partnerschaftlichen Focusing, arbeiten werden. Dann öffnet sich der Psychopath meist für darunterliegende orale oder schizoide Themen.

Was aber ist die Stärke des Psychopathen? Er läßt sich nicht gleich von Gefühlen überwältigen und kann brenzlige Situationen meistern. Wenn ein Haus brennt, dann krempelt er die Ärmel hoch, spuckt in die Hände und geht ans Löschen. Dagegen die anderen Charaktere. Was macht der Schizoide? Wahrscheinlich läuft er verwirrt herum und weiß gar nicht, wo er ist. Der Orale läuft von einem zum anderen und fleht: «Bitte, bitte, hilf mir – mein Haus brennt», und wird nicht auf die Idee kommen, vielleicht selbst zu löschen. Der Psychopath wird anpacken und löschen, aber nicht lange – irgendwann wird er diese konkrete Arbeit an die Rigiden delegieren, auf die ich noch kommen werde. Er wird lieber die Arbeit beaufsichtigen. Und die Masochisten (siehe der folgende Abschnitt) laufen jammernd herum: «Das mußte mir doch wieder passieren. Das ist schon das dritte Haus, das mir abbrennt. Das geschieht mir recht!»

5. Der masochistische Charakter

Das Grundgefühl des Masochisten ist *Unfreiheit*. Sein Leben wird von allem möglichen, von seiner Frau, seiner Mutter, seinen Kindern, seinem Job und überhaupt von allem nur Denkbaren bestimmt, nur nicht von ihm selbst: «Mir passiert immer Schlechtes», «Ich bin nichts wert» und «Ich bin unfrei». Das Leben ist schwer für ihn, es ist ein Leidensweg, und so trägt er denn sein Kreuz mit Demut, allerdings nicht mit echter Demut, denn unter ihr brodelt Ärger. Dieser Ärger muß aber verheimlicht werden und darf auch nicht direkt ausgedrückt werden, sondern hat sich lediglich in passiver Form als ein einziges «Nein» im Körper 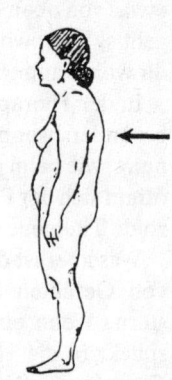 festgesetzt. Und unter dem Leiden ist Stolz zu spüren, nämlich darauf, all dieses aushalten zu können.

Sonden, die das benennen, was der Masochist brauchen würde, wären:

o Dein Leben gehört dir.
o Du bist frei, das zu tun, was du möchtest.
o Ich mag dich auch, wenn du frech (ärgerlich) bist.
o Du darfst glücklich sein.

Wenn dir ein Masochist begegnet, erkennst du ihn daran, daß du ärgerlich wirst. Irgendwie wird er es schaffen, dich ärgerlich zu machen, und du wirst dich zusätzlich auch noch für deinen Ärger schämen, denn ein solch netter und dazu noch leidender Mensch dürfte doch keinen Ärger in dir auslösen? Vielleicht wird er dir ganz aus Versehen auf den Fuß treten, du sagst «Aua», und er wird sich weinerlich und unterwürfig bei dir entschuldigen. Er wird dazu versuchen, deinen Schuh wieder sauberzuwischen und wird dabei aus Versehen noch deinen Mantel dreckig machen. Und wenn du jetzt explodieren würdest – dann würde er wieder in seinem Grundgefühl bestätigt, daß nämlich das Leben ein Jammertal ist.

Aber wie ist diese Haltung entstanden? Der Masochist ist nur geliebt worden, wenn er brav war und gehorchte. Meist ist er manipuliert und gepuscht worden – durchaus nicht immer von einer autoritären Mutter, sondern häufig von einer warmherzigen, aber überbesorgten Mutter, die dem Kind keine Freiheit und keinen eigenen Willen ließ. Aber anders als der Psychopath konnte der Masochist nicht rebellieren – die Angst vor der Ablehnung durch die Mutter war zu groß. Und so unterdrückte er Aggression und Rebellion. Der Masochist entwickelte die Strategie des passiven Widerstands, so lange auszuhalten, bis die anderen aufgeben. Ein gutes Beispiel für die masochistische Energie ist das kleine Kind, dem die Mutter sagt, es solle sein Zimmer aufräumen. Das Kind sagt: «Ja, das mache ich», geht in sein Zimmer – alles scheint klar und ruhig –, aber nach 5 Stunden ist noch nichts geschehen. Im Aushalten und im passiven Widerstand ist der Masochist unübertroffen. Auch sein Körper spiegelt das wider. Er ist sehr stark gegründet, hat einen fast zu guten Bodenkontakt und einen massigen und fleischigen Körper, der wie ein Baumstamm dasteht und ausdrückt: «Mich kannst du nicht bewegen.» Er hat ständig das Gefühl, von hinten gestoßen zu werden, und so stemmt sich der Rücken dagegen. Es ist ein ständiges «Nein» im Körper, und wenn du dem Masochisten einen Vorschlag machst, dies oder jenes zu tun, dann wird er das als Stoßen und Puschen wahrnehmen und sich steif machen, so daß sich eben gerade nichts bewegt. Der masochistische Körper fühlt ständig eine imaginierte Person hinter seinem Rücken, die ihn antreibt und gegen die er sich wehren muß.

Der Masochist hat eine Aktionsbarriere; es fällt ihm schwer, aktiv zu werden und zu handeln. Seine Probleme sind häufig mit reinem Focusing nicht anzugehen – er muß lernen, seinen Ärger auszudrücken, sich spielerisch zu balgen, sich zu bewegen und Entscheidungen zu treffen. Darauf aber kann Focusing gut vorbereiten.

Die Stärke des Masochisten ist das *Aushalten*. Er hält in Beziehungen aus, aus denen andere schon längst geflohen wären; er übernimmt Jobs für Jahrzehnte, die ein anderer höchstens eine Woche erträgt. Hat man ihn zum Freund, dann für immer. Und ein reformierter Masochist kann viel Humor haben. Wer durch so viel Leiden hindurchgegangen ist und dann erkannt hat, daß alles nur ein selbstgeschaffenes Spiel war, – der hat viel zu lachen.

6. Der rigide Charakter

Die ersten vier Charakterdramen entstanden mit der primären Bezugs-person, d. h. in unserer Gesellschaft im Regelfall mit der Mutter. Die letzten beiden Dramen, das rigide und das hysterische, prägen sich etwas später aus und haben eher mit dem Vater zu tun. In diesem Alter gibt es schon eine gewisse Geschlechtsspezifizierung, so daß Jungen mit einer anderen Strategie auf die gleichen Grundgefühle reagieren können, als die Mädchen, rigid die Männer und hysterisch die Frauen. Selbstverständlich muß das nicht immer so geschlechtsspezifisch aus-geprägt sein; es gibt auch hysterische Männer und rigide Frauen.

Das Thema des Rigiden ist die *Leistung*. Er ist ständig aktiv: er baut etwas auf, und er löst Probleme. Kein Ausruhen, keine Entspannung, kein Geschehenlassen – sondern nur sich anstrengen, sich anspannen und etwas leisten. Aber er ist niemals zufrieden, er kann sich nicht hinsetzen und seine Leistung genießen. Da ist ständig das Gefühl in ihm «Ich muß mehr tun» und: «Ich muß noch besser werden.»

Seine Grunderfahrung als Kind war die, seinem Vater gefallen zu wollen; er möchte von ihm aner-kannt werden. Er strengt sich an, in der Schule, auf dem Sportplatz, aber der Vater ist nie ganz zufrie-den. «Warum nur eine drei, warum keine zwei?» – «Warum nur Zweitbester und nicht Klassenbe-ster?» Das tut weh und schafft einen Grund-schmerz, der auch häufig mit der Herzgegend ver-bunden ist: «Ich bin nicht in Ordnung, wie ich bin», «Ich werde nicht so geliebt wie ich bin.»

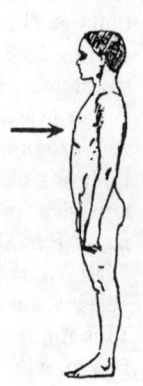

Und positive Sonden für den Rigiden wären dann:

o Ich mag dich so, wie du bist.
o Du brauchst nichts zu tun, damit ich dich mag.
o Du bist vollkommen in Ordnung, so wie du bist.
o Du brauchst dich nicht mehr anzustrengen.

Die Strategie des Rigiden ist, sich noch mehr anzustrengen. «Ich muß nur noch etwas besser werden, dann bin ich vielleicht in Ord-nung.» Und sein ganzes Leben wird eine einzige Anstrengung sein, aber er wird niemals zufrieden mit sich sein.

Denn solange innerlich in ihm der Satz «Ich bin nicht o. k., wie ich bin» vorhanden ist, wird keine noch so große Leistung ihm das Gefühl geben können, in Ordnung zu sein. Er fühlt sich wie Sisyphos, der immer wieder den schweren Stein auf den Berg rollt, und wenn er es fast gerade geschafft hat, rollt der Stein wieder herunter, und die Arbeit geht von vorn los. Und immer wieder hofft er: «Gleich habe ich es geschafft!»

Und so neigt er dazu, den ganzen Körper nach vorn zu lehnen, die Schultern nach hinten zu ziehen und ein kleines Hohlkreuz zu machen. Außerdem liegt ein ständiger Druck auf seiner Brust, als ob ihn jemand von vorn zurückhalten würde, damit er nicht zeigt, was er doch kann. Im ganzen hat der Rigide den wohlproportioniertesten Körper von allen Charakteren, seine Störung kommt ja auch als die späteste. Aber die starke Spannung der Muskeln, die sich auf den ganzen Körper erstreckt, macht ihm das Leben schwer.

In der Therapie wird der Rigide eine starke Neigung dazu haben, Probleme zu analysieren und mit dem begrifflichen Verstand lösen zu wollen. «Meine Frau hat gesagt, daß ich nicht tief genug fühle. Da will ich jetzt ran. Zeigen Sie mir, wie ich das machen soll. Ich bin zu jeder Mühe bereit!» Was der Rigide dagegen braucht, ist Entspannung und die Erlaubnis, nichts tun zu müssen. Dann erst kann er schmelzen und sich für die tiefe Traurigkeit öffnen, nicht so akzeptiert worden zu sein, wie er ist. Und wieder spielen zu lernen und ein Kind sein zu können ist wichtig, denn mit seiner Leistungsstrategie hat er zu früh versucht, ein kleiner Erwachsener zu sein und als solch einer anerkannt zu werden.

7. Der hysterische Charakter

Die Grundsituation des hysterischen Charakters ist die gleiche wie die des Rigiden. Das kleine Mädchen fühlt sich von ihrem Vater nicht akzeptiert. Sie malt gerade ein Bild, will es dem Vater zeigen – und der liest die Zeitung. Er will im Moment nichts von ihr wissen. Und das tut weh, dieses «Zurückgestoßenwerden». Aber die Strategie des kleinen Mädchens ist jetzt nicht die des Rigiden, dann eben mehr Leistung zu bringen, sondern sie «macht mehr Wind». – «Hallo Vati» ruft sie und wedelt mit dem Bild; falls er dann immer noch die Zeitung liest, wird sie lauter und lauter. Bis der Vater unwillig wird und sie anfährt. Und nun ist es vollends da, das Grundgefühl: «Ich werde zurückgestoßen», «Ich werde nicht so akzeptiert, wie ich bin.»

Diese Grundsituation kann sich auch in der sexuellen Entwicklung zeigen. Als das Mädchen noch klein war, hat Vati mit ihr viel geschmust und sie in den Arm genommen. Später reagiert der Vater nicht mehr so spontan, er fühlt sich gehemmt. Das muß gar nicht bewußt geschehen, es kann sein, daß er einfach seinen Atem anhält und zurückhaltender ist, wenn er jetzt mit seiner Tochter schmust; das Ergebnis ist das gleiche Grundgefühl: «Ich werde zurückgestoßen.»

Auch dieses schmerzliche Gefühl sitzt in der Herzgegend. Es ist eine ständige latente Angst vorhanden, zurückgewiesen zu werden. Das Mädchen entwickelt eine Strategie, um auf sich aufmerksam zu machen; es macht sich lärmend bemerkbar, erzählt aufgeregt, badet in Gefühlen und bauscht Dinge auf, alles in der Hoffnung, jetzt eher angehört und akzeptiert zu werden. Und hier wird deutlich, daß unsere grundlegenden Glaubenssysteme immer wieder die Neigung haben, sich zu bestätigen. Die exaltierte Schauspielerin – als Prototyp des hysterischen Charakters – redet immer aufgeregter und schriller und 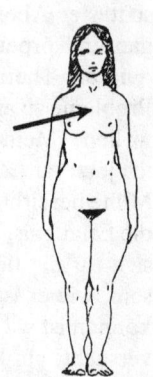 fuchtelt dabei mit ihren Händen herum, bis sie jedem auf die Nerven fällt und keiner ihr mehr zuhört. Und wieder bestätigt sich ihr Grundgefühl: «Ich interessiere keinen», und sie denkt: «Ich muß wohl noch origineller sein, noch mehr aufdrehen», bis sie wirklich unerträglich wird.

Sonden für den hysterischen Charakter wären:
o Du bist vollkommen o. k. so wie du bist.
o Du brauchst nichts zu tun, damit ich dich mag.
o Ich sehe dich – ich verstehe dich – ich höre dich.
o Du kannst dich ruhig ganz fallenlassen –
o Ich werde dich auffangen.

Im Körper drückt sich dieses Grundgefühl in einer Trennung zwischen Becken und Oberkörper aus. Das Becken ist meist erwachsen und fraulich entwickelt, der Oberkörper aber ist kindlich geblieben. Oben steckt das kleine verletzte Mädchen, das sein Herz schützen muß. In der Brust sitzt die latente Angst, von vorn einen Stoß versetzt zu bekommen, eben immer wieder zurückgestoßen zu werden.

Das Innenleben des hysterischen Charakters ist romantisch. Und das ist auch die Stärke des hysterischen Charakters: Er hat ein großes Gespür für Stimmungen und vage Gefühle und ein großes schauspielerisches Talent. Beim hysterischen Typ fühlt man sich meist warmherzig geborgen und fühlt dennoch eine positive Spannung und Aufregung. Er ist nie langweilig.

Können wir uns den rigiden und den hysterischen Typ bei unserem Hausbrand vorstellen? Der Rigide wird natürlich eifrig löschen und hinterher in aller Genauigkeit jedes Detail der Aktion wiedergeben und analysieren können. Der hysterische Typ wird vielleicht bei dem herrlichen Anblick der Flammen erschaudern: «Welch eine Kulisse – in der ER jetzt erscheinen könnte und SIE in seine starken Arme nehmen und erretten könnte!»

8. Charakter im Überblick

Wie fühlst du dich jetzt? Was hat die Beschreibung der sechs verschiedenen Charaktertypen mit dir gemacht? Wie fühlt es sich in Bauch- und Brustraum an?

Manche Menschen spüren jetzt eine Erleichterung, manche sind animiert, darüber nachzudenken, und andere werden ärgerlich und traurig. Du solltest dich nicht gezwungen fühlen, dich einzuordnen, sondern ich wollte dich mit der Veränderung der Perspektive konfrontieren. Es ist, als ob du aus der Vogelperspektive auf das menschliche Leben schaust und siehst, welches Drama denn die Menschen auf ihrer Lebensbühne aufführen.

Der eine ist ständig der verträumte Liebhaber, der andere der griesgrämige Betrogene, und wieder ein anderer muß ständig Heldentaten vollbringen. Normalerweise sind wir identifiziert mit unserer Rolle, aber jetzt verlassen wir die Identifikation. Das allein kann schon eine Lockerung und Befreiung bringen. Denn wenn wir es zulassen, uns nicht zu identifizieren, können wir über uns lachen und werden emotional locker.

Das ist der größte Effekt bei der Beschäftigung mit unseren grundlegenden Glaubenssystemen: Wir bekommen mehr Abstand von ihnen. Wir merken, daß wir mehr sind als unser Charakter, der uns einengt und festhält. Wir tragen in uns auch einen Teil, der diesen Charakter wahrnimmt und kreiert, einen Teil also, der nicht dieser Charakter selbst sein kann. Es gibt uns als Theaterdirektor im Zuschauerraum, der sich das Ganze anschaut – und neue Entscheidungen fällen kann.

Vielleicht werden wir immer eine Neigung zu einem bestimmten charaktermäßigen Verhalten haben, und vielleicht können wir das nie ganz ablegen. Aber es ist ein großer Unterschied,

> ob wir den Charakter besitzen –
> oder ob der Charakter uns besitzt.

Dann nämlich lebt er unser Leben und beeinflußt unser Leben immer wieder in der gleichen destruktiven Weise. Wenn er uns nicht bewußt ist, wenn uns unsere grundlegenden Glaubenssysteme unbekannt und wir vollständig mit ihnen identifiziert sind, dann übernehmen sie das Kommando über unser Leben. Und wenn wir versuchen, dagegen anzu gehen, dann tun wir es wieder nach unserer Charakterstruktur und nichts ändert sich. Es ist so, als ob wir immer vom gleichen Grundmuster beherrscht werden. Es ist egal, wo wir leben, was wir alles in unserem Leben verändern, wie oft wir Partner und Berufe wechseln und wie viele Kilometer wir von unseren Elternhäusern wegziehen – wir agieren immer und immer wieder die gleichen Muster aus.

Die Kulissen mögen wechseln, aber unser grundlegendes Spiel bleibt das gleiche. Und jeder Versuch, das Spiel auf der Bühne zu verändern, geschieht schon wieder nach unseren Spielregeln und ist deswegen zum Scheitern verurteilt. Wir können versuchen, unser System zu verbessern, es auszustaffieren und es zu verschönern – aber deswegen bleiben wir doch immer noch in unserem System. Das einzige, was hier helfen kann, ist der Schritt zurück – aus dem System heraus –, d. h. die Veränderung der Identifikationsebene. Sobald ich bewußt wahrnehme, was ich mache, bin ich schon nicht mehr vollständig identifiziert. Ich bin derjenige, der wahrnimmt. Und von hier aus kann ich alles verändern. Ich kann das bewußt wahrnehmen und akzeptieren lernen, was ich da sehe, – und schon dadurch löst sich der Panzer. Vielleicht suchen wir als Oraler weiterhin nach Unterstützung und als Psychopath weiterhin nach Leuten, die wir unterstützen können, aber mit Bewußtheit und Akzeptierung können wir spielerischer und weniger verbissen damit umgehen. Wir können unseren «schützenden» Charakter-Mantel nicht wegwerfen, aber anstatt uns von ihm einengen zu lassen, können wir ihn so benutzen, daß er uns wärmt und hilft. Wir können mit unserem Charakter spielen und ihn so einsetzen, wie wir es für richtig halten.

Focusing im Kontext der Charaktertheorie wird uns helfen, uns unsere psychischen Strukturen und Körperspannungen bewußt zu machen und zu lösen. Je weniger der Charakter in unserem Körper steckt, desto weniger wird er uns beeinflussen können. Aber die wichtigste Voraussetzung für eine solche Transformation ist die Bereitschaft, die Identifikation mit unseren grundlegenden Glaubenssystemen zu verlassen. Dann müssen wir sie nicht mehr festhalten, verteidigen, und nicht mehr beweisen, daß wir mit ihnen im Recht sind.

9. Deine eigene Charakterstruktur

Jetzt wollen wir uns auf die Suche nach deiner eigenen Struktur machen. Vergiß alles, was du eben über die verschiedenen Charaktere gehört hast, aber laß uns folgende Gedanken mitnehmen: Wir sind auf der Suche nach einem Gesamtsystem, in dem es grundlegende Erfahrungen und Gefühle gibt, die wir als grundlegende Glaubenssysteme explizieren können und um die herum sich unser Körper organisiert hat.

Aber das wichtige dabei ist die *Suche* – nicht das Finden selbst. Wie du ja aus dem ersten Teil weißt, würde uns die bloße Einsicht «Ach ja, ich habe diese oder jene Struktur» nicht verändern. Das tut nur der lebendige Prozeß, der entsteht, wenn wir uns die Frage nach unserer Struktur stellen und dann auf die Antworten aus unserem Körper horchen.

Auf diese Weise wollen wir später die Frage nach unserer Charakter-

struktur in unsere Focusingpraxis einbauen. Wir wollen dabei diese
neue Wahrnehmung der Struktur berücksichtigen, um unseren Prozeß zu vertiefen. Wir wollen aber nicht eine Struktur finden, die uns
ein für allemal beschreibt, – das würde uns einengen und außerdem
nichts verändern. Wir können nur bei dem, was wir gerade im Moment in uns erforschen, ein Generalthema aufzuspüren versuchen,
das unser inneres Erleben durchzieht und es in eine sinnvolle Ordnung stellt.

Die folgenden Selbsterfahrungsübungen sollen dir helfen, dieser
Struktur auf die Spur zu kommen. Falls du dich dazu entscheidest,
diese Übungen durchzuführen, solltest du sie zunächst auf Tonband
sprechen. Falls du dich aber dazu entscheidest, sie erst einmal nur zu
lesen, dann verlangsame das Lesetempo ein wenig und stelle deinem
Körper dabei die Frage: «Wie würde es sich wohl anfühlen, wenn ich
die Übungen tatsächlich durchführte?»

Zeitregression

Lege dich auf den Boden oder auf ein Bett und schaffe dir erst einmal
inneren Raum. Eine gute Vorbereitung für diese Übung kann das
«Körperspüren» oder die «Atemmassage» sein, siehe Seite 34–36f.
Ich werde dich jetzt bitten, genau zu erinnern, was zu bestimmten
Zeiten deines Lebens passiert ist, was du gemacht hast, wo du dich
aufhieltst und mit wem du zusammen warst. Erinnere dich so genau
wie möglich und laß dann auch Bilder und Phantasien zu dieser Zeit
kommen. Male sie weiter aus und achte darauf, was sich für ein Gefühl in deinem Bauch- und Brustraum einstellt. Wie hat es sich zu
dieser Zeit angefühlt? Wie war deine Grundbefindlichkeit zu dieser
Zeit? Vielleicht kannst du in dieser Übung bestimmte Grundgefühle
und Grundmuster deines Lebens finden. Du solltest nach ca. 3 Minuten jeweils deine Phantasien unterbrechen und zur nächsten Zeit
übergehen. Vielleicht wird dich das ärgern, weil du bei deinem Erleben verweilen möchtest. Da es aber für diese Übung wichtig ist, immer wieder abzubrechen, weiter und weiter voran zu gehen und nirgendwo zu lange zu verweilen, möchte ich dich bitten, diesen Ärger
einfach nur wahrzunehmen und dich weiterführen zu lassen.

o Laß als erstes Bilder und Phantasien kommen zu dem Thema: Was
   war vor einem Jahr? Das war der ___ (Monat) 19___ (Jahr). Was

hast du damals gemacht? Mit wem warst du zusammen? Laß Bilder und Phantasien kommen. Wie fühlt es sich im Bauch- und Brustraum an? Wie war damals dein Lebensgefühl?

o Wir lassen dann diese Bilder und Phantasien wieder los und gehen weiter zurück zum Thema «Was war vor zwei Jahren?»

o Wir lassen auch diese Bilder wieder los und gehen zurück zum Thema: «Was war vor drei Jahren?»

o Wir lassen auch diese Bilder wieder los und gehen zurück zum Thema: «Was war vor vier Jahren?»

o Wir lassen auch diese Bilder wieder los und gehen zurück zum Thema: «Was war vor fünf Jahren?»

o Wir lassen auch diese Bilder wieder los und gehen zum Alter von 20 Jahren. Wer so jung ist, daß er sich schon bei den vorangegangenen Schritten in diesem Alter befand, bleibt einfach dabei.

o Wir lassen auch diese Bilder wieder los und gehen zurück zum Alter von 15 Jahren. Es wird jetzt vielleicht schwerer, reale Erinnerungen nachkommen zu lassen. Es ist aber nicht wichtig, ob die Bilder und Phantasien, die jetzt kommen, wirklich passiert sind. Wir fragen uns vielmehr: «Wie mag es wohl gewesen sein, als ich 15 Jahre alt war?» Phantasiere einfach drauflos. Was habe ich gemacht? Wie hat es sich angefühlt? Dies gilt auch für alle weiteren Phantasien.

o Wir lassen auch diese Bilder wieder los und gehen in das Alter von 10 Jahren.

o Wir lassen auch diese Bilder wieder los und gehen zurück zum Alter von 5.

o Wir lassen auch diese Bilder wieder los und gehen zurück zum Alter von 1 Jahr. Als man noch gar nicht sprechen konnte und bei der Mutter an der Brust lag. Was kommt da für ein Gefühl?

o Wir gehen noch weiter zurück und stellen uns vor, wir seien noch im Mutterleib, kurz vor der Geburt. Bisher war es recht gemütlich und geborgen, aber jetzt wird es ungemütlich; die Gebärmutter fängt an, sich zusammenzuziehen, und du weißt, gleich mußt du durch den Geburtskanal, und du kommst heraus. Wie wird es wohl sein, wenn du herauskommst? Wird die Geburt leicht oder schwer sein? Wie wirst du auf dieser Erde empfangen werden?
Laß einfach einmal Bilder und Phantasien zu dem Thema kommen: «Wie mag wohl meine Geburt gewesen sein?»

o Laß auch diese Bilder wieder los; wir gehen noch weiter zurück.

Stell dir vor, du bist ein Fötus von 5 Monaten und du hättest totale Bewußtheit und könntest alles miterleben, was deine Mutter macht, wie sie sich fühlt und was so in deiner Umgebung gesprochen wird. Laß einfach Bilder und Phantasien kommen. Wie fühlt es sich an?

o Und laß auch diese Bilder wieder los. Stell dir vor, du bist noch gar nicht auf diesem Planeten, sondern schwebst noch irgendwo im geistigen Bereich. Es ist nicht wichtig, ob du an so etwas glaubst, wir wollen hier einfach nur mit diesem Bild arbeiten. Also stell dir vor, du spürst jetzt einen Sog nach unten zu unserer Erde, und auf einmal siehst du vor dir deine Mutter und deinen Vater, wie sie miteinander schlafen und dich zeugen. Schau ganz genau hin, wie die beiden da zusammen sind.

o Und laß auch diese Bilder wieder los, denn wir gehen noch weiter zurück und stellen uns vor, daß es vor diesem Leben noch ein anderes Leben gab. Und es ist wieder nicht wichtig, ob du an so etwas glaubst oder nicht. Laß einfach Bilder und Phantasien zum Thema kommen: «Wie war mein Tod in diesem früheren Leben?»

o Und laß auch diese Bilder wieder los, und laß jetzt Bilder und Phantasien von diesem früheren Leben kommen. Vom Alter von 20 bis zu dem Tod, den du dir eben vorgestellt hast. Stell dir einfach ein fremdes Land und eine ferne Zeit vor, wo sich dein damaliges Schicksal abspielte. Laß wieder Bilder und Phantasien kommen und achte dabei auf dein Körpergefühl.

o Laß auch diese Bilder wieder los, denn wir spulen die Zeituhr jetzt anders ab: zum Tod im früheren Leben – zur Zeugung – zum fünften Schwangerschaftsmonat – zur Geburt – zum ersten Lebensjahr – zum Alter von 5 Jahren – von 10 Jahren – von fünfzehn Jahren – von 20 Jahren – vor 5 Jahren – vor 4 – vor 3 – vor 2 – vor 1 Jahr – jetzt. Die Hände fest zu Fäusten ballen, tief ein- und ausatmen und recken und strecken!

Jetzt solltest du dir Zeit nehmen und dein ganzes Erleben aufschreiben. Am besten fängst du bei deinem früheren Leben an und gehst dann chronologisch bis zur Gegenwart vor. Wenn du willst, kannst du auch das ein oder andere aufmalen. Achte dabei auf dein Körpergefühl – häufig kann beim Schreiben und Malen der felt sense besonders deutlich ausgedrückt werden.

Frage dich dann, ob du irgendwelche durchgehenden Grundgefühle und Grundmuster in deinem Leben finden kannst. Wenn ja,
schau sie einfach an, mach nichts mit ihnen – laß sie einfach dasein.

Sonden

Um mit möglichen Grundthemen in deinem Leben in Kontakt kommen zu können, will ich dir ein paar Sonden in die innere Achtsamkeit
geben. Du kannst dann sehen, welche Sonden in dir etwas Wichtiges
auslösen und welche Sonden für dich unwichtig zu sein scheinen – auf
jeden Fall in der jetzigen Situation deines Lebens. Bei den Sonden,
die etwas in dir auslösen, kannst du ganz genau hinschauen, welche
Bilder, Gedanken, Körperempfindungen und Gefühle entstehen.
Dabei ist es egal, ob die Sonde «reingeht», d. h. eine positive und
erleichternde Reaktion bewirkt, oder ob ein «Nein», ein Widerstand
oder ein «Das kann ich nicht glauben» hochkommt. Auch hier ist es
wieder gut, die Anweisung auf Tonband zu sprechen und vorher das
Körperspüren durchzuführen.

Alle Sonden haben die Form: «Was geschieht, wenn du hörst: (3
Sek. Pause) ___ (dein Name) _____ (betreffende Sonde)»
 1. Wir freuen uns, daß du da bist!
 2. Du gehörst zu uns!
 3. Ich werde dich nicht verlassen!
 4. Du wirst es schaffen!
 5. Dein Leben gehört dir!
 6. Du kannst dich hier ganz fallen lassen!
 7. Ich bin stolz auf dich!
 8. Du bist frei, das zu tun, was du willst!
 9. Ich bin auf deiner Seite!
10. Du bist vollkommen in Ordnung, so wie du bist!

Das Ausprobieren der Sonden in innere Achtsamkeit ist natürlich
etwas ganz anderes, als sie zu lesen und über sie nachzudenken. Das
sind dann Kopfreaktionen – aber was wir eigentlich wollen, ist die
Erfahrung, wie unser Körper, unser Gesamtorganismus reagiert.

Dein Körperschema

Male ein Bild deines Körpers, so wie du es spontan kannst. Es kann sein, daß du wie ein Kind oder sehr laienhaft malst, da du keine Übung hast. Das macht nichts, wir wollen hier kein Kunstwerk erstellen, sondern uns einfach überraschen lassen, was da für ein Körper bei unserem Malversuch herauskommt. Zeichne dann in dieses Schema hinein, wo du die meisten Spannungen, Krankheiten oder Störungen hast oder in der Vergangenheit hattest.

Jetzt nimm Distanz zu diesem Bild auf, schau es dir an und frage dich: «Wenn dieser gemalte Körper sprechen könnte, was würde er sagen?» Was ist seine Botschaft? Welches Grundgefühl mag zu ihm gehören, und welche Strategie und welches Glaubenssystem mag er ausdrücken?

Laß einfach Bilder und Worte kommen – zensiere sie nicht –, auch wenn sie zunächst unsinnig erscheinen sollten. Wie fühlt es sich dabei in Bauch- und Brustraum an?

Das Gefühl «zu Haus bei den Eltern»

Beim Einüben des Focusingprozesses im Teil I arbeiten wir mit dem Gefühl, das sich bei der Vorstellung einstellt, die Eltern zu besuchen. Dabei wird der Focusingprozeß am Beispiel «Michael» deutlich gemacht.

Für die meisten von uns ist dieses Gefühl ein ganz zentrales Thema und kann uns zu Kernmaterial unserer Charakterstruktur führen.

Michael mit seinem Gefühl von «neblig-quallig» schien mit einem grundlegenden Thema in Kontakt zu sein, das im weitesten Sinne etwas mit «unfrei sein», «eingeengt sein» und «keinen Raum haben» zu tun hatte. Er hätte sich jetzt in seinem Focusingprozeß auch fragen können, mit welcher Sonde er dieses Grundgefühl am besten ausloten könnte. Vielleicht mit: «Michael, du kannst so viel Raum haben, wie du willst» oder: «Michael, dein Leben gehört dir». Das Thema scheint in den masochistischen Themenbereich zu gehören, und wir würden die Sonde hier nicht dazu benutzen, uns glücklich zu machen und zu entspannen, sondern dazu, mehr über unser Grundthema und das grundlegende Glaubenssystem herauszubekommen.

Vielleicht würde solch eine Sonde zunächst auslösen: «Nein, auf keinen Fall.» Jetzt wird mir erst so richtig deutlich, wie dieses Gefühl von «neblig-quallig» über meinem ganzen Leben liegt.

Was würde das Gefühl sagen, wenn es sprechen könnte? Es würde sagen: «Du mußt das machen, was ich will. Du darfst keinen eigenen Raum haben.»

Und wir gehen weiter voran in unserer Selbsterforschung – wir erkunden unsere Charakterbarriere. Häufig wandelt sich das Gefühl nicht so einfach und so schnell, wie ich es im Focusing-Beispiel gezeigt habe, und wir müssen zunächst dieses negative System und diese Barriere genauer kennenlernen. Wie fühlt es sich genau an? Welche Bilder und Gedanken kommen dazu? Sind da Kindheitserinnerungen, die die grundlegenden Erfahrungen zu Tage treten lassen? Vielleicht kommen Michael Erinnerungen an Situationen mit seiner Mutter, in denen sie ihn ständig ermahnte: «Tu dies! Tu das!»

Und wie organisiert sich dieses Gefühl in seinem Körper? Welche Muskeln spannen sich an? Wie reagiert der Atem? Wo ist der Atem frei, und wo ist er fest und geblockt?

Diese ganze Erforschung, diese offenen Fragen, die wir stellen, um mehr über unser grundlegendes Glaubenssystem herauszubekommen, könnten wir in unserem Focusingschema unter Punkt 5 («Fragen») einordnen. Bei dieser Erforschung wird sich bereits viel verändern. Wir werden mehrere body-shifts erleben und das Thema immer tiefer erforschen.

Vielleicht spürt Michael auf einmal eine Wut und spürt gleichzeitig, daß er Wut immer unterdrückte und immer Angst hatte, sie zu zeigen. Dann hätte ihn seine Mutter nicht mehr lieben können. Dann wäre er nicht mehr ihr «lieber Junge». Vielleicht würde er jetzt einmal eine neue Sonde ausprobieren: «Michael, ich mag dich, auch wenn du ärgerlich bist», und Michael könnte erforschen, wie wenig er das glauben kann.

Vielleicht wäre Michael auch auf die symbolische Bilderebene übergegangen und hätte dort erlebt, wie er in einem Kampf mit einer großen Krake seine Angst vor Aggression langsam ablegt und der Krake schließlich all ihre Fangarme abschlägt. Oder er hätte auf der Ebene eines früheren fiktiven Lebens die Befreiung von einengenden und unfreien Umständen zu einem aktiven, verantwortlichen und freien Lebensgefühl erfahren können. Die Art der Ebenen unserer Selbsterforschung sind nicht wichtig – da lassen wir uns ganz von unserem Inneren führen. Worum es geht, ist eben die Erforschung und Veränderung des Grundgefühls und des grundlegenden Glaubenssystems, und das kann auf jeder möglichen Ebene geschehen.

Versuch jetzt einmal, mit deinem eigenen Gefühl, das bei der Vorstellung, bei deinen Eltern zu Besuch zu sein, in dir hochkommt, auf diese beschriebene Weise umzugehen. Was mag da bei dir für ein Hauptthema vorliegen? Welche Sonde könnte da passen? Welche Bilder, Gefühle und Erinnerungen kommen hoch? Erforsche alles und versuche auch einmal wieder eine neue Sonde, falls sich das Thema etwas verändert hat. Wenn du zu lange auf der expliziten Ebene bleibst, spüre wieder in deinen Körper und nimm Kontakt mit deinem felt sense auf. Verschwimmst du im Impliziten, frage dich: Was würde dieses Gefühl, diese Empfindung, dieses Bild sagen, wenn es sprechen könnte?

10. Der Sprung über die Barriere

Wenn wir uns auf diese Weise immer mehr unseren grundlegenden und fundamentalen Gefühlen nähern und sie fokussierend erforschen, dann werden sich diese Gefühle langsam verändern. Unsere Grundbefindlichkeit in unserem Körper verändert sich, und damit verändert sich auch unser Leben. Aus einem Gefühl von «Ich bin unfrei» wird immer mehr ein Gefühl von «Ich bin frei und kann das tun, was ich will». Und unser Leben wird dieses innere Grundgefühl widerspiegeln.

Während sich diese langfristige Veränderung besonders auf der nonverbalen, körperlichen Ebene kontinuierlich und stetig entwickelt, erscheint sie bei der praktischen Arbeit manchmal als ein Sprung. Beispielsweise kann man auf einmal die Sonde «Du bist frei» in den Körper hineinlassen und plötzlich ein Gefühl von Freiheit und Weite dabei in der Brust spüren. Und dazu mögen sich Bilder von weiten Stränden oder hohen Bergen einstellen, die dieses neue, schöne Gefühl ausdrükken. Oder bei dem Kampf mit der Krake auf der Bilderebene weicht auf einmal alle Furcht, und man bekommt endlich den Mut, alle Fangarme abzuschlagen – und fühlt sich frei, kräftig und mutig.

Hier können wir sagen, daß wir über unsere Charakterbarriere gesprungen sind. Wir haben unser altes Glaubenssystem hinter uns gelassen und erleben jetzt ein positiveres. Es wird dann aus:

Es ist nicht sicher hier.	– Ich kann mich vollkommen sicher fühlen.
Ich bekomme doch nicht, was ich brauche.	– Ich kann alles bekommen, was ich brauche.
Man will mich nur klein machen.	– Ich bin wichtig und werde respektiert.
Ich bin unfrei.	– Mein Leben gehört mir.
Ich bin nicht o. k., wie ich bin.	– Ich bin vollkommen in Ordnung, so wie ich bin.
Ich werde zurückgestoßen.	– Ich kann mich hier ganz fallen lassen.

Wenn wir so über unsere Barriere springen und den Bereich dahinter anschauen und anspüren können, dann muß das nicht bedeuten, daß wir nicht wieder in unsere alten Gefühle und Verhaltensweisen zurückfallen können. Es kann durchaus sein, daß man in einer Sitzung über die Barriere springt, sich dann wieder für einige Sitzungen vor der Barriere befindet und die Hindernisse erkundet und dann wieder hinüberspringt und sich vielleicht schon länger auf der anderen Seite aufhält. Es ist eben ein langfristiger Prozeß.

Für unsere praktische Arbeit ist es hilfreich, wenn wir unseren Blick immer wieder auf das Land hinter der Barriere richten. Dafür ist die Sonde eine ideale Technik, denn sie vermittelt zweierlei: Einmal erlaubt sie uns, mit unserer Realität in Kontakt zu kommen, und zum anderen zeigt sie uns durch ihren positiven Wortlaut eine mögliche positivere und gesündere Welt. Sie zeigt uns, wie die Welt sein könnte, und vor diesem Hintergrund können wir dann unsere negativen Gefühle und unsere Barrieren erkunden. Und durch diesen positiven Hintergrund tritt das Negative zwar deutlicher, aber auch *relativierter* in Erscheinung.

Häufig ist es gut, am Ende der Erforschung des negativen Glaubenssystems – praktisch bedeutet das oft im letzten Drittel der Sitzung – noch einmal die Ausgangssonde zu probieren – oder aber auch eine neu gefundene –, um zu schauen, ob der Körper sie jetzt reinlassen und akzeptieren kann. Man kann sich auch Experimente ausdenken, auf die wir im dritten Teil noch mehr eingehen werden, die es uns erleichtern, das positive Glaubenssystem einmal anzuspüren.

Wenn sich unsere Grundbefindlichkeit nicht verändert hat, können wir zum Schluß der Sitzung auch einmal sagen: «Ich habe jetzt meine Gefühle erforscht, und sie wollen sich noch nicht verändern. Ich stell das erst einmal zur Seite und werde später weiter mit diesen Gefühlen arbeiten. Jetzt will ich mich aber einmal dazu entscheiden, mir vorzustellen, wie es denn wäre, wenn ich schon über die Barriere gesprungen wäre. Wie würde sich da mein Körper anfühlen, und in welche Bilderwelt komme ich da hinein?»

Wir wollen uns hier nicht durch sogenanntes «positives Denken» umprogrammieren, aber wir wollen unserem Körper die Gelegenheit geben, schon einmal anzuspüren, wie es denn später sein könnte. Warum sollen wir das erwünschte Ziel nicht schon einmal schmecken? Wenn wir dann wissen, *wohin* unser Weg eigentlich geht, können wir ihn leichter und motivierter verfolgen. Außerdem geben wir uns für unsere Arbeit eine kleine Belohnung, wenn wir das Ziel einmal anspüren.

Im ganzen dürfen wir aber unsere innere Tendenz nicht unterschätzen, an den alten negativen und leidvollen Teufelskreisen festzuhalten. Es ist ja nicht so, daß wir nur unter ihnen *leiden* – sie geben uns ja auch Sicherheit. Zum Teil sind sie die einzige Existenzmöglichkeit, die wir kennen. Und manchmal schmoren wir lieber im altvertrauten Unglück, als daß wir uns in einen glücklicheren Zustand hineinwagen, der uns unbekannt ist und in dem wir uns nicht zu Hause fühlen. Wie gut, daß eine Veränderung unserer grundlegenden Glaubenssysteme viel Zeit braucht; wir brauchen sie, um uns an diesen unbekannten Zustand langsam zu gewöhnen. Auch nach einer Fastenzeit muß man sich ganz langsam wieder mit köstlichen Speisen vertraut machen, sonst verderben wir uns den Magen.

Kannst du dir einen Kosmos vorstellen, der sicher ist, in dem es keinen Mangel gibt, wo du respektiert wirst, in dem du frei bist, in dem du so akzeptiert wirst, wie du bist, und wo du aufgefangen wirst? Kannst du dir dieses Lebensgefühl vorstellen? Wie würde sich das im Körper anfühlen? Wärest du schon reif dafür?

Vielleicht fühlt sich das auch gar nicht gut an. Wäre es nicht langweilig? Dann hätten wir ja gar kein Drama mehr! Außerdem würden wir dann einen Weg verlassen, in den wir unser Leben lang und vielleicht schon viele Leben lang investiert haben. Was haben wir nicht alles getan, um unsere Glaubenssysteme zu bestätigen! Sollen wir das alles vergessen und zugeben, daß wir im Irrtum waren? Sollen wir zugeben, daß wir nicht recht hatten mit unserem System?

Wie gut, daß du und ich noch nicht in diesem wunderbaren Kosmos leben. Vielleicht würden wir uns dann eine andere Spielwiese als diesen Planeten aussuchen. Oder wir müßten uns neue positive und gesunde Spiele ausdenken, um etwas mit unserer Zeit anzufangen. Auf der anderen Seite hilft es unserem Entwicklungsprozeß, wenn wir den Blick über die Barriere in unsere Focusingarbeit mit einbeziehen. Die nächste Übung soll dir helfen, das einmal für dein Leben zu probieren.

Dein Ideal – Ich

Stell dir vor, du bekommst eine Wunderspritze, die dich vollkommen verändert und so verwandelt, wie du schon immer sein wolltest. Oder stell dir vor, du hättest schon 10 Jahre lang Therapie und Focusing gemacht und bist nun endlich ohne einengendes Glaubenssystem und ohne Charakterbarriere. Laß also alle einengenden Probleme und Grundgefühle beiseite und gönne dir einmal, dich richtig schön, positiv, glücklich, groß, stark, aktiv, frei, liebevoll und strahlend zu sehen. Laß auch ruhig die Grenzen der Realität hinter dir.

Am besten legst du dich für diese Übung wieder auf ein Bett, schaffst erst einmal Raum und fokussierst dann auf diese positive Vorstellung. Laß Bilder und Phantasien kommen und achte dabei auch auf dein Körpergefühl. Mal dir dieses neue Leben ganz plastisch aus. Wie würdest du aussehen, wie wärest du angezogen, wie wären deine Beziehungen, wie würdest du deinen Tag verbringen, wo würdest du wohnen, und was für einen Beruf hättest du?

Wenn dein Kopf stört mit «Das kann doch nicht sein», «Das wird nie sein», «Das ist vollkommen unrealistisch», dann stell diese Gedanken kurz zur Seite und mache dir klar, daß du sowieso ständig in ihnen zu Haus bist und daß es da doch nur sinnvoll ist, sie einmal für fünf Minuten zu verlassen, um ganz im Positiven zu schwelgen. Wenn das auch nicht geht, stell dir einfach vor, du wärest nicht du, sondern ein anderer Mensch, der ein solch glückliches Leben und Schicksal hat. Wie würde es sich in ihm anfühlen?

Stell dir das alles so genau wie möglich vor, laß deinen Körper mitschwingen, achte immer wieder auf deinen Atem, und laß den Zustand voller und voller werden.

Wenn du Lust hast, kannst du, von diesem Gefühl ausgehend, weiterfokussieren. Du kannst dich fragen: «Wenn ich mein reales, heu-

tiges Lebensgefühl anschaue, was steht dann zwischen diesem und
dem erwünschten idealen Zustand?» Was im Körper signalisiert mir,
daß es noch nicht so ist? Wo ist es eng oder verspannt, wo tut es weh,
oder wo drückt es?

Diese Übung kannst du an den Beginn einer Focusingsitzung stellen, wenn kein akutes Problem im Vordergrund ist. Du brauchst nur
etwas Raum zu schaffen, dir dann den Satz sagen: «Mein Leben ist in
allen Aspekten hervorragend im Moment» und schauen, wie der felt
sense reagiert. Vielleicht spürst du dann kurz den freien und positiven
Zustand und kommst danach mit den Verspannungen und Eintrübungen in Kontakt, mit denen du dann arbeiten kannst.

11. Focusing im Charakterkontext

Nun können wir zu folgendem, erweiterten Focusingschema kommen, das Focusing im Kontext der Charaktertheorie praktikabel
macht:

1. RAUMSCHAFFEN	Schaffe dir auf eine dir gemäße Weise Raum, so daß du aus einem guten Abstand heraus in entspannter und gelassener Weise dein Innenleben wahrnehmen kannst.
2. SELBSTERFORSCHUNG	Erforsche dann dein Thema, folge dabei deinem inneren roten Faden und achte dabei auf eine Balance zwischen Explizit und Implizit. Hältst du dich zu lange im Expliziten auf, mache eine Pause, achte auf deinen Atem und spüre den felt sense. Wie fühlt es sich im Körper an? Versinkst du zu stark im Impliziten, frag dich: «Was würde dieses

	Gefühl, diese Körperempfindung, dieses Bild sagen, wenn es sprechen könnte?»
3. IMPLIZITES GLAUBENSSYSTEM	Halt die Augen offen für tiefliegende einengende Glaubenssysteme in deinem System von Gedanken, Gefühlen und Körperempfindungen. Nimm ruhig einmal größere Distanz zu dir auf, schau alles einmal kurz von außen an, bilde eine Hypothese, verwandel diese in eine Sonde und probiere sie einmal aus.
4. EXPERIMENTE	Falls dein Prozeß stockt, kannst du dir ruhig Experimente ausdenken, die ihn weiterbringen können. Du kannst alles mögliche tun, sofern du es mit der Frage tust: «Wie mag das wohl meinen felt sense beeinflussen» – «Was macht das mit mir, wenn …»
5. DER BLICK HINTER DIE BARRIERE	Schau auch mal, wie es eigentlich wäre, wenn dein Glaubenssystem schon überwunden wäre und du den positiven Inhalt einer Sonde glauben könntest. Besonders am Ende einer Sitzung. Du hast dann ein Gefühl für dein Ziel und kannst in diesem Rahmen leichter all das erforschen, was dieses Neue noch unmöglich macht.

Während uns das Gendlinsche Focusingschema aus dem Teil I einen mikroskopischen Blick auf den momentanen Focusingprozeß erlaubt, hilft uns dieses erweiterte Schema, eine längere Focusingsitzung durchzuführen, bei der wir einerseits auf fließendere Weise zwischen Implizitem und Explizitem hin- und herschwingen und andererseits unser inneres Erleben in den Kontext unserer grundlegenden Glaubenssysteme stellen. Auf diese Weise, die wir vor allem von den Hakomi-Therapeuten übernommen haben, kann Focusing zu einer tiefgreifenden therapeutischen Methode werden, mit der Laien in partnerschaftlicher Weise langfristig und kontinuierlich arbeiten können.

Selbstverständlich kannst du dieses Schema auch dann verwenden, wenn du allein fokussierst. Und damit dieses Vorgehen erst einmal plastischer und anschaulicher wird, werde ich dir fünf Beispiele von Teilnehmern eines Focusing-Workshops schildern, mit denen ich auf diese fließende Weise im Charakterkontext gearbeitet habe. Danach kannst du einmal deinen eigenen Focusingprozeß ausprobieren.

Die Prozesse sind in der Nacherzählung wiedergegeben; ich habe bewußt auf die Beschreibung der konkreten Interventionen verzichtet, weil du hier erst einmal einen allgemeinen Eindruck solch einer Sitzung erhalten sollst. Denk dir ständige Interventionen dazu wie «Wie fühlst du das im Körper?» oder «Wenn das Gefühl sprechen könnte, was würde es sagen?» Solche Prozesse in einer Gruppe, dazu noch in der einer Workshop-Situation, greifen immer tiefer, als Prozesse beispielsweise der wöchentlichen kontinuierlichen Arbeit zu zweit. Sieh deswegen diese Beispiele als Demonstrationen unseres erweiterten Focusingschemas an und nicht als Leistungsnorm für deine spätere praktische Arbeit.

Stell dir jetzt vor, daß du ein Teilnehmer dieser Workshop-Gruppe bist und jetzt miterlebst, wie sich die anderen Teilnehmer in der Mitte der Gruppe erforschen und öffnen, bevor du an der Reihe bist. Auf diese Weise können dich die Prozesse der anderen auf deine eigene Sitzung vorbereiten.

Christian

Christian liegt auf der Matratze in der Mitte der Gruppe und möchte zunächst eine Atemmassage haben, um innerlich Raum zu schaffen. Ich frage ihn, wie er seinen Körper und seinen Atem erlebt, und er sagt, daß er die Brust eng und den Atem flach erlebt. Er meint, er habe wohl so sein ganzes Leben lang geatmet. Es kommt ein Bild aus der Kindheit, wo er ganz allein im Wald ist und keinen zum Spielen hat. Ich probier die Sonde: «Christian, wir wollen mit dir spielen!», und es kommt eine große Traurigkeit, die sich in Tränen löst. Die

Brust wird weiter, und jetzt spürt er einen Schmerz. Beim Hineinspüren in den Schmerz kommen Bilder, wie er sich als Kind fürs Onanieren geschämt hat und der Vater ihn dabei erwischt und geschlagen hat. Er ist nicht in Ordnung und ist schlecht. Sonde: «Es ist vollkommen o. k., sexuell zu sein.» Die Sonde geht nicht rein. Das kann er nicht glauben und fühlen. Er erzählt mehr über den strengen Vater und wird wütend. Er stellt sich dann seinen Vater vor und sagt ihm die Wut direkt ins Gesicht. Er steigert sich dabei immer mehr bis zum Schreien. Hinterher ist die Brust freier, aber der Atem kommt noch nicht ins Becken. Ich lege meine Hand unter seine Kreuzgegend und spiele einen neuen Vater für ihn. Ich sage zu dem fünfzehnjährigen Christian in ihm: «Ich freue mich, wenn du ein richtiger sexueller Mann wirst!» Christian fühlt Rührung, und die Energie schießt ins Becken. Ihm kommt ein Bild von einem jungen Mann in den Sinn, den er gerade vor ein paar Tagen so ganz natürlich und erotisch nakkend am Strand gesehen hat – so fühlt er sich jetzt auch – wie ein erotischer Pan. Wir stärken und schützen dieses Gefühl, schauen genau, wie es sich im Körper anfühlt und malen uns auch etwas aus, wie sein Leben wäre, wenn er es aus diesem Körpergefühl heraus leben würde. Zum Schluß legt die Gruppe ihre Hände auf den entspannten und glücklichen Christian.

Helga

Wir beginnen wieder mit einer Atemmassage. Helga fühlt sich schlecht. Alles ist chaotisch. «Ich bin nicht so, wie ich sein sollte!» Und da ist ein Druck im Bauch wie ein Ziegelstein. Der Stein will raus, aber er kann nicht. Dann spürt sie starke Spannungen um die Augen herum. Ich lege die Hand auf ihre Augen, und es steigt in ihr eine große Traurigkeit auf. Ihr kommt das Bild von der neunjährigen Helga, die von ihren Eltern zu ihren Verwandten geschickt wurde. Gefühle von «Keiner wollte mich» und «Ich bin nicht erwünscht». Sie sieht sich als kleines Mädchen in der Eisenbahn und spürt jetzt Mitleid mit dieser kleinen Helga. Kannst du die kleine Helga in den Arm nehmen? Ja. Wie fühlt sich das im Körper an? Der Ziegelstein ist weg, aber dafür hat sich jetzt Hitze über den ganzen Bauch ausgebreitet. Ich spreche auch noch einmal mit der kleinen Helga im Zug. Ich sage ihr, wie gut ich verstehen kann, wie sie sich fühlt, und schlag ihr vor, ihr dort im Zugabteil vielleicht eine Geschichte vorzulesen. Helga fühlt sich glücklich, und der Körper fühlt sich weiter an.

Aber da sind noch immer die Kopfschmerzen. Wenn die sprechen würden, dann würden sie so etwas sagen wie: «Das war doch so schlimm, und das wird auch immer schlimm bleiben! Das hat ja doch alles keinen Zweck!» Ich übernehme jetzt einmal diese Stimme aus ihrem Kopf, und sie achtet darauf, was dadurch in ihr geschieht. Plötzlich sieht sie Licht wie am Ende eines Tunnels. So etwas wie Hoffnung. Der Körper fühlt sich jetzt ganz hell an. Sie spürt Dankbarkeit, und ich gebe ihr die Sonde: «Du gehörst dazu» (das hatte sie öfters als Thema gesagt, als sie – zu Beginn der Sitzung – von den Eltern weggeschickt wurde). Helga fühlt sich entspannt und hat etwas mehr Hoffnung als sonst. Die Gruppe legt zum Schluß noch einmal die Hände auf.

Hans

Ich beginne wieder mit einer Atemmassage. Die Brust, sagt er, fühlt sich wie ein Panzer an. Er sagt: «Aber hoffentlich muß ich jetzt nicht schlagen oder irgend etwas tun.» In der Gestalttherapie hätten sie ihn immer dazu aufgefordert, und er findet das so mühsam. Ich sage ihm, daß wir hier auf keinen Fall irgend etwas machen wollen, wozu er keine Lust hat. Aber da ich mir denken könnte, daß die Aggression ein wichtiger Punkt für ihn ist, frage ich ihn, ob er sich ein Experiment vorstellen kann, bei dem er auf der einen Seite die Aggression oder deren Hemmung erforschen kann, sich aber auf der anderen Seite nicht gepuscht fühlt. Er soll sich dabei wohlfühlen können.

Er wünscht sich, einmal auszuprobieren, wie es ist, wenn er in Zeitlupe und in Achtsamkeit mich mit den Armen und Beinen wegzudrücken versucht. Er tut es, erforscht dabei Gefühle von Kraftlosigkeit und Ohnmacht und schafft es schließlich, mich achtsam und langsam wegzudrücken. Er fühlt sich befreit.

Er fühlt sich frei von seiner Mutter. Endlich kann die ihn nicht mehr manipulieren. Wir prüfen das mit einer Sonde: «Du bist frei, das zu tun, was du willst.» Sie geht rein. Wir arbeiten weiter mit der Sonde: «Du darfst glücklich sein.» Die geht nicht rein. Dann würde die Mutter ja recht bekommen. Er muß ihr zeigen, was sie ihm Schlimmes angetan hat und daß er deswegen unglücklich sein muß. Ich frage ihn, wieviel Glück er wohl zulassen könnte, wenn wir uns vorstellen, daß sie es nicht sehen kann. Er lacht und strahlt und malt sich aus, wie dann sein Leben aussehen würde. Eigentlich ganz normal: eine Frau und Kinder und es sich gutgehen lassen. Wie fühlt sich das im Körper an? Sehr frei und gut. Er will die nächsten Tage mit dem Körpergefühl in der Gruppe sein, und das bedeutet, viel mehr Körperkontakt zu den anderen zu haben und mehr herumzuknuddeln.

Er will keine Hände auf dem Körper; jetzt will er es sich aktiv gutgehen lassen und geht gleich zu Helga, die er schon von Anfang an gern mochte, und nimmt sie in den Arm.

Jürgen

Wir beginnen wieder mit einer Atemmassage. Jürgen spricht von seiner Frau, die sich von ihm trennen will. Sie kann erotisch nichts mehr mit ihm anfangen. Er erzählt von einem Traum, in dem er seine Mutter ermordet hätte. Er hat große Schuldgefühle.

Ich gebe die Sonde: «Alle deine Gefühle sind vollkommen in Ordnung!» Er bekommt ein schönes und geborgenes Gefühl, doch dann entsteht im Oberbauch eine Spirale, die ihn zusammendrückt. Wenn die Spirale sprechen könnte, was würde sie sagen? «Hör auf mit diesen Gefühlen!» Wir erforschen weiter all die abwertenden und heruntermachenden Gedanken und Stimmen in seinem Kopf und was diese mit seinem Körper machen. Dann gebe ich ihm eine Sonde, wobei er sich die Stimme seiner Frau vorstellt: «Jürgen, ich mag dich.» Er spürt etwas um den Körper wie eine einhüllende Decke, die ihn schützt und wärmt. Die Spirale kommt wieder. Ich übernehme sie mit meiner Hand, und er wird wütend. Achtsam machen wir das Experiment, wie es ist, wenn er meine Hand mit seinen Händen erfaßt und würgt. Er tut es und genießt seinen Ärger und seine Wut. Danach fühlt er mehr Raum. Er fühlt sich wohl, und die Decke kommt wieder. Da ich das Gefühl habe, daß in der ganzen Atmosphäre etwas mitschwingt von «Mich gibt es gar nicht», versuche ich die Sonde: «Jürgen, du hast ein Recht zu leben!» Die schützende Decke wird noch dicker und wärmer. Jürgen fühlt sich wohl und möchte noch einige Zeit so liegen bleiben.

Traute

Traute liegt da, atmet und fühlt sich relativ ruhig. Sie möchte an dem Thema ihres Leistungsdrucks arbeiten, den sie schon öfters in der Gruppe angesprochen hat. Ich probiere die Sonde: «Du brauchst gar nichts zu tun, damit ich dich mag.» Das wirkt auf sie vollkommen entspannend – wie Kranksein, sagt sie. Sie ist krank, die anderen Leute gehen aus dem Zimmer, und sie kann sich jetzt vollkommen entspannen. Jetzt findet sie auch etwas, was ihr Spaß macht. Wir wollen jetzt von diesem entspannten Ort aus ihre Hektik anschauen, die sie sonst immer hat. Es kommt das Bild eines Tigers, der unruhig im Käfig hin- und hergeht. Sie weint. Das wird immer so bleiben. Ich frage sie, wie es wäre, wenn ich den Tiger befreie und im Urwald aussetze. Ein schönes und freies Gefühl. Auch Angst vor möglichen Gefahren. Aber das ist o. k. So ist eben das Leben. Sie spielt mit einem Igel, und dann kommt ein Löwe. Das macht ihr Angst, und sie zieht sich zurück auf einen Baum, wo sie geschützt ist.

Ich frage sie, wie es wäre, wenn sie dieses Körpergefühl vom Tiger mit zurück in ihre Heimat nähme. Wie würde dann dort das Leben sein? Einfach dasein. Essen kochen, normalen Unterricht in der Schule geben – und abends Karten spielen. Aber was würden dann die anderen Leute sagen! Und ihre Begabungen? Sie spürt, wie wieder die alte Unruhe kommt, die sie antreibt. Darf sie denn einfach sein? Wir erforschen weiter diesen Druck und die verschiedenen Stimmen, die ihr dauernd sagen, sie müßte etwas Besonderes sein. Danach gebe ich die Sonde: «Du darfst einfach sein.» Sie entspannt sich wieder, und es entsteht im Bauch ein Gefühl von mehr Kraft und Stärke. Ich mache noch eine kleine Atemmassage, und nach einiger Zeit sagt sie: «Jetzt habe ich meinen eigenen Atemrhythmus. Nicht so sehr von den anderen und auch nicht so sehr von meinem Kopf beeinflussen lassen, – sondern dort unten den eigenen Rhythmus spüren.»

Dein eigener Focusingprozeß

Jetzt bist du an der Reihe. Suche dir ein Thema, mit dem du arbeiten möchtest und das du als Ausgangspunkt deines Focusingprozesses nehmen willst. Überlasse dich dann einfach deinem inneren Prozeß und deinem inneren roten Faden, wobei du das erweiterte Focusingschema zu Hilfe nimmst. Zur Übung kannst du auf folgende verschiedene Weisen vorgehen:

1. Rollenspiel
Teil dich in die Rollen «Klient» und «Begleiter» auf und führe den Prozeß auf zwei Stühlen durch, wobei du auf dem einen Stuhl der Klient und auf dem anderen Stuhl der Begleiter bist. In deinem inneren Dialog wechselst du jetzt ständig die Rollen und damit die Stühle. In der Begleiterrolle hörst du akzeptierend zu, wiederholst vielleicht, was du als Klient gesagt hast, schaust alles aus einer etwas größeren Distanz an und stellst Fragen wie: «Wie fühlt sich das im Körper an?» oder «Was würde das Gefühl sagen, wenn es sprechen könnte?» oder «Kannst du mir mehr davon erzählen?». In der Begleiterrolle hältst du auch die Augen offen für ein Hauptthema, schlägst Sonden vor oder bietest ein Experiment für die weitere Selbsterforschung an.

Auf dem Klientenstuhl horchst du mehr in dich hinein und läßt die Antworten und Reaktionen aus deinem Körper, aus deinem felt sense kommen. Wenn du dann nicht mehr weiter weißt, wechselst du wieder auf den Begleiterstuhl.

2. Schriftlicher Focusingprozeß
Du teilst dich ebenfalls in die beiden Rollen «Klient» und «Begleiter», aber spielst sie jetzt nicht auf zwei Stühlen, sondern gestaltest den inneren Dialog im Schreiben. Spür dabei ständig in deinen Brust- und Bauchraum und schreibe sozusagen aus deinem felt sense heraus. Setz dich einfach hin und beginne mit den ersten Sätzen – du wirst erstaunt sein, wie der Prozeß dann ganz von selbst entsteht und sich entfaltet. Dabei hast du wieder das erweiterte Focusingschema im Kopf.

3. Der innere Focusingprozeß
Jetzt kannst du mit diesem Schema auch arbeiten, ohne dich laut oder schriftlich auszudrücken. Du schaffst am Anfang wie gewohnt Raum und folgst dann deinem inneren Dialog, ohne laut zu sprechen. Auch bei diesem leisen Dialog wirst du zwei Teile sein. Auf der einen Seite bist du dein Körper, dein felt sense, und antwortest von dort; auf der anderen Seite bist du derjenige, der Fragen stellt, alles aus einer größeren Distanz sieht und Schritte vorschlägt. Es ist fast so, als ob dein Körper der Klient ist und du selbst der Therapeut und Begleiter.

4. Focusing zu zweit

Ganz besonders hilfreich ist es natürlich, wenn du einen Freund oder eine Freundin hast, die sich ebenfalls mit diesem Focusingschema auskennt und dich bei der Arbeit begleiten kann. In Gegenwart eines anderen wird solch ein Prozeß meist intensiver und tiefer. Das wird nicht immer möglich sein, aber falls du in dieser glücklichen Lage bist, könnt ihr die «Anleitung zum partnerschaftlichen Focusing» gemeinsam durcharbeiten, um euch auf optimale Weise unterstützen zu können. Falls du keinen Partner dafür findest, wird dir die «Anleitung zum partnerschaftlichen Focusing» den Prozeß noch einmal auf genauere Weise deutlich machen können, und außerdem wird sich beim Lesen dieses Teils deine innere Kommunikation ganz von selbst verbessern, so daß hinterher der Focusingprozeß noch besser gelingt, wenn du ihn allein durchführst.

12. Ausblick

So wie du Focusing in diesem zweiten Teil kennengelernt hast, kannst du es in den Kontext einer langfristigen Arbeit an deinem Muskel- und Charakterpanzer stellen. Das Ziel unserer Arbeit ist dann weiter gesteckt als alltägliche Probleme zu lösen, besser funktionieren zu wollen oder unser Leben besser in die Richtung der vom Kopf gesetzten Ziele lenken zu können. Das bedeutet nicht, daß diese Wünsche etwa schlecht sind – es mögen positive und gesunde Dinge sein. Es geht uns aber darum, uns unsere eingefahrenen einengenden Haltungen bewußt zu machen, sie aufzugeben und loszulassen, um uns für unser wahres Selbst zu öffnen, das hinter diesen Haltungen liegt. Körperlich bedeutet das, unseren verhärteten Muskelpanzer einzuschmelzen, so daß die Lebensenergie frei in uns fließen kann. Wir sind dann offen für all unsere Gefühle, können sie spontan und unbehindert ausdrücken; die Atembewegung kann frei im ganzen Körper schwingen, und dieser wird überall bewußt und belebt sein.

Dieser im weitesten Sinne schon spirituell zu nennende Weg, der uns zu immer mehr Transparenz und Durchlässigkeit führen wird, ist selbstverständlich nicht immer leicht. Obwohl wir uns bei Focusing

nicht in die negativen Gefühle hineinfallen lassen und den richtigen
Abstand für unsere Arbeit suchen, werden wir es bei diesem Weg der
Selbsterkenntnis und Bewußtmachung kaum vermeiden können, uns
mit tiefem Schmerz, tiefer Angst, Traurigkeit, Wut und Einsamkeit
auseinandersetzen zu müssen. Wir haben meist viele Gefühle schon
als Kind verdrängen müssen oder aber ungeliebte Teile von uns unter
den Teppich zu kehren versucht, die sich bei einem Weg der Bewußtseinserweiterung wieder melden werden. Und so wie eine erfrorene
Hand in der Kälte nicht schmerzt, sondern erst dann, wenn sie in der
warmen Stube auftaut, so kommen wir mit tiefem Schmerz erst dann
wieder in Kontakt, wenn unser Panzer anfängt zu schmelzen.

Und wenn man dann in einem solchen Tal ist, dann scheint der
ganze Weg, den man schon gegangen ist, sinnlos, fruchtlos und leer.
Erst wenn man wieder aus dem Tal heraus ist und auf dem nächsten
Berg steht, kann man erkennen, daß alles, was einem passiert ist,
einen Sinn gehabt hat. Was man unten im Tal nicht sehen kann, geht
einem oben auf dem Berg auf: Alles hatte seinen Sinn und geschah in
einer größeren Ordnung; selbst Schicksalsschläge und Krankheiten
können jetzt als Lernhilfen auf dem Weg wahrgenommen werden.

Befinden wir uns aber im Tal, dann kann uns eine Focusingsitzung,
ob allein, mit einem Freund in partnerschaftlicher Weise oder mit
einem Therapeuten auf professionelle Weise durchgeführt, eine gute
Hilfe und Stütze sein. Weiterhin können uns alle möglichen Körper-
methoden und Körpertherapien auf diesem Weg helfen, wie: Tai Chi,
Aikido, Yoga, Rolfing, Postural Integration, die verschiedenen
Atem- und Leibtherapien, Eutonie, Biodynamische Therapie,
Reichianische Therapie, Rebirthing, Feldenkraisübungen, psycho-
physische Integration und die verschiedenen Meditationsmethoden.
All diese Verfahren können unseren langfristigen Focusingprozeß
flankieren und unterstützen.

So wird unsere Entwicklung als Berg- und Talfahrt vorangehen, und
das beste ist, sich damit abzufinden, daß es immer wieder bergauf und
immer wieder bergab gehen wird. Es ist sinnlos, auf dem Berg bleiben
zu wollen und sich gegen die Täler zu sträuben. Genauso sinnlos ist es,
im Tal zu verharren. Wir widersetzen uns dann dem natürlichen Energiefluß, und das schafft immer Probleme. Das Leben schwingt immer
zwischen Polaritäten hin und her – von Glück zu Unglück, von oben
nach unten, vom Hellen zum Dunklen – und dann wieder umgekehrt

vom Unglück zum Glück, von unten nach oben und vom Dunklen zum
Hellen usw. usw. Weise ist der, der mit der Lebensenergie akzeptierend
mitschweigt. Das bringt Glück von einer neuen Dimension. Es ist ein
inneres Glück, das unabhängig vom äußeren Glück oder Unglück ist.

Unser Weg führt uns vielleicht nicht gleich zu so großer Weisheit,
aber viele Menschen, die diesen Weg der Selbsterforschung und Be-
wußtwerdung gehen, berichten, daß sie ein immer stärkeres Gefühl
empfänden, an etwas Größeres angeschlossen zu sein. Das Gefühl der
Vereinzelung, Getrenntheit und des Geworfenseins wird geringer,
und man spürt, daß man mehr ist als diese kleine menschliche Person,
daß man dazugehört und daß man geborgen und behütet ist. Nicht im
Äußeren – sondern ganz im Inneren, im Zentrum unserer Person – in
unserer Mitte. Menschen nennen dann dieses Größere verschieden:
Gott, die Existenz, die Lebensenergie oder die kosmische Einheit.
Ganz egal, wie wir es nennen – das Grundgefühl ist jedesmal dasselbe:
man ist angeschlossen an etwas Größeres oder Höheres.

Vielen Menschen hat auf solch einem Weg der Selbstentfaltung
eine Erfahrung geholfen, die wir Gipfelerlebnis nennen können. In
einer Verliebtheit, in Augenblicken tiefer Liebe und Ekstase, bei dem
Anblick eines Kunstwerkes oder einer schönen Landschaft oder aber
in einem Moment von Gefahr oder Lebensbedrohung erleben Menschen einen Zustand, der ihnen zeigt, wie das Leben sein kann. Es ist
so, als ob man auf dem Gipfel eines Berges steht, sich alle Perspekti-
ven verändern und man Kontakt zu seinem wahren Selbst bekommt.
Auch wenn man dann im Alltag diesen Zustand wieder verlieren mag,
kann solch ein Gipfelerlebnis doch Motor und auch Kompaß für die
weitere Entwicklung werden.

Wie du schon sicherlich gemerkt hast, ist dieses Buch nicht nur dafür
geschrieben worden, um Informationen zu übermitteln. Es ist eher
so, daß wir beide, du als Leser und ich als Autor für eine gewisse Zeit
durch den Text und durch die Übungen einen Kontakt geschaffen haben, der einem Focusingprozeß ähnelt. Ich habe mich beim Schreiben
auf jeden Fall verändert und habe mich mit dir sehr wohl gefühlt – und
ich hoffe, daß es dir ähnlich ergangen ist. Du wirst beim Lesen des III.
Teils einen erneuten Lernprozeß durchmachen, der dann aber didaktisch anders aufgebaut sein und sich auch anders anfühlen wird.

Doch bevor unser Prozeß jetzt endet, möchte ich dir noch eine kleine Phantasiereise mit auf den Weg geben. Sie wird nicht jedem etwas bedeuten, aber ich weiß von vielen Menschen, daß diese Phantasiereise sehr glücklich machen und in Talzeiten Trost spenden kann, wenn es möglich ist, sich von ihr berühren zu lassen. Diese Phantasie drückt für mich am stärksten und schönsten das aus, worum es beim Focusing und dem Weg der Selbstentfaltung geht. Vielleicht kann sie für dich ein kleines Gipfelerlebnis sein, das dir einen Vorgeschmack auf das Ziel deiner Entwicklung geben kann.

Phantasiereise

Du kannst später diese Phantasiereise wieder so durchführen, daß du den Text auf ein Tonbandgerät sprichst. Aber auch jetzt, zum «Nur-Lesen», möchte ich dich bitten, erst einmal etwas Raum zu schaffen und in deinen Körper hineinzuspüren. Lies dann den Text langsam und versuche dabei, deinen Körper beim Lesen mitschwingen und miterleben zu lassen.
——————— Raumschaffen ———————
Wenn du jetzt Raum geschafft hast, öffne wieder die Augen und lies weiter im Text.

*

Stell dir vor, daß du auf einer wunderbaren grünen Wiese liegst. Obwohl du jetzt beim Lesen die Augen geöffnet hast, hast du sie in der Phantasie auf dieser Wiese noch geschlossen und nimmst dich zunächst mehr mit deinen anderen Sinnen wahr. Du spürst das weiche Gras unter deinem Körper, du spürst die warmen Strahlen der Sonne auf deiner Haut, und ebenso kannst du einen warmen Lufthauch fühlen, der sanft um deinen Körper streicht. Wenn du dich auf deine Nase konzentrierst, kannst du den würzigen Sommergeruch dieser Wiese riechen, und wenn du genau hinhörst, kannst du das Zwitschern der Vögel, das Rauschen der Blätter im Wind und auch ein paar Grillen oder Bienen hören.

Und du fühlst dich so herrlich wohlig und entspannt. Du weißt, daß du Urlaub hast, daß es nichts zu tun und zu erledigen gibt. Alle Sorgen und Probleme konntest du heute hinter dir lassen und darfst einmal nur genießen und ausruhen.

Aber so sehr du diese Sommerwiese auch genießen kannst – irgendwo in dir, tief in deinem Körper, spürst du doch eine kleine Unruhe – irgend etwas gibt es doch noch zu tun. Du öffnest die Augen, schaust über die weite grüne Wiese und siehst einen Weg, der sich durch die Wiese schlängelt und hinten in einem Wald verschwindet. Und du fühlst, daß du diesen Weg gehen mußt, daß du auf der Suche nach etwas bist und daß es noch etwas zu finden gibt. Und du stehst auf und gehst den Weg entlang und schaust dabei einmal unter diesen Busch und unter jenen Strauch, auf der Suche nach etwas, von dem du gar nicht weißt, was es ist.

Und jetzt kommst du an eine Stelle, an der das Gras aufgehört hat zu wachsen und wo du die nackte braune Erde sehen kannst. Du ruhst etwas aus, und tief aus deinem Körper kommt die Botschaft, daß es jetzt darum geht, auf irgendeine Weise Kontakt mit dieser Erde aufzunehmen. Wir wollen die heilende Kraft der Erde erleben und uns von ihr reinigen lassen. Fühl einfach in deinen Körper, auf welche Weise du Kontakt zur Erde aufnehmen möchtest. Möchtest du sie einfach mit deinen Händen spüren, möchtest du sie dir vielleicht ins Gesicht schmieren oder vielleicht deinen ganzen Körper in ihr suhlen? Tue in deiner Phantasie, was immer dir zusagt und was immer sich für dich richtig anfühlt. Spür dabei in deinem Körper diese spezifische Energie des Elements Erde.

Aber jetzt spürst du wieder diese kleine Unruhe, und du weißt, daß du weiterziehen mußt. Du wanderst den Weg weiter entlang, schaust dabei wieder unter diesen Busch und unter jenen Strauch, und schließlich kommst du an einen kleinen Fluß. Du stehst an diesem Fluß und siehst in das klare, frische und sprudelnde Wasser, und du spürst wieder, daß es jetzt darum geht, auf irgendeine Weise Kontakt mit der reinigenden und heilenden Kraft des Wassers aufzunehmen. Vielleicht möchtest du deine Hände einfach in den Fluß hineinhalten, oder du wäschst dein Gesicht mit dem Wasser, läßt deine Beine in das Wasser hineinbaumeln oder hast Lust, dich auszuziehen und ganz in das Wasser hineinzuspringen. Du wirst dann spüren können, wie eine heilende und erfrischende Kraft von diesem Wasser ausgeht. Das Wasser umspielt dich sanft und weich, und alles Angespannte, alle Krankheit und alles Dunkle und Traurige wird aus deinem Körper hinausgewaschen, und Harmonie, Frische, Gesundheit und ein herrliches Wohlgefühl zieht immer mehr in deinen Körper ein. Bleib ein paar Minuten in diesem Wasser und genieße es.

Aber auch jetzt spürst du wieder, daß du hier nicht allzu lange verweilen sollst, steigst aus dem Wasser und siehst auf der anderen Seite des Flusses ein Feuer, an das du dich stellst und dich trocknen läßt. Auch hier spürst du wieder mit deinem Körper die heilende Kraft des Feuers, die wieder eine ganz andere ist als die der Erde und die des Wassers. Du spürst immer mehr ein Glühen und Leuchten in dir, das alle Verunreinigungen, die vielleicht noch übriggeblieben sind, hinausbrennt. Nimm dir etwas Zeit, diese Kraft zu spüren.

Aber auch jetzt spürst du wieder diese kleine Unruhe, und du ziehst deine Kleider an und machst dich wieder auf den Weg. Du guckst dabei wieder unter diesen Busch und unter jenen Strauch, immer noch auf der Suche nach etwas, was du noch nicht kennst.

Der Weg führt durch eine herrliche Landschaft, durch Wälder und Auen, an Wiesen und Feldern vorbei, auf denen du Bauersleute arbeiten siehst. Du winkst ihnen zu, und sie winken dir fröhlich zurück. Du wanderst weiter und weiter – die Landschaft ist mittlerweile in ein nachmittägliches goldenes Sonnenlicht getaucht, und schließlich kommst du an einen Berg. Du fühlst genau, daß es jetzt darum geht, diesen Berg hinaufzuwandern. Und du steigst höher und höher, siehst die schöne Landschaft mit ihren Wäldern, Flüssen und Feldern immer weiter unter dir – steigst noch höher und höher – die Landschaft wird immer weiter und liegt schon tief unter dir. In der Ferne sind Berge zu sehen, und wenn du noch höher kommst, siehst du ganz weit in der Ferne einen glitzernden Strom und eine Stadt, die an seinem Ufer liegt. Du kannst die goldenen Türme der Kirchen und die glänzenden

Dächer der Häuser sehen – und wenn du noch höher steigst, kannst du
sogar ganz im Hintergrund sehen, wie der Strom in den Ozean fließt.

Und du fühlst dich so herrlich frei und unbeschwert. Ein leichter
Wind umstreicht und erfrischt dich – das ist die heilende Kraft der
Luft. Über dir lacht ein knallblauer Sommerhimmel mit einer golden
strahlenden Sonne – und jetzt bist du fast am Gipfel angelangt, und du
spürst, daß du gleich da oben das finden wirst, was du die ganze Zeit
gesucht hast. Und du steigst noch die letzten Schritte, und jetzt stehst
du auf dem Gipfel und siehst vor dir einen großen, wunderschönen,
magischen Stein und auf diesem Stein liegt in einer wunderbaren und
vollendeten Form – dein eigenes Herz. Laß das Bild für dieses Herz tief
aus deinem Körper kommen und schau genau hin, wie es aussieht.
Welche Form und Farbe mag es haben? Und du weißt, daß es das ist,
was du die ganze Zeit, dein Leben lang, vielleicht viele Leben lang,
gesucht hast. Das, was du in all deinen Taten und Erlebnissen und auf
deiner ganzen Reise gesucht hast – das war dein eigenes Herz. Und es
erfüllt dich ein tiefes Gefühl der Dankbarkeit, der Ruhe und des
Glücks – so, als ob du angekommen bist – endlich zu Hause bist.

Und du nimmst dein Herz ganz vorsichtig und zart in die Hände und
hältst es vor deine Brust und versuchst, seine Energie zu spüren. So
stehst du jetzt da, dein Herz in deinen Händen, oben auf dem Gipfel,
über dir der blaue Himmel mit der goldenen Sonne und unter dir die
herrliche Landschaft mit den Wäldern und Feldern, dem Strom und
der Stadt in der Ferne. Und du spürst, daß es jetzt darum geht, dieses
dein endlich gefundenes Herz in deinen Brustkorb einzusetzen. Du
brauchst gar nicht nachzudenken, wie das geschehen soll, dein Körper
wird es dir zeigen. Und jetzt spürst du dein Herz in deiner Brust, und
du kannst fühlen, wie dein Herz in deinem Brustraum ein warmes
goldenes Licht ausstrahlt und wie es die ganze Brust mit dieser Strahlung ausfüllt. Und du kannst spüren, wie sich diese Strahlung weiter
ausbreitet, über deine Arme, deinen Kopf, in den Bauchraum hinein
und schließlich in deine Beine und Füße. Dein ganzer Körper wird
ausgefüllt durch diese neue feine und wunderbare Strahlung, die von
deinem Herzen ausgeht. Und du kannst spüren, wie diese Strahlung
sich weiter über deinen Körper hinaus ausbreiten kann – in die Land-

schaft hinein, bis zu der Stadt in der Ferne, hin zu anderen Menschen. Und du spürst, wie du mit dieser Strahlung dich weiter ausdehnen kannst und alles berühren und wärmen kannst, was da ist. Du hast die Macht, alles, was du siehst und berührst, ebenfalls zum Strahlen zu bringen, und kannst deine Herzenskraft leuchten lassen. Du kannst für diesen Moment spüren, daß du wichtig für diesen Kosmos bist und daß er deine Herzensstrahlung braucht.

Und so, wie du dich ausdehnen kannst, kannst du auch wieder zurückkommen zu deinem Körper – dort oben auf dem Berg. Und du siehst neben dir Kleider, die zu deinem neuen Zustand besser passen als deine alten. Ziehe sie an und schau dich an, wie du jetzt aussiehst. Spür dein Glück, deine Dankbarkeit, deine Freude und deine Freiheit. Und jetzt frage dich, wozu du jetzt Lust hättest. Es gibt in deiner Phantasie keine Grenzen, und du kannst dir vorstellen, was immer du möchtest. Vielleicht möchtest du die Menschen besuchen, die dir besonders lieb sind, vielleicht möchtest du bestimmte Menschen auf den Berg holen, vielleicht möchtest du einfach in der Landschaft herumspazieren und deinen neuen Zustand ausprobieren. Was immer du tun möchtest – stell es dir vor und erlebe und genieße es.

Teil III

Anleitung
zum partnerschaftlichen
Focusing

Einführung

Diese «Anleitung zum partnerschaftlichen Focusing» ist so geschrieben, daß zwei Focusingpartner mit ihrer Hilfe partnerschaftliches Focusing erlernen können. Im Text werden deswegen immer die beiden Partner zusammen angesprochen; die verschiedenen Übungen sind zu zweit durchzuführen.

Das bedeutet aber nicht, daß du von diesem Teil nichts hast, wenn du ihn als Einzelleser durcharbeitest. Ganz im Gegenteil. Du wirst das gleiche Material, das in den Teilen I und II in komprimierter Form dargestellt wurde, noch einmal erarbeiten – jetzt aber in einem didaktisch ganz anderen Prozeß. Das Grundwissen über Focusing und über Focusing im Charakterkontext wird vorausgesetzt, und du wirst jetzt den Focusingprozeß besser verstehen lernen, indem du miterlebst, wie Focusing in einer therapeutischen Beziehung wächst. Da lernt man zunächst, Vertrauen aufzubauen, dann kommen Übungen zum hilfreichen Folgen in der Begleiterrolle, dann bauen wir mögliche Interventionen aus verschiedenen Therapieformen ein, und zum Schluß beschäftigen wir uns mit möglichen Beziehungsstörungen und erleben auch einen ganzen Focusingprozeß im vollen Wortlaut.

Auch wenn du keinen Partner hast, mit dem du das Programm durcharbeiten kannst, wird das Miterleben dieses langsamen Aufbaus des Focusingprozesses dein Verständnis für diesen und auch deine innere Kommunikation verändern. Besonders durch das Lesen der zahlreichen Beispiele im genauen Wortlaut wird Focusing ganz automatisch in dein inneres Erleben «einsickern». Da sich dein innerer Prozeß ja auch so abspielt, daß dein Körper der Klient und du selbst der Begleiter bist, wird dieses Programm mit den vielen Klient-Begleiter-Beispielen ein gutes Training für deine innere Kommunikation sein. Gleichzeitig wird es ein Training sein, sich besser in andere Menschen hineinversetzen zu können. Durch das Lernen der Begleiterfähigkeiten wird man andere Menschen besser verstehen und ihnen effektiver zuhören können. Das kann dir in allen möglichen Bereichen deines Lebens zugute kommen.

Die praktischen Übungen wirst du als Einzelleser natürlich nicht durchführen können. Lies sie erst einmal mit der Frage: «Wie fühlt es sich in meinem Körper an, wenn ich mir vorstelle, ich würde diese Übung mit einem Partner durchführen?» Du bekommst dann bereits einen kleinen Eindruck davon. Später, wenn du dich entscheiden solltest, dieses Programm mit einem Partner durchzuarbeiten, wirst du die Übungen ganz handfest und real erfahren können.

Diese Anleitung ist durch jahrelange Erfahrung beim Lehren und Supervisieren von partnerschaftlichem Focusing entstanden, und ich halte sie für eine ausgezeichnete Möglichkeit, Menschen ohne therapeutische Vorerfahrung zur partnerschaftlichen Arbeit zu befähigen.

Selbstverständlich kann man auch auf andere Weise mit partnerschaftlichem Focusing beginnen, beispielsweise ohne all die «Trockenübungen», die in diesem Programm beschrieben werden. Das wird dann aber meist nur möglich sein, wenn man schon mehr Vorerfahrung im Focusing besitzt. Dann kann man auch sofort in eine wöchentliche Focusingarbeit hineinspringen. Dieses Programm ist besonders für jene gedacht, die sich für dieses Hineinspringen noch nicht befähigt fühlen, noch unsicher sind oder aber mit Hilfe dieses Programms die gemeinsame therapeutische Beziehung auf optimale Weise beginnen wollen. Außerdem dürfte dieses Programm manchem professionellen Therapeuten oder Therapeuten in der Ausbildung eine große Hilfe sein können.

Partnerschaftliches Focusing geschieht normalerweise in regelmäßigen Abständen – meist wöchentlich –, und es werden zwei Sitzungen durchgeführt, wobei zuerst der Partner A Klient und Partner B Begleiter ist und dann nach genügender Pause die Rollenverteilung umgedreht wird. Die meisten Paare, die ich in meinen Kursen zum partnerschaftlichen Focusing angeleitet habe, arbeiteten auf diese Weise einmal die Woche über 1–2 Jahre lang. Manche Paare trafen sich wöchentlich und führten nur eine Sitzung durch, so daß jeder Partner 14tägig als Klient drankam. Wieder andere trafen sich 14tägig zu der Doppelsitzung. Jedes Paar muß da etwas suchen, bis es das findet, das für beide paßt und sich richtig anfühlt.

Selbstverständlich kann man mit dem partnerschaftlichen Focusing auch so arbeiten, daß man sich nur dann trifft, wenn man Problemdruck hat; eine regelmäßige Arbeit aber ist unabhängig davon, ob gerade etwas drückt oder beschwert. Arbeitet man auf diese unregelmäßige Weise, ist es aber sinnvoll, mit Hilfe dieses Programmes erst einmal eine funktionierende therapeutische Beziehung aufzubauen.

Diese Anleitung mit den verschiedenen praktischen Übungen ist der kontinuierlichen Arbeit vorgeschaltet. In diesem Programm arbeiten wir mit «Trockenübungen», d. h. wir spielen beispielsweise in der Rolle des Klienten ein Problem durch, und das Ziel der Übung ist dabei, daß der Partner in der Begleiterrolle bestimmte Fertigkeiten einüben kann. Das gibt natürlich ein anderes Klima als in der «Ernstsituation» später, in der der Prozeß des Klienten immer im Vordergrund steht und der Begleiter sich auf die verschiedenen Weisen darauf einstellt.

Aus diesem Grund haben es viele Focusingpaare als günstig empfunden, diese Anleitung an einem Wochenende, so weit sie es schaffen, durchzuarbeiten, um dann die restlichen Sitzungen in wöchentlichen Treffen durchzuführen. Aber es ist selbstverständlich genausogut möglich, das ganze Programm in wöchentlichen Sitzungen durchzuführen, wobei man dann mit ca. 12–20 Abenden rechnen muß – je nach Arbeitsintensität.

Diese Anleitung ist für alle Menschen geeignet, die sich mit jemandem zusammengetan und zu einer partnerschaftlichen Focusingarbeit entschlossen haben. Es gibt sicherlich Menschen, die sich eine solche Arbeit wünschen, aber keinen Focusingpartner finden können, und andere fühlen sich wiederum durch eine solche Arbeit überfordert und ziehen es vor, in einer professionellen Therapie an sich zu arbeiten. Der weitaus größte Teil derjenigen, die diese partnerschaftliche Arbeit als für sich passend empfinden, macht positive und wachstumsfördernde Erfahrungen. Ein kleiner Teil, der nicht zu solch positiven Erfahrungen gelangt, wird über kurz oder lang die therapeutische Beziehung auflösen, sich einen anderen Partner suchen oder eine professionelle Therapie vorziehen.

Ich halte die partnerschaftliche Focusingarbeit einer professionellen Therapie für ebenbürtig. Manchmal mag sie zu einer professionellen Therapie hinführen, manchmal kann sie eine professionelle Therapie ablösen, und manchmal mag sie auch zusätzlich zu einer professionellen Therapie durchgeführt werden. In den meisten Fällen wird sie als eigenständige Arbeit bestehen, wobei selbstverständlich Selbsterfahrungsgruppen, Kurse in Körper- und Atemarbeit und bewußtseinserweiternde Kurse den Prozeß der Focusingpartner begleiten und bereichern können.

Der eine große Vorteil dieser Arbeit ist natürlich finanzieller Art, was nicht zu gering geschätzt werden soll. Viele Focusingpaare in unserem Hamburger Projekt konnten langjährige Prozesse in solch einer positiven Symbiose erleben, die sonst nur in einer für viele finanziell nicht erschwinglichen psychoanalytischen Beziehung möglich sind. Der andere Vorteil, der das partnerschaftliche Focusing anderen Methoden gegenüber auszeichnet, ist die Erfahrung der Partner, in der Rolle des Klienten wie auch in der Rolle des Begleiters zu sein. Das führt zu anderen Erfahrungen als eine einseitige Therapeut-Klient-Beziehung. Das führt sicherlich auch zu mehr Schwierigkeiten und zu mehr Arbeit, aber der Lohn ist größer. Man lernt nicht nur zu nehmen, sondern auch zu geben. Der Effekt der partnerschaftlichen Arbeit auf das Leben der Focusingpartner ist ebenso auf den Lernprozeß in der Begleiterrolle wie auf den Lernprozeß in der Klientenrolle zurückzuführen. Partnerschaftliches Focusing ist mehr als Therapie, es ist die aufregende Erfahrung einer therapeutischen Beziehung zwischen zwei Menschen auf der gleichen Ebene.

Focusingpartner kann jeder Mensch sein, der bereit ist, mit dir zusammen dieses Programm durchzuarbeiten und der die Entscheidung gefällt hat, mit dir eine partnerschaftliche Focusingbeziehung einzugehen. Es sollte dabei eine Grundsympathie vorherrschen, aber es ist nicht so wichtig, daß man außerhalb der Arbeitssituation im Alltag viel miteinander anfangen kann. Die Solidarität im gemeinsamen Arbeitsziel ist etwas, was mehr verbindet als das, was wir normalerweise Sympathie nennen. Durch die Arbeit wird mehr und mehr ein tiefes Vertrauen, Akzeptierung und Respekt vor dem anderen wachsen.

Können Ehepartner, Freund oder Freundin partnerschaftlich miteinander fokussieren? Grundsätzlich ja – und wenn es klappt, kann es eine große Bereicherung für die Beziehung sein. Ich habe schon manchen langjährigen Konflikt in einer Focusingsitzung sich lösen sehen. Manchmal ist diese Arbeit zu schwierig für ein Paar, besonders dann, wenn es bisher stark an Offenheit, Echtheit und Verständnis in dieser Beziehung mangelte. Dann ist es häufig einfacher, sich einen Focusingpartner zu wählen, der einem im Alltag nicht ganz so nahe steht. Aber das muß jedes Paar selbst ausprobieren.

Partnerschaftliches Focusing kann so sehr zu einem elementaren Bestandteil des eigenen Lebens werden, daß sich einige Teilnehmer aus unserem Hamburger Focusingprojekt zu einer «Focusing-Wohngemeinschaft» zusammengeschlossen haben. Neben gemeinsamen Gruppensitzungen ist dort das partnerschaftliche Focusing ein wichtiger Teil des Zusammenlebens, wobei mit der Zeit jedes Gruppenmitglied mit jedem anderen zusammengearbeitet hat.

Ebenso hilfreich kann es sein, sich mit anderen Focusingpaaren zu einer Gruppe zusammenzutun, dort gemeinsam dieses Programm durchzuarbeiten und sich später kollegiale Supervision zu geben. Der Austausch über die Erfahrungen in den verschiedenen Paaren und das Gefühl des Eingebettetseins in einen größeren Rahmen können eine große Hilfe für die Arbeit sein.

So wie partnerschaftliches Focusing in diesem Programm gelehrt wird – mit einer Anfangsentspannungsübung, mit einem Abschlußritual, mit dem Gebrauch der Atemmassage und mit der möglichen Sichtweise der grundlegenden Glaubenssysteme – besitzt es einen eigenen Stil, der sich in unserem Hamburger Focusingprojekt herausgebildet hat. Partnerschaftliches Focusing kann, muß aber nicht so aussehen, und jedes Paar, das dieses Programm als Anstoß für seine Arbeit benutzt, wird später einen eigenen Stil entwickeln können, der beiden Partnern am ehesten gemäß ist. Es soll hier keine neue Methode kreiert werden, die man dann später als Modell benutzt und nachahmt. Es soll vielmehr ein Anstoß zu einer partnerschaftlichen Arbeit gegeben werden, die später ihren eigenen Stil und ihre eigene Schwingung entwickeln und entfalten wird.

«Besser ist's …

... der Körper leidet als die Seele», heißt es bei Menander.

Noch besser wäre, beiden geht es gut. Gesund sein und sorgenfrei – was wünschen wir uns mehr? Und um das zu erreichen, können wir selber einiges tun.

1. Sitzung: Die partnerschaftliche Focusingbeziehung

Der folgende Text beschäftigt sich mit der Frage, wie eine Beziehung aussehen sollte, die *therapeutisch hilfreich* wirkt, und wie sich eine solche Beziehung von einer Alltagsbeziehung unterscheidet.

Diese erste Sitzung hat zum Ziel, beide Focusingpartner in ein Gespräch über die bevorstehende Arbeit zu bringen. Beide Partner lesen zunächst den Text und tauschen sich danach mit Hilfe der zum Schluß beschriebenen Übung über ihre Gefühle und Gedanken aus. Falls beide Partner den Text bereits kennen, kann die Schlußübung auch am Anfang der 2. Sitzung durchgeführt werden.

Ziel der Focusingbeziehung ist es, dem anderen bei seiner Selbsterfahrung zu helfen

Es ist gut, sich einmal das Ziel bewußt zu machen, unter das Menschen ihre Art von Beziehung stellen. Focusingpartner haben von vornherein das Ziel, sich gegenseitig bei ihrer *persönlichen Entwicklung* zu helfen. In normalen Freundschaften wird es häufig so sein, daß wir den Wunsch und die Fähigkeit haben, dem anderen zu helfen, aber selten ist dieser Wunsch der Grund für das Entstehen der Beziehung gewesen. Normalerweise entstehen Beziehungen aus Anziehung, Sympathie, Verliebtheit, einem Gefühl der Nähe oder aber aus den gleichen Interessen. Meist sind dann dabei Bedürfnisse im Spiel, deren Befriedigung wir uns von der Beziehung erhoffen. Wir wollen, daß der andere uns bestätigt, uns Liebe gibt, wir bei ihm Nähe, Wärme, Aufregung, Lust, Abenteuer oder Entspannung erleben können. Werden dann die Bedürfnisse der Beziehungspartner erfüllt, sind beide glücklich und zufrieden. Ist das nicht der Fall, dann gibt es die bekannten Schwierigkeiten, Frustrationen und Enttäuschungen in den Beziehungen.

Mit unserem Focusingpartner gehen wir keine Beziehung ein, die die *gegenseitige Bedürfnisbefriedigung* zum Ziel hat. Sind wir einsam, dann soll unser Focusingpartner nicht dazu dienen, unsere Einsamkeit aufzuheben, sondern wir wollen mit seiner Hilfe unsere Einsamkeit klarer und bewußter spüren und mit ihr arbeiten. Fühlen wir uns ungeliebt, dann wollen wir das nicht durch ein gemütliches Beisammensein vergessen oder überdecken, sondern wollen mit der Hilfe des Focusingpartners diesen Teil von uns genauer untersuchen, spüren und erleben. Oberstes Ziel der Focusingbeziehung ist es, dem Partner zu helfen, sich deutlicher und bewußter zu erfahren, sich zu spüren und dabei innere Blocks zu lösen und den *eigenen Freiraum* zu erweitern. Wir sind also ganz für den «Innenraum» unseres Partners da und helfen ihm, diesen bewußter wahrzunehmen und dadurch zu verändern. Wie sich diese Veränderung in seinem Leben auswirkt und ob und wie er dort seine Bedürfnisse befriedigen kann, ist dann ganz seine Sache.

Für diese Art von Beziehung ist unser setting, sich einmal die Woche zur partnerschaftlichen Arbeit zu treffen, sehr hilfreich. Vielleicht wird es dann und wann vorkommen, daß sich die beiden Partner im Alltag treffen, vielleicht wird man sich dort auch einmal auf einer praktischen und materiellen Ebene helfen und unterstützen, aber es soll nie vergessen werden, daß das oberste gemeinsame Ziel die Hilfe bei der Erforschung des *Innenlebens* ist. Alles, was das Erreichen dieses Zieles erschwert, sollte fallengelassen werden. Unsere Focusingbeziehung soll in hohem Maße Bewußtheit und gegenseitige Akzeptierung fördern. Das bedeutet, daß wir auf das Agieren, d. h. das Ausleben unserer Bedürfnisse in der Focusingbeziehung verzichten, diese statt dessen aber bewußter anschauen und erleben lernen.

Unsere Focusingbeziehung steht damit unter dem Ziel der Bewußtseinserweiterung. Andere Begriffe wären: Persönlichkeitsentfaltung, Abbau des Muskel- und Charakterpanzers, Erhöhung der Fähigkeit, Beobachter sein zu können, Hilfe bei der spirituellen Entwicklung. Die Focusingbeziehung gleicht damit einem *meditativen Raum*, in den man sich vom Lärm und von den Handlungen des täglichen Lebens zurückzieht, um in Stille, Sicherheit und Ruhe sein Inneres anschauen zu können. Wir müssen von einer Haltung des Handelns und Tuns zu einer Haltung des Nichthandelns und Beobachtens kommen. So ist es also nicht unser Ziel, unserem Focusingpartner so zu helfen, daß wir ihm sein Leben angenehmer gestalten, ihm materiell helfen, ihn trösten oder seine negativen Gefühle wegreden. Unser Ziel ist es, ihm einen *Ort der Sicherheit*, des Vertrauens und der Bewußtheit *anzubieten*, in dem er erfahren und anschauen kann, was immer für ihn wichtig sein mag.

Bei dieser Art von Beziehung werden wir gerade in der Begleiterrolle immer mehr die Haltung einer *bedürfnislosen Zuneigung* erleben. Wir lernen immer mehr, den Partner so zu akzeptieren, wie er ist, was uns in unserem therapeutischen setting leichter fallen wird als gegenüber dem Sozialpartner im Alltag.

Da unsere Alltagsbeziehungen von Bedürfnissen bestimmt sind, wird es dort immer wieder Reibung und Nichtakzeptierung geben. Als Focusingpartner können wir vieles am anderen verstehen und akzeptieren, was wir als Ehepartner, Kind, Elternteil oder Freund nicht aushalten könnten. Ebenso wie wir mit unserem setting einen Ort höherer Bewußtheit schaffen, bilden wir auch einen Raum, in dem ein höheres Ausmaß von Akzeptierung möglich ist als im Alltag.

Da wir von unserem Focusingpartner nichts erwarten und für uns auch nicht wichtig ist, ob er so oder anders ist, können wir wirklich eine Haltung realisieren und vermitteln, daß wir ihn so akzeptieren und mögen, wie er ist, so daß er die vollkommene Freiheit hat, sich so zu entfalten, wie er es für richtig hält. Wir haben nicht vor, ihn in die eine oder andere Richtung zu drängen. Wir begleiten ihn vielmehr auf seiner Reise, damit er sich sicher und geborgen fühlen kann. Aber das *Ziel* dieser Reise gehört ganz allein ihm.

Folgendes Bild gibt eine Focusingbeziehung gut wieder: Während man eine normale Beziehung so darstellen könnte, daß beide Partner *voreinander* stehen, sich anschauen und aufeinander bezogen sind, stehen bei der Focusingbeziehung beide Partner eher *nebeneinander*, haben sich an die Hand gefaßt und schauen auf das gemeinsame Ziel. Das gemeinsame Ziel ist die Erhöhung der Bewußtheit und das Wachstum der Persönlichkeit, etwas, unter das sich beide Partner stellen und dem sie beide verpflichtet sind.

In unseren Focusingsitzungen arbeiten wir in festen Rollenaufteilungen

Während wir in einem normalen Gespräch ständig zwischen dem Zuhören und dem Selbstausdruck wechseln, das Gespräch sozusagen hin- und hergeht, wobei mal der eine etwas sagt und der andere zuhört und dann andersherum, ist es bei unseren Focusingsitzungen so, daß wir in festen Rollen arbeiten. In der ersten Sitzung ist A Klient und B Begleiter; in der zweiten Sitzung werden die Rollen gewechselt. Diese Rollenaufteilung ermöglicht es, daß der Klient ausreichend Zeit hat, sich zu erforschen, und durch keine Äußerungen des Partners von diesem Prozeß abgelenkt wird. Der Begleiter ist selbstverständlich nicht stumm, sondern beteiligt sich aktiv am Gespräch. Aber er tut das auf eine Art und Weise, die den Prozeß des Klienten *nicht unterbricht*, sondern diesen fördert. Wie man das als Begleiter macht, werden wir später lernen.

Damit sich auf natürliche Weise im Inneren des Klienten etwas bewegen und verändern kann, ist es sehr wichtig, daß er über einen längeren Zeitraum die «Hauptperson» ist. Obwohl bei Focusingschritten schon innerhalb von 5 bis 10 Minuten eine Veränderung spürbar sein kann, ist es für unser setting doch wichtig, daß der Klient mindestens *40 Minuten* ganz für sich hat. Erst dann hat man Zeit genug, in Sicherheit und Ruhe Dinge anzuschauen, die problematisch, schwierig oder bedrohlich sind.

Für die meisten Menschen wird das zunächst eine ganz neue Erfahrung sein. Man hat die ganze Zeit für sich, der Begleiter sitzt einfach dabei, und man kann machen, was man will. Man kann ein Problem erforschen, man kann in seinen Körper hineinfühlen, man kann auch gar nichts machen und einfach schweigen. Und der andere geht nicht weg! Er bleibt da und ist mit seiner vollen Aufmerksamkeit bei uns, ganz egal, was wir machen. Das ist auch eine ganz andere Erfahrung, als allein auf dem Bett zu liegen und in sich hineinzufühlen. Die *Gegenwart eines anderen* Menschen, auch wenn dieser nur schweigend zuhört, intensiviert unser Erleben und unseren Focusingprozeß auf sehr starke Weise.

Auch ein normales Gespräch mit ständigem Wechsel von Zuhören und Selbstausdruck kann sehr fruchtbar und bereichernd sein. Manche solcher Gespräche können uns sogar mehr bringen als unsere Focusingsitzungen. Wenn wir aber unsere Sitzungen als Lernsituation betrachten, in der wir trainieren, auf effektive Weise uns selbst zuzuhören und mit unserem inneren Prozeß umzugehen und selbst Lösungen zu erarbeiten, dann ist für diesen Zweck das setting mit der Rollenaufteilung Klient–Begleiter der normalen Gesprächssituation weit überlegen.

Da wird dann das Focusing zu einer *Meditation in Begleitung eines anderen*, bei der ich mich unabgelenkt und ununterbrochen für längere Zeit mit meinem Prozeß beschäftigen kann. Mein Begleiter ist dabei mein Weggefährte, der mir Sicherheit, Schutz und Akzeptierung gibt und an vielen Stellen hilfreich sein kann, wo ich selbst meinen Prozeß unterbreche und hindere.

Unsere Focusingsitzungen finden regelmäßig über einen längeren Zeitraum statt

Bei unseren normalen Kontakten ist es meist so, daß wir uns dann mit einem Partner treffen, wenn wir uns danach fühlen. Manchmal wird es häufiger sein und manchmal seltener. Verstehen wir uns mit dem Partner gut, dann treffen wir uns gern; haben wir gerade Ärger oder andere negative Gefühle im Zusammenhang mit ihm, dann treffen wir uns weniger oder gar nicht.

Unserer Focusingarbeit würde dieser willkürliche Turnus zu wenig Sicherheit geben. Wir treffen uns deswegen zu unseren partnerschaftlichen Focusingsitzungen *regelmäßig* über einen Zeitraum, der von vornherein festgelegt wird, *unabhängig* davon, wie wir uns fühlen. In unserem Hamburger Focusingprojekt sind wir so vorgegangen, daß wir uns ein Jahr lang einmal die Woche getroffen haben, und danach trafen sich die Focusingpartner nach Bedarf, wobei viele bei dem wöchentlichen Rhythmus blieben.

Diese *feste Zusicherung* für einen bestimmten Zeitraum ist aus verschiedenen Gründen sehr wichtig. Zum ersten gibt solch eine Vereinbarung die notwendige Sicherheit, um sich wirklich auf einen therapeutischen Prozeß einzulassen. Denn wir begeben uns doch von Stunde zu Stunde in einen fortschreitenden Öffnungsprozeß, der ganz eigenen Gesetzmäßigkeiten folgt. Manchmal ist eine frustrierende oder zunächst ergebnislos erscheinende Sitzung notwendig, damit in der nächsten Sitzung ein Durchbruch geschehen kann. Manchmal brauchen wir mehrere Sitzungen, die später zu einem vollständigen Mosaik zusammengebaut werden können. Manchmal müssen wir erst unseren Widerstand und Trotz durcharbeiten, damit in einer späteren Sitzung erscheinen kann, was hinter dem Widerstand lag. All das geschieht in seinem eigenen Rhythmus und in seiner eigenen Gesetzmäßigkeit, der man am besten durch Regelmäßigkeit gerecht wird.

Ein weiterer wichtiger Effekt wird durch solch eine Vereinbarung erzielt: Die Partner erhalten die Sicherheit, daß *die Arbeit weitergeht*, auch wenn sie negative und ungute Gefühle dem Partner gegenüber haben. Zu einer therapeutischen Beziehung gehören manchmal auch Haß, Wut, Enttäuschung, Frustration und andere negative Gefühle dem Begleiter oder auch dem Klienten gegenüber. Wie wir damit umgehen können, werden wir später erfahren. Auf jeden Fall können diese Gefühle vorkommen – und dann ist es wichtig zu wissen, daß deswegen die Beziehung nicht ab- und die Arbeit nicht unterbrochen werden kann. Wir sichern dem Partner also zu, mit ihm zusammenzubleiben, *unabhängig davon, wie wir uns fühlen*. Das gibt eine große Sicherheit, die wir in unseren Alltagsbeziehungen häufig nicht haben. Oft gehen wir dort auseinander, wenn Haß, Ärger und Unzufriedenheit auftauchen. Aber *Gefühle* sind keine ausreichend verläßliche Basis für unser Focusing. Was wir brauchen, ist eine Entscheidung, eine Abmachung, ein Vertrag oder eine Zusicherung – wie immer man das nennen mag.

Manche Focusingpaare merken, daß es für sie günstig ist, sich immer am *gleichen Wochentag zur gleichen Uhrzeit* zu treffen. Das Unterbewußte scheint sich auf solch einen regelmäßigen Termin regelrecht einzustellen. In den Tagen vor der Sitzung denkt man intensiver über Probleme nach, unterhält sich vielleicht schon im Geist mit dem Focusingpartner oder träumt in der Nacht vor der Sitzung besonders intensive und relevante Träume.

Es läßt sich kaum vermeiden, daß hin und wieder eine Sitzung ausfallen oder verschoben werden muß, – aber man sollte sich dabei bewußt sein, daß solche Veränderungen in der Psyche der Focusingpartner viel tiefer nachwirken als das Verschieben normaler Treffen und Termine. Unser Unterbewußtes wirkt bei dieser Arbeit sehr stark mit, und das Ausfallen einer Sitzung oder schon das Zuspätkommen des Partners kann unter Umständen Frustration und Enttäuschung aus frühester Kindheit wachrufen. Die Focusingpartner sollten keine Scheu haben, diese Gefühle anzusprechen, auch wenn sie noch so «überempfindlich» oder «unangemessen» erscheinen.

Ob wir uns in unserer Focusingbeziehung wirklich sicher und aufgehoben fühlen, ist keine Sache unseres *bewußten Vorsatzes*, sondern ist stark abhängig von unterbewußten Prozessen. So kann es beispielsweise vorkommen, daß das Wissen um einen Urlaub, der erst drei

Wochen später beginnt, dazu führt, daß der Klient nicht mehr richtig tief in sich eindringen kann oder mag. Er mag sich mit dem Kopf noch so sehr sagen, daß ja noch drei Wochen Zeit bis zur Urlaubspause sind, – aber sein Unterbewußtes bzw. sein Gesamtorganismus scheint sich bei dieser Idee nicht mehr sicher genug zu fühlen.

Förderliche Haltungen in der Rolle des «Begleiters»

Es gibt Erfahrungen aus der professionellen Psychotherapie darüber, wie die Beziehung zwischen Klient und Therapeut aussehen muß, damit sie für die Entwicklung des Klienten förderlich ist. Wir wollen uns hier mit den *Haltungen des Therapeuten* beschäftigen, die Bedingungen für eine erfolgreiche Therapie sind. Das soll dich aber nicht unter Leistungsdruck setzen. Es ist für unsere Arbeit nicht notwendig, daß du von vornherein diese Haltungen optimal realisieren kannst. Wie wir weiter unten sehen werden, hilft die regelmäßige partnerschaftliche Arbeit ganz von selbst, in diese Haltungen immer mehr hineinzuwachsen.

Wie eine Beziehung aussehen sollte, die dem Partner in hohem Maße die Möglichkeit gibt, sich zu entwickeln und zu wachsen, dazu hat sich ausführlich Carl Rogers, der Begründer der klientenzentrierten Psychotherapie, geäußert. Während für Gendlin der intrapsychische Prozeß des Klienten im Vordergrund steht, ist für Carl Rogers die Beziehung zwischen dem Therapeuten und dem Klienten das Ausschlaggebende. Der Erfolg einer Psychotherapie ist für Rogers nicht so sehr abhängig von der jeweiligen Schule, dem theoretischen Hintergrund oder den technischen Interventionen des Therapeuten, sondern von der *Art der Beziehung*, die zwischen dem Therapeuten und dem Klienten herrscht.

In diesem Lernprogramm zum partnerschaftlichen Focusing ist beides sehr wichtig: der *intrapsychische Prozeß im Klienten*, für den all das zutrifft, was in dem ersten Teil über die Focusingschritte gesagt worden ist und für den die verschiedenen Interventionen, die wir später noch lernen werden, wichtig sind. Zum anderen ist ebenso wichtig die *Beziehung zwischen Klienten und Begleiter*, und dieser werden wir ebenso durch verschiedene Übungen und Interventionen Rechnung tragen.

Was sind nun die drei essentiellen Grundhaltungen, die ein Therapeut einem Klienten gegenüber realisieren muß.

Echtheit

Der Begleiter soll echt und kongruent sein, d. h. er soll nicht fassaden-artig, professionell, distanziert oder künstlich sein, sondern offen und durchlässig. Er muß offen für seine eigenen Gefühle sein, er muß sen-sibel merken können, was in ihm selbst vorgeht, auch wenn er nicht alles sofort aussprechen muß.

Diese Variable der Echtheit ist nicht etwas, das wir wie eine Fertig-keit einfach üben und lernen können. Diese Variable ist eher ein *Aus-druck unserer Gesamtentwicklung* – wie bewußt und durchlässig wir selbst sind, wie gut wir uns selbst kennen und wieviel Unerkanntes wir noch in uns tragen. Diese Variable erhöht sich eher durch Selbsterfah-rung, Eigentherapie und Erfahrungen in der Klientenrolle, als durch irgendein Bemühen in der Begleiterrolle.

Was kann das für unser partnerschaftliches Focusing bedeuten? Als erstes sollten wir uns bewußt machen, daß zwar Echtheit und Durch-lässigkeit unser Ziel sein kann, wir aber wie jeder andere Mensch nur *auf dem Wege zu diesem Ziel* sind. Wir alle haben unsere blinden Flek-ken, unerledigten Bereiche und Verkrustungen, und wir können ge-rade so echt sein, wie es uns im Moment gerade möglich ist. Zum anderen können wir darauf vertrauen, daß gerade durch unser part-nerschaftliches setting die Echtheit beider Partner in der gemeinsa-men Arbeit immer größer werden wird. Gerade dadurch, daß sich ja jeder auch in der Rolle des *Klienten* öffnet und zeigt, wird unechtem und fassadenartigem Verhalten in der *Begleiterrolle* der Boden entzo-gen. Außerdem öffnen wir uns in der Selbsterfahrung als Klient mehr und mehr unserem Inneren und werden dabei Stück für Stück immer echter und transparenter, was sich dann auch auf unser Verhalten in der Begleiterrolle auswirken wird.

Emotionale Wärme

Der Begleiter muß den Klienten wirklich mögen und schätzen. Er muß ihn so akzeptieren können, wie er ist, und eine bedürfnislose Zuneigung ausstrahlen können. Er muß bereit sein, ganz in die Welt des Klienten einzutauchen und die Welt durch dessen Augen zu sehen. Er muß die Fähigkeit haben, einmal ganz der andere sein zu können.

Auch bei dieser zweiten Variablen der «emotionalen Wärme» hilft unser partnerschaftliches setting in optimaler Weise, diese zu realisie-ren. Ich habe selten so viel Zuneigung, gegenseitige Akzeptierung und Wertschätzung erlebt wie in Gruppen, in denen die Teilnehmer partnerschaftliches Focusing lernten. Da man immer wieder in der Klientenrolle erfährt, wie sensibel und verletzlich man ist, wird man als Begleiter bemüht sein, behutsam und liebevoll mit dem Partner umzugehen, weil man ja aus eigener Erfahrung weiß, was man in der Klientenrolle braucht.

Wenn man als Klient eine Stunde lang die Aufmerksamkeit und das Verständnis des Partners genossen hat, dann fühlt man sich meist sehr dankbar, und es treibt einen geradezu, dem anderen danach in der Rolle des Begleiters Verständnis und Zuwendung zu geben.

Obwohl unser partnerschaftliches setting im hohen Maße garantiert, daß die beidseitige Akzeptierung und emotionale Wärme der Partner immer mehr anwachsen, so wird das doch ein Wachstumsprozeß sein, der *durch Höhen und Tiefen* führen wird. In jeder Focusingbeziehung werden Zeiten kommen, in denen man den Partner nicht so akzeptieren und verstehen kann, wie es für ihn gut wäre. Dann müssen wir uns damit auseinandersetzen, beispielsweise durch einen Focusingprozeß über diese störenden Gefühle, durch ein Beziehungsgespräch mit dem Partner während oder nach der Focusingsitzung oder manchmal auch durch ein klärendes Gespräch im Beisein eines Dritten oder in einer Gruppe. Über diese verschiedenen Vorgehensweisen bei Schwierigkeiten werden wir später noch Genaueres erfahren.

Durch solch einen Klärungsprozeß werden dann diejenigen Blokkaden bewußt gemacht, die uns hindern, den Partner zu verstehen. Und meist hat das dann mit etwas zu tun, was wir *in uns selbst* nicht akzeptieren können. Fällt es uns schwer, eine bestimmte Eigenschaft bei einem anderen Menschen zu akzeptieren und zu verstehen, dann weist das meist darauf hin, daß wir diese Eigenschaft in uns selbst tragen und sie auf irgendeine Weise verneinen. Die Menschen, die uns auf die Nerven gehen und uns das Leben schwer machen, sind sozusagen unsere eigenen ungeliebten Teile, die auf diese Weise auf sich aufmerksam machen. Wenn ich nun durch Auseinandersetzung solch einen ungeliebten Teil schließlich bei meinem Focusingpartner zu akzeptieren und zu verstehen lerne, so lerne ich gleichzeitig, diesen Teil *in mir selbst* mehr anzunehmen. Auf diese Weise kann ich auch in der Begleiterrolle sehr viel über mich selbst lernen.

Empathie

Die dritte hilfreiche Variable in einer therapeutischen Beziehung ist die Variable Empathie, d. h. das Einfühlungsvermögen. Der Begleiter muß die Fähigkeit haben, die *innere Welt* des Klienten zu *verstehen* und dieses Verstehen auch auszudrücken. Er muß dem Klienten vermitteln können, daß er ihn verstanden hat.

Dies ist eine sehr wichtige Variable. Während die beiden ersten, Echtheit und emotionale Wärme, mehr Variablen sind, die wachsen können, die sich in der Beziehung langsam entwickeln, kann diese Variable «Empathie» regelrecht *geübt und trainiert* werden. Jedesmal, wenn wir in einem Gespräch einmal ganz der andere werden, ihm total zuhören und uns dabei so in ihn hineinversetzen, als seien wir er selbst, dann trainieren wir diese Empathie. Es ist wichtig, *selbst ganz leer* zu werden, die eigenen Gedanken, Meinungen, Werthaltungen zu vergessen und die Dinge einmal ganz durch die Augen des Partners zu sehen.

Diese Fähigkeit zur Einfühlung wird allen sozialen Kontakten zugute kommen, wobei in normalen Gesprächen Zuhören und Hineinversetzen in den anderen abwechseln mit Hineinfühlen in sich selbst und Ausdrücken.

Als Begleiter üben wir in jeder Focusingsitzung diese Fähigkeit zur Einfühlung neu; in der vierten Sitzung werden wir uns in mehreren Übungen ausführlicher mit dem einfühlenden Verstehen und dem aktiven Zuhören beschäftigen.

Es ist gut, diese drei Variablen für eine therapeutisch hilfreiche Beziehung zu kennen. Wir wissen jetzt, wie unsere Beziehung im Idealfall aussehen könnte, und kennen das Ziel, dem wir entgegenwachsen wollen. In der Praxis sollte das aber nicht dazu führen, daß wir uns unter Leistungsdruck stellen und versuchen, in allen drei Variablen perfekt zu sein. Es genügt, wenn wir einfach wir selbst sind und als Begleiter unser Bestes versuchen. Wir erhalten ja ständig Rückmeldung, ob unser Verhalten dem Partner hilft oder nicht, und so stehen wir in einem ständigen Lernprozeß, in dem unsere Echtheit, Akzeptierung und Einfühlung immer mehr anwachsen werden.

Förderliche Haltungen in der Rolle des Klienten

Je stärker der Klient mit seinem Inneren und mit seinem Körper in Spürkontakt ist, während er sich ausdrückt, desto fruchtbarer wird für ihn die Focusingsitzung sein. Wenn der Klient also das Einzelfocusing beherrscht, wie es im ersten Teil des Buches beschrieben worden ist, wird es ihm nicht schwerfallen, in seinen partnerschaftlichen Focusingsitzungen eine Haltung von akzeptierender und behutsamer innerer Achtsamkeit zu realisieren. Fällt das schwer, wird der Begleiter uns durch seine Interventionen zu dieser Grundhaltung zurückführen. Da das meiste über die richtige innere Haltung bei der Zuwendung zum eigenen inneren Erleben in dem ersten Teil dieses Buches beschrieben worden ist, werden hier noch einmal die wichtigsten Punkte nur skizziert.

○ Unsere Arbeit geschieht in einem meditativen Bewußtseinszustand, den wir «innere Achtsamkeit» nennen. Für diesen Zustand müssen wir die Aufmerksamkeit ganz nach innen lenken und das Außen vergessen. Wir arbeiten deswegen im Liegen mit geschlossenen Augen. Häufig erzählt der Klient am Anfang der Sitzung noch im Sitzen mit geöffneten Augen, um etwas loszuwerden, um sich anzuwärmen und Raum zu schaffen. Geht es dann ans *innere Spüren*, legt sich der Klient hin, wobei dann unsere Anfangsentspannungsübung, die später noch beschrieben wird, hilft, in die innere Spürung zu kommen.

○ In dem Zustand der inneren Achtsamkeit funktionieren wir langsamer. Sobald wir schnell sprechen, können wir davon ausgehen, daß wir diesen Zustand verlassen haben. Deswegen sollte es sich der Klient zur Regel machen, beim Sprechen immer wieder eine Pause einzulegen, in den Körper hineinzuspüren und den Atem wahrzunehmen und zuzulassen.

○ In dem Zustand der inneren Achtsamkeit identifizieren wir uns mit unserem «Beobachter». Wir *sind* nicht unsere Gefühle, Körperempfindungen und Gedanken, sondern wir *haben* unsere Gefühle, Körperempfindungen und Gedanken. Wir identifizieren uns mit dem Teil von uns, der zuschaut und beobachtet. Wir identifizieren uns mit unserem «Zentrum der Wahrnehmung und des Willens». Wenn uns das schwerfällt, ist die Rolle des Begleiters besonders wichtig. Schon einfach dadurch, daß er mit beobachtet – besonders wenn er auf aktive Weise zuhört und folgt –, hilft er ständig, uns unsere inneren Prozesse aus der richtigen Distanz wahrnehmen zu lassen.

Für unsere praktische Arbeit ist es jetzt gut, all dies über die innere Achtsamkeit zu wissen, sie aber im Hintergrund zu lassen und in der Stunde selbst zunächst zu vergessen. Die beste Haltung ist jetzt, ganz *unschuldig* zu werden, nach innen zu lauschen und einfach dem zu folgen, was kommt. Selbstverständlich kann man sich auch ein Thema vornehmen, an dem man arbeiten möchte. Aber nach einer kurzen Beschreibung des Themas lauschen wir nach innen, versuchen mit unserem felt sense in Kontakt zu kommen und folgen wieder dem, was von selbst kommt. Es ist dabei die Sache unseres Begleiters, uns zur inneren Achtsamkeit und *in unseren Körper* zu lenken, falls wir uns in unseren Gedanken verlieren sollten. Wir müssen als Klient also nicht an alles denken, sondern drücken aus, was kommt, und lassen uns dabei vom Begleiter helfen.

Mit der Zeit wird in der Klientenrolle immer mehr Vertrauen wachsen. Vertrauen zum Begleiter und Vertrauen dem eigenen Prozeß gegenüber. Dem Begleiter gegenüber wird man sich immer mehr öffnen können, immer mehr erfahren, daß man von sich zeigen kann, was man will, auch wenn es peinlich, bedrohlich und unannehmbar erscheint. Er wird es akzeptieren und verstehen.

Dem eigenen Prozeß wird man immer mehr vertrauen, in der Weise, daß man immer mehr spürt, wie ein innerer «roter Faden» unsere Stunden durchzieht und führt. Manchmal macht man geistige Umwege; manchmal muß erst noch das eine geklärt werden, bevor das andere deutlicher erscheinen kann. Häufig wird man mitten im Prozeß das Gefühl einer Orientierungslosigkeit oder Sinnlosigkeit haben. Am Ende einer Stunde werden wir aber meistens sehen können, wie sinnvoll der Prozeß der Sitzung abgelaufen ist und wie sinnvoll unser eigenes Inneres uns geführt hat. Es hat sich etwas *in uns entfaltet.*

Und wie wir hier in der Sitzung lernen, unserem inneren Prozeß zu vertrauen und zu folgen, so lernen wir auch mit der Zeit, diesem inneren Prozeß, diesem roten Faden, in unserem gesamten Leben zu vertrauen. Auch da will sich etwas entfalten, was häufig erst nach einigen Wirren und Unklarheiten deutlich und sinnvoll sichtbar wird.

Übertragungsphänomene
im partnerschaftlichen Focusing

Der Begriff Übertragung bedeutet, daß der Klient Gefühle, die er als Kind den Eltern gegenüber erlebt hat, in der Hier-und-Jetzt-Situation *auf den Therapeuten projiziert*. Ein Klient mit einem autoritären Vater wird den Therapeuten ebenfalls als autoritär erleben, obwohl dieser vielleicht in Wirklichkeit gerade das Gegenteil ist. Fühlte man sich früher zurückgewiesen, erlebt man jetzt das gleiche beim Therapeuten. Grundsätzlich haben wir ja die Tendenz, unsere alten Erfahrungen und unsere daraus resultierenden Glaubenssysteme immer wieder herzustellen (siehe Teil II).

Die Übertragung ist besonders von der Psychoanalyse betont worden, wobei sie dort als hilfreiches Mittel zur therapeutischen Arbeit genutzt wird. In *einseitigen* Therapeut-Klient Beziehungen treten meistens Übertragungsphänomene auf, die in den verschiedenen therapeutischen Schulen auf unterschiedliche Weise bewertet und genutzt werden.

Wie steht es nun damit bei unserem partnerschaftlichen Focusing? Auf der einen Seite gibt es selbstverständlich Übertragungsphänomene. Wir alle tragen unsere Kindheit mit uns herum, und unsere sozialen Beziehungen sind zum größten Teil durch unsere *Kindheitserfahrungen* beeinflußt. So kommt es häufig vor, daß der Klient bei der partnerschaftlichen Arbeit in seiner verletzlichen liegenden Position Gefühle erfährt und mit dem Begleiter verbindet, die ursprünglich mit Mutter, Vater oder Geschwistern erlebt wurden.

Auf der anderen Seite erleben wir beim partnerschaftlichen Focusing diese Gefühle in einem anderen Kontext als in einer einseitigen Therapeut-Klient Beziehung. Durch die einseitige Beziehung wird eine Identifikation mit den Übertragungsgefühlen provoziert, und der Klient bleibt häufig für lange Zeit in diesen stecken und kommt nicht voran. Kein Klient aber könnte an seiner Übertragung festhalten, wenn er mit dem Therapeuten die Rollen tauschen, dieser sich hinlegen und öffnen und er selbst Begleiter werden würde.

Bei diesem Rollenwechsel, wie er bei unserer partnerschaftlichen Arbeit geschieht, wird deutlich erfahren, daß diese Übertragungsgefühle *nur in der liegenden Situation als Klient* auftreten und daß man hinterher auch gut Vater- oder Muttergefühle in der Rolle des Begleiters dem Partner gegenüber haben kann. Die Übertragungsgefühle können leichter relativiert und eben als nur *ein* Teil der Person wahrgenommen werden.

Bei den partnerschaftlichen Sitzungen *akzeptieren* wir Übertragungsgefühle, arbeiten und spielen mit ihnen, um den Prozeß voranzubringen, nehmen sie aber nicht so ernst, daß sie mit der Person des Begleiters verbunden bleiben. Es sind mögliche Gefühle, die wir in seiner Gegenwart erleben können. In der Begleiterrolle werden wir auch später lernen, mit Hilfe bestimmter Interventionen Vater und Mutter für unseren Klienten zu spielen, wenn dieser «in seinem Kind» ist. Aber beiden Partnern wird dabei bewußt sein, daß das nur ein Spiel ist.

Meiner Erfahrung nach *stärkt* das partnerschaftliche setting *das erwachsene Ich* mehr als eine einseitige therapeutische Beziehung. Der Sinn für die Realität und das Bewußtsein der Selbstverantwortung sind in einem höheren Maße vorhanden, weil Helfen und Sich-Helfen-Lassen immer abwechseln.

Wenn die partnerschaftliche Focusingarbeit gut läuft und die Partner über einen langen Zeitraum zusammenarbeiten, dann erleben wir in vielen Fällen bei unserem Focusingpartner noch einmal so etwas wie eine positive Mutter-Kind-Beziehung. In dieser positiven Symbiose werden auch all die negativen und schmerzlichen Gefühle wieder einen Platz haben, die wir in unserer Kindheit mit der symbiotischen Beziehung zu unserer Mutter verbanden, aber die Grundlage ist diesmal ein positives Gefühl von Vertrauen, Sicherheit, Ruhe, Zeithaben, Angenommenwerden, Respektiertwerden und Freisein. So gesehen kann eine längere partnerschaftliche Focusingbeziehung ein Neuerfahren von *Urvertrauen* sein, besonders wenn wir in unserer Kindheit dieses Urvertrauen nicht auf optimale Weise erleben und lernen konnten. Diese «mütterliche» Haltung des Begleiters wird von Focusingtherapeuten häufig «Holding» genannt. Unsere Haltung als Begleiter ist so, als würden wir den Klienten auf unserem Arm halten, seinen Rücken dabei von hinten unterstützend und nach vorn ihm Freiheit lassend. Es kann sehr hilfreich sein, sich dieses Bildes wieder zu erinnern, wenn man in der Sitzung als Begleiter unsicher ist und nicht weiß, was man tun soll.

Austausch über die Gefühle,
die beim Lesen des Textes entstanden sind

Dies war jetzt eine Zusammenfassung der Erfahrungen, die meine Gruppen und ich beim Lernen und Praktizieren partnerschaftlichen Focusings gemacht haben. Diese Erfahrungen können euch den Anfang erleichtern, aber in eurer Arbeit werdet ihr ganz eigene Erfahrungen machen, die einzigartig sind und die sich eventuell von unseren Erfahrungen unterscheiden. Unsere Erfahrungen können euch euren Lernprozeß nicht abnehmen; sie können euch nur helfen, in die Arbeit einzusteigen, und dabei vielleicht etwas eure Unsicherheit verringern.

Wie fühlt ihr euch nach dem Lesen des vorausgegangenen Textes? Fühlt ihr euch sicher genug, einfach anzufangen? Vielleicht noch nicht. Vielleicht wird es einfacher, wenn ihr euch darüber austauscht, wie ihr euch fühlt und was ihr denkt. Dabei könnt ihr zunächst die folgende Übung zu Hilfe nehmen.

Übung:

Beide Partner setzen sich gerade voreinander hin und schauen sich während der ganzen Übung gegenseitig in die Augen. Partner A beginnt, sagt den ersten unvollendeten Satz und vervollständigt ihn einfach mit dem, was ihm im Moment in den Sinn kommt. Kommt ihm nichts, dann sagt er den Satz noch einmal, vielleicht noch einmal und vollendet ihn dann. Dieses Vorgehen soll bewirken, daß Partner A die ganze Zeit spricht und keine Pausen entstehen. Auf diese Weise kommt man oft an Informationen, auf die man beim normalen Sprechen nicht gestoßen wäre. Partner B hört dabei nur schweigend zu. Hat Partner A alle Sätze ausprobiert, wobei er sich für jeden Satz ca. drei Minuten Zeit nehmen sollte, werden die Rollen getauscht.

Unvollendete Sätze:

1. «Was ich von unserer Focusingbeziehung erwarte, ist . . .»
2. «Was ich befürchte, ist . . .»
3. «Meine größten Ängste wären . . .»
4. «Meine kühnsten Träume wären . . .»
5. «Es würde mir helfen, wenn . . .»

2. Sitzung: Sich kennenlernen

Hier werde ich vier Übungen beschreiben, die euch helfen sollen, miteinander vertrauter zu werden. Ihr könnt erste Erfahrungen machen, wie es ist, sich mitzuteilen, einander zuzuhören und auch sich auf nonverbale Art kennenzulernen. Es sind die Übungen «Fotoalbum», «Augenmeditation», «Atemmassage» und «Armezittern». Ihr könnt diese Übungen alle an einem Abend durchführen, wobei der Abend allerdings lang und etwas anstrengend werden dürfte; ihr könnt die Übungen aber auch auf zwei oder mehrere Abende aufteilen.

Fotoalbum

Beide Partner treffen sich und bringen ihre Fotoalben, bzw. Fotos aus ihrer Kindheit und Jugend, mit. Jeder erzählt dann an Hand seiner Fotos dem Partner seinen ganzen Lebenslauf. Laßt euch dabei viel Zeit, so daß jeder ca. eine Stunde die erzählende Hauptperson ist. Ihr könnt bei dieser Übung also schon einmal mit der Rollenaufteilung vertraut werden. Der Erzähler ist der «Klient» und hat eine Stunde Zeit. Der Zuhörer ist der «Begleiter», der sich so gut es geht auf den Erzähler einstellt.

Für den Klienten ist das eine Möglichkeit, die Erfahrung zu machen, längere Zeit sich dem Partner mitzuteilen. Wie fühlt sich das an? Manchmal kann der Klient erleben, wie er beim Erzählen innerlich etwas spürt und fühlt. Dann kann er das dazu benutzen, schon einmal auf diese inneren Empfindungen zu fokussieren. Häufig bietet diese Übung die Gelegenheit, peinliche, dunkle und unangenehme Aspekte des eigenen Lebens ans Licht zu bringen. Manchmal fällt einem auch beim Erzählen auf, daß sich ein Grundthema durch das ganze Leben zieht, das sich in den verschiedenen Zeiten auf unterschiedliche Weise manifestiert hat.

Für den Zuhörer ist diese Übung die erste Erfahrung damit, dem Partner eine Stunde lang zuzuhören und sich ganz auf ihn einzustellen. Es ist sinnvoll, neugierig zu sein, nachzufragen und sich etwas genauer erklären zu lassen, wenn man es noch nicht richtig verstanden hat. Aber im Vordergrund soll der Prozeß des Erzählers stehen. Unsere Fragen dürfen ihn nicht von seinem Prozeß ablenken. Es ist auch vollkommen in Ordnung, wenn wir dem Partner mitteilen, wie wir uns fühlen, wenn er uns seine Bilder zeigt und seine Geschichte erzählt. Es ist aber wichtig, daß wir uns dann wieder *seinem* Erleben zuwenden, eventuell dem Erleben, das wir durch unsere Mitteilung ausgelöst haben.

Für unsere spätere Focusingarbeit kann es sehr hilfreich sein, Menschen wie Vater, Mutter, Geschwister oder Lehrer des Partners einmal richtig im Bild zu sehen. Seine Welt wird damit plastischer für uns, und wir können uns in seine Erlebniswelt später leichter einfühlen. Werden in späteren Sitzungen Vater und Mutter eine Rolle spielen, dann können wir sie vor unserem geistigen Auge so sehen, wie wir sie von den Bildern her kennen.

Die meisten Focusingpartner fühlen sich nach dieser Übung vertrauter, kennen sich besser und fühlen sich im Gespräch miteinander sicherer. Häufig konnten schon Aspekte des eigenen Lebens, die besonders problematisch, angstbesetzt oder peinlich sind, angesprochen werden – was oft ein Gefühl der Erleichterung zur Folge hat.

Augenmeditation

Die Augenmeditation ist eine sehr gute *nonverbale* Übung, mit der die Focusingpartner das Ausmaß ihrer Vertrautheit steigern können. Im Gegensatz zur vorangegangenen Übung wird hierbei überhaupt nicht gesprochen. Beide Partner üben sich im nonverbalen Erleben der eigenen Person sowie der Person des Partners.

Beide Partner setzen sich so voreinander hin, daß sich ihre Knie fast berühren. Sie können dabei im Schneidersitz, im Fersensitz, auf zwei Meditationsbänkchen oder auch auf zwei Hockern sitzen. Sie sollen dabei relativ gerade sitzen und doch so bequem, daß sie es gut 30 Minuten aushalten können.

Diese Übung ist eine *Meditation zu zweit*. Dabei gibt es drei Meditationsobjekte, auf die man sich konzentriert. Zum einen konzentriert man sich auf den *Atem* in der Nase – spürt einfach, wie dort der Atem ein- und ausgeht. Der Atem soll dabei nicht kontrolliert werden. Man beobachtet einfach, wie er ein- und ausgeht, ohne ihn zu beeinflussen.

Das zweite Meditationsobjekt ist *Musik*, vom Plattenspieler, Tonbandgerät oder Kassettenrecorder. Jede ruhige, meditative Musik, die beiden Partnern zusagt, eignet sich für diese Übung. In unseren Gruppen haben wir häufig von Deuter «Ecstasy», «Cicada» oder «Buddham sharnam gachami» oder auch «Ki» und «Silk road» von Kitaro gehört. Man kann allerdings auch Musik wählen, die eher emotional aufwühlend wirkt. Dann kann die Augenmeditation so etwas wie ein Vorfilm sein auf viele tiefe Gefühle, die während der späteren Focusingarbeit hochkommen können. Für diesen Zweck haben wir häufig den «Feuervogel» von Strawinsky gehört, bei dem Gefühle von Liebe, Sehnsucht, Leiden, Enttäuschung, Wut und Zerstörung und zum Schluß wieder Aussöhnung, Liebe und Ekstase erlebt werden können.

Das dritte Meditationsobjekt ist das *«dritte Auge» des Partners*, d. h. der Punkt über seiner Nasenwurzel zwischen den Augenbrauen. Wir schauen mit weichen Augen auf diesen Punkt. Wir versuchen also nicht scharf oder durchdringend zu schauen, sondern lassen die Augenmuskeln ganz entspannt und passiv.

Wir konzentrieren uns also auf diese drei Meditationsobjekte: auf den Atem in der Nase, auf die Musik und auf das dritte Auge des Partners. Alles, was während der Übung erlebt wird, wird jetzt nur beobachtet und wahrgenommen. Es kann sein, daß während der Übung die Konzentration auf das Schauen so intensiv wird, daß der Atem oder die Musik in den Hintergrund tritt. Das ist dann vollkommen in Ordnung. Überlaßt euch einfach dem Prozeß, so wie er sich für euch entwickelt.

Was kann nun alles während dieser Übung geschehen? Zunächst wird bei den meisten Menschen der *Blick* unruhig. Nach einigen Minuten fangen die Augen dann häufig an, feucht zu werden oder zu tränen, und dann werden sie irgendwann ganz ruhig. Bei diesem Prozeß löst sich der Muskelblock um die Augen herum, und nach der Übung sind die Augen häufig sehr entspannt, klar und groß.

Wenn wir nun immer länger schauen, kann es sein, daß sich das *Gesicht* des Partners zu verändern beginnt. Zunächst verändert sich vielleicht Form und Farbe, dann auch der Charakter des Gesichts. Mal sieht es aus wie das eines kleinen Babys, dann wie das eines wütenden Kämpfers, eines Greises, eines Mannes oder einer Frau. Hier geht es darum, einfach weiter zu schauen, im Erleben und im Atem zu bleiben, ohne zu erschrecken oder viel nachzudenken. Ganz egal, was geschieht, wir erleben und beobachten weiter.

Wir üben damit, ständig mit unserem Erlebnisfluß in Kontakt zu bleiben, ohne ihn zu unterbrechen. Das bedeutet gleichzeitig, in Kontakt mit unserem Atem zu bleiben.

Auch unsere Gefühle können stark wechseln. Es können alle möglichen Gefühle bei dieser Übung auftreten: Angst, Haß, Traurigkeit, Nähe, Distanz, Einsamkeit, Freude und Ekstase. Auch hier geht es darum, alle Gefühle *nichtwertend* wahrzunehmen, weiter im Atem zu bleiben und den inneren Erlebnisfluß zuzulassen. Das ist die Grundhaltung für unsere späteren Focusingsitzungen, die wir hier gleich einüben. Wir üben außerdem dabei, die Gegenwart unseres Partners auf uns in einem sehr sensiblen und offenen Zustand wirken zu lassen und dabei ganz bei unserem inneren Erleben zu bleiben, ohne über ihn nachzudenken.

Diese Augenmeditation kann man 20 bis 40 Minuten durchführen. Häufig erleben die Partner dabei intensive Gefühle, und meist tauschen sich die Energien zwischen beiden Partnern aus und harmonisieren sich. Meist ist hinterher zwischen den beiden etwas anders, auch wenn man nicht immer genau sagen kann, was sich eigentlich verändert hat.

Darin unterscheidet sich diese Übung von unserem Focusing. Dort spüren wir ja in uns hinein und fassen dann das Gespürte in Worte und Bilder. Bei der Augenmeditation bleiben wir ganz im Spüren und Erleben, *ohne* unsere Erlebnisse zu verbalisieren. Das kann dann nach der Übung geschehen. Die Augenmeditation ist auch dann besonders gut geeignet, wenn man beispielsweise in einem Beziehungsgespräch nicht mehr weiterkommt, weil man sich auf der verbalen Ebene festgerannt hat.

Nach der Übung tauschen beide Partner dann aus, wie sie sich bei der Übung gefühlt haben und was sie erlebt haben. Das kann manchmal ein langes Gespräch ergeben, und manchmal mag man gar nicht so viel sprechen. Beides ist in Ordnung.

Diese Übung kann man später immer dann wiederholen, wenn einem danach zu Mute ist. Jedesmal wird sie ganz anders sein, aber sie wird das, was gerade zwischen den Partnern wichtig ist, in Bewegung bringen. Auch für Partnerschaften außerhalb des Focusing kann die Augenmeditation sehr bereichernd und hilfreich sein.

Atemmassage

In unseren Hamburger Focusinggruppen haben wir die Erfahrung gemacht, daß die Atemmassage sehr hilfreich und nützlich für die partnerschaftliche Focusingarbeit sein kann. Wir beziehen uns dabei auf
die Arbeit, die von Frau Prof. Middendorf entwickelt wurde. Für unser Focusing haben wir uns an den Grundprinzipien dieser Atemarbeit orientiert und die Atemmassage in den Kontext des Focusingprozesses gestellt.

Das Grundprinzip der Atemmassage ist schon beim «Raumschaffen» im ersten Teil dieses Buches gezeigt worden (siehe S. 36) – und
zwar auf eine Weise, daß man sie allein mit sich selbst durchführen
kann. Hier benutzen wir jetzt die Atemmassage für die Arbeit zu
zweit.

Wir können die Atemmassage einfach als eine Körpermeditation
auffassen, wobei der Reiz, auf den wir uns konzentrieren, die *Atembewegung unter der Hand* ist. Behandeln wir uns selbst, dann ist es die
Atembewegung unter unseren Händen; werden wir behandelt, dann
ist es die Atembewegung unter der Hand des Partners. Bei der Berührung durch einen anderen Menschen ist die Empfindungsfähigkeit
selbstverständlich sehr viel stärker ausgeprägt als bei den eigenen
Händen.

Bei der *Atemmassage mit unserem Partner* gehen wir jetzt folgendermaßen vor. Der Partner liegt vor uns auf dem Boden oder auf einer
Matratze, wir sitzen entspannt und aufrecht neben ihm und beginnen
zunächst, ihm eine Hand in der Herzgegend auf die Brust zu legen.
Der Partner spürt in unsere Hand hinein und läßt den Atem ganz von
selbst kommen und gehen. Wir selbst spüren seine Atembewegung
unter unserer Hand und nehmen innerlich Kontakt mit ihm auf. Falls
wir wollen, können wir im Einatmen des Partners die Haut leicht deh-
nen oder einen leichten Druck ausüben – das lockt den Einatem vermehrt zu unserer Hand. Ist der Partner relativ durchlässig, werden wir
eine deutliche Atembewegung spüren können. An den Stellen, wo die
meisten Spannungen sitzen, d. h. wo am wenigsten Leben und Bewußtheit ist, werden wir kaum eine Atembewegung spüren können.
Mit der Zeit wird dann mit dem Schmelzen des Muskelpanzers der
ganze Körper im Atemrhythmus schwingen können – aber das ist ein
langsamer Prozeß, bei dem wir nicht ungeduldig werden dürfen.

Bei dieser Übung verstehen wir die Atemmassage nicht als eine Methode, bei der man etwas richtig oder falsch machen kann. Vielmehr soll es ein Experiment sein, wie unser Kontakt zu unserem Partner auf diese nonverbale Weise aussieht. Was können wir dabei über uns, unseren Partner und über unsere Beziehung lernen?

Falls der Klient keine besonderen Wünsche hat, schlage ich vor, einmal in folgender Reihenfolge die Atemmassage durchzuführen: Herzgegend – Brustseiten – Zwerchfellgegend – obere Brust – Schultern – oberer Bauch – unterer Bauch – Becken – Seiten des Beckens – Übergang zu den Beinen. Falls der Klient besondere Wünsche hat, dann teilt er das mit, und wir erfüllen ihm seinen Wunsch. Wenn der Klient führt, dann ist die Atemmassage so etwas wie ein innerer Körperspürprozeß des Klienten, der von unseren Händen lediglich unterstützt wird.

In dieser Übung sollen beide Partner erst einmal ganz ohne Leistungsdruck experimentieren und einfach schauen, *wie sie die gegenseitigen Berührungen erleben*. Nach ca. 30 Minuten sollten die Rollen getauscht werden.

Nach der Atemmassage sprechen die Partner dann darüber, wie sie sich dabei gefühlt haben und was sie erlebt haben. Selbstverständlich kann man sich auch während der Atemmassage ausdrücken, aber häufig erschwert das etwas das Empfindungsvermögen.

In späteren Sitzungen kann die Atemmassage auf verschiedenste Weise benutzt werden, ganz so wie der Klient es braucht und wünscht oder aber auch, wie der Begleiter es fühlt und vorschlägt:

o am Anfang der Sitzung, um Raum zu schaffen, den Körper zu sensibilisieren, einen Einstieg zu haben, wenn nichts Problematisches vorliegt, und um den Kontakt zwischen Klienten und Begleiter herzustellen;

o am Ende der Sitzung, um die Sitzung ausklingen zu lassen, dem Klienten noch etwas Gutes zu geben, und um den Zustand der Entspannung und Leere für die Lösung des Körpers zu nutzen;

o in der Mitte der Sitzung, wenn der Klient gerade mit einer besonderen Stelle seines Körpers beschäftigt ist und sie intensiver spüren möchte.

Nicht bei jedem Focusingpaar kann die Atemmassage gleich als wohltuend erlebt werden. Das ist auch abhängig vom *Gesamtspannungsniveau* der Focusingpartner und der Atemdurchlässigkeit, die bereits vorhanden ist. Ist ein Partner sehr hart und undurchlässig, dann kann man als Behandler mit den Fingern Druck auf die verschiedenen Körperstellen ausüben und den Partner dort hineinatmen lassen. Je härter der Panzer, desto mehr Druck braucht häufig der Partner, um etwas empfinden zu können. Wir sollten dabei aber nie über die Schmerzgrenze hinausgehen. Atemmassage soll immer angenehm und lustvoll für den Partner sein.

Für viele Focusingpaare kann die Atemmassage bei vermehrter Praxis und Übung zu einer sehr wohltuenden Behandlung werden, auf die man beispielsweise immer dann zurückgreifen kann, wenn einmal gar nichts Problematisches vorliegt. Wir brauchen dann nicht auf unsere partnerschaftliche Arbeit zu verzichten und können weiter an unserer Bewußtheit und Durchlässigkeit arbeiten. Meiner Erfahrung nach ist eine Atemmassage durch den Focusingpartner auch noch etwas anderes als die eines Körper- oder Atemtherapeuten. Beim Focusingpartner fühlt es sich so an, als ob wir ihm immer weiter etwas erzählen und mitteilen, nur daß wir nicht ständig Worte benutzen. Es ist fast so etwas wie ein nonverbaler Dialog.

Armezittern

Diese Übung kann eine große Hilfe sein, sich in der Rolle des Klienten und des Begleiters an starke und heftige Gefühle zu gewöhnen und an den dazugehörigen Atem. Obwohl wir grundsätzlich beim Focusing in einer gewissen Distanz zu unserem Erleben stehen und es eher wahrnehmen und beobachten, kann es doch dann und wann vorkommen, daß wir einmal heftig weinen oder schreien müssen. Dann ist es gut, wenn wir etwas getan haben, um die Angst vor heftigen Gefühlen zu verringern. Falls ein Focusingpaar beim Lesen dieser Übung Angst bekommt, dann ist es vollkommen in Ordnung, diese Übung nicht zu machen. Sie ist nicht notwendig für ein erfolgreiches Focusing, wird aber von vielen Teilnehmern als angenehm empfunden.

Der Klient liegt auf dem Boden; der Partner sitzt dabei als Begleiter und konzentriert sich die ganze Zeit auf den Liegenden. Es wird normalerweise nicht gesprochen, so daß der Begleiter üben kann, bei einem gefühlsmäßig intensiven, nonverbalen Prozeß mit und bei dem Partner zu sein. Wenn der Klient es möchte, kann er natürlich auch während der Übung sprechen, sollte dabei aber nicht aus seinem Erleben herauskommen. Nach der Übung spricht dann der Klient davon, was er erlebt hat. Auch der Begleiter erzählt, wie er sich dabei gefühlt hat, und danach werden die Rollen gewechselt.

Und nun die konkrete Übung: Der Klient hat beide Arme zu den Seiten ausgestreckt. Die Handflächen zeigen nach oben, und in den Händen ist eine mittlere Spannung, d. h. die Finger sind nicht gebogen, aber sie sind auch nicht krampfhaft ausgestreckt.

Nun wird Musik gespielt, ca. 30 Minuten lang. Am besten ist eine gefühlsmäßig intensive Musik, die zum Schluß harmonisch, befreiend und beglückend ist. Hier eignet sich beispielsweise der «Feuervogel» von Strawinsky besonders gut, aber auch «Earth» von Vangelis. Die Aufgabe ist nun, beide Arme in 30 Minuten Millimeter für Millimeter nach oben anzuheben, bis sich schließlich beide Hände oben treffen und sich berühren.

Zunächst werden Streß- oder Schmerzgefühle in den Armen entstehen, oder man mag das Gefühl haben «Ich kann sie nicht mehr halten». Doch man muß durchhalten, darf die Arme nicht senken und auf jeden Fall weiter atmen. Der Atem kann durch die Nase gehen; wird er aber stärker, dann sollte man den Mund öffnen und durch den Mund atmen. Nach ca. 5 bis 10 Minuten werden Zitterbewegungen in den Armen entstehen, die den Atem und das innere Erleben intensivieren, aber auch den Schmerz aus den Armen wegnehmen.

Häufig fangen dann auch die Brust- und Schultermuskeln an zu zittern, und mit diesem Zittern und dem vertieften Atem werden Gefühle von Sehnsucht, Leiden, zu kurz gekommen zu sein, Ärger und schließlich Liebe hochkommen. Hier können wir lernen, uns ganz diesen Gefühlen zu überlassen, nicht gegen sie anzugehen und in sie hineinzuatmen. Wir sollen aber auch nicht vollkommen in ihnen versinken, denn es geht immer noch darum, die Arme höher und höher zu heben, so bleiben wir bei keinem Gefühl vollständig stehen, sondern gehen weiter und weiter. In dieser Übung kann das ganze menschliche Drama erlebt werden. Schon die Armhaltung symbolisiert den Menschen, der etwas braucht und sehnsüchtig erwartet, – und dieses Drama haben die meisten Menschen als Baby schmerzvoll erlebt.

Kommen nun zum Schluß die Hände einander näher und näher, können die meisten Menschen spüren, wie stark jetzt bioelektrische Energie zwischen den Händen fließt. Durch diese starke Energie wird das Zusammenkommen der Hände meist als sehr intensiv und als psychisch bedeutsam erlebt. Jetzt beginnt sich das, was vorher als Drama erlebt wurde, aufzulösen und positiven, erfüllten Gefühlen Raum zu geben.

Auf diese letzte Phase sollte man viel Zeit verwenden. Kommen die Hände dann ganz zusammen und berühren sie sich, dann entsteht bei den meisten Menschen ein Gefühl von Harmonie, Geschlossensein, vollständig sein, rund und ganz sein. Wir spüren, wie sich das Leben anfühlen kann, wenn wir dieses Drama «losgelassen» haben. Dieser Effekt wird noch intensiviert, wenn dann gerade zum Schluß die Musik harmonisch und beglückend wird. So, wie bei jeder Bet- oder Meditationshaltung die Hände zusammengeführt werden, um einen geschlossenen Energiekreis zu bilden, so führt auch hier die Schließung des Energiekreises durch unsere Hände zu einem Gefühl der Ganzheit und Harmonie.

Bei einigen Menschen kann es bei dieser Übung zu einer sogenannten *Hyperventilation* kommen. Und da es in seltenen Fällen bei jeder therapeutischen Arbeit einmal zu einer Hyperventilation kommen kann, soll an dieser Stelle einiges zu diesem Phänomen gesagt werden, damit ihr wißt, wie man damit umgehen kann und keine Angst davor zu haben braucht.

Bei länger andauerndem, starkem Atmen kann folgendes Phänomen entstehen: Arme und Beine fangen an, sich taub anzufühlen; in den Handgelenken und in den Fingern entsteht ein Krampf, so daß die Finger ganz steif werden und sich die Arme an den Körper ziehen. Zusätzlich kann sich der Mund runden und ebenfalls steif und taub werden. Der Anblick eines Hyperventilierenden erinnert an den eines Fötus' im Mutterleib, und häufig erleben die Klienten bei einer solchen Hyperventilation Gefühle, die mit der Zeit im Mutterleib, der Geburt oder der Zeit kurz danach zusammenhängen.

Dieser Zustand ist grundsätzlich ungefährlich. Geschieht aber die Hyperventilation nicht in einem ihm verständlichen Kontext, dann kann der Klient panisch werden. Das sind dann die üblichen Fälle von Hyperventilation, wie man sie in den Kliniken sehen kann, wo dann Patienten wie auch Ärzte panisch reagieren und beide in dem Glaubenssystem operieren, daß Hyperventilation etwas Schlechtes ist und bekämpft werden muß. In dem System ist es dann natürlich logisch zwingend, dem Patienten eine Kalziumspritze zu geben.

In der Therapie ist das nun anders. Wir gehen davon aus, daß Hyperventilation kein gefährlicher Zustand ist, sondern einer, in dem man wichtige und wertvolle Gefühle erleben kann. Im «Rebirthing», einer Atemtherapie nach Leonard Orr, wird systematisch mit diesem Hyperventilationszustand gearbeitet, wobei häufig traumatische Erlebnisse der eigenen Geburt durchgearbeitet und durchgeatmet werden. Dort wird bei einer Hyperventilation einfach weitergeatmet, bis sich die Spannungen lösen und der Krampf vorüber ist.

Bei unserer Übung und später beim Focusing haben wir zwei Möglichkeiten, mit einer auftretenden Hyperventilation umzugehen. Entweder kann der Klient, wenn er sich fähig dazu fühlt, einfach weiteratmen und dadurch den Krampf auflösen. Oder aber er bricht das heftige Atmen und das Heben der Arme ab, legt sich auf die Seite und versucht, alle Muskeln zu entspannen. Dann verlieren sich die Spannungen und der Krampf in ca. 5 bis 15 Minuten. Währenddessen werden häufig noch wichtige Gefühle erlebt, und der Atem geht noch einige Zeit stärker. Dann wird aber alles ganz ruhig und entspannt. Häufig muß der Klient dann sogar für kurze Zeit kaum noch atmen, d. h. der Atem wird ganz fein und unmerkbar.

Falls auch bei diesem zweiten Vorgang die Angst bleibt, die Hyperventilation würde nicht zurückgehen, dann kann man zur Not in eine Plastiktüte oder auch in eine Papiertüte atmen. Wir atmen in die Tüte hinein und atmen dann die in der Tüte angesammelte Luft wieder ein. Das hilft, das Verhältnis von Sauerstoff und Kohlendioxyd wieder auszugleichen, und die Krämpfe verschwinden schneller. In unseren Gruppen haben wir diese letzte Methode niemals anwenden müssen und konnten immer freundlich und ohne Angst mit der Hyperventilation umgehen.

Folgt bei dieser Übung euren Gefühlen. Fühlt ihr euch sicher genug, dann geht hinein und genießt sie. Macht sie euch große Angst, dann laßt sie einfach weg. Vielleicht führt ihr sie dann einmal zu einem späteren Zeitpunkt durch.

3. Sitzung: Das Focusingsetting

Diese Sitzung gibt den Focusingpartnern eine Gelegenheit, so etwas wie ein partnerschaftliches Probefocusing zu erleben. Wir lernen das Focusingsetting kennen, so wie wir es auch später bei den wöchentlichen Sitzungen anwenden. Der Klient liegt auf dem Boden oder auf einer Matratze – der Begleiter sitzt daneben – wir beginnen mit einer Anfangsübung – dann folgt der eigentliche Focusingprozeß, das Ausdrücken in innerer Achtsamkeit – wir beenden die Sitzung mit einer Schlußübung. Die Anfangs- und die Schlußübung können später auch weggelassen werden, wenn der Klient sie nicht wünscht oder sie durch die Atemmassage ersetzt werden. Ich würde empfehlen, *mindestens die ersten 10 Sitzungen genau nach diesem Schema* durchzuführen. Es erleichtert die partnerschaftliche Arbeit sehr.

Jeder Partner ist ca. 45–60 Minuten Klient bzw. Begleiter. Dies ist die erste Focusingsitzung, und ein Ziel dieser Sitzung ist, daß beide Partner eine *erste positive Erfahrung* machen und somit Ängste verlieren können, ob sie alles richtig machen und ob es klappt. Deswegen wird für den Focusingteil ein Thema für den Klienten vorgegeben, so daß er etwas hat, woran er sich erst einmal orientieren kann.

Der Begleiter soll in dieser Sitzung nur dasein, zuhören und mit «Mmh» und «Aha» reagieren. Das ist allerdings wichtig. Der Klient muß für jede seiner Äußerungen eine *akustische* Bestätigung bekommen.

In den weiteren Sitzungen werden wir lernen, wie der Begleiter auf eine aktivere Weise folgen kann. In dieser Sitzung ist es aber das Ziel, erst einmal zu erfahren, daß sogar bei minimalem Aufwand, ja fast Nichttun, der Klient von der Sitzung profitieren wird. Außerdem wird bei solch einem Anfang besonders deutlich erlebt, daß der Klient ganz allein die Verantwortung für seine Sitzung hat und der Begleiter nichts tun muß. Für die meisten Menschen ist es zunächst sehr schwer, einfach dazusitzen, nichts zu tun und zuzuhören. Gerade das soll hier in der Begleiterrolle geübt werden.

Armheben

Falls der Klient gleich im Liegen anfangen möchte, beginnen wir mit dieser Übung. Manchmal erzählen die Klienten jedoch am Anfang der Sitzung erst noch einmal im Sitzen mit geöffneten Augen. Wenn sie sich dann nach einiger Zeit dazu entschließen, in die *innere Achtsamkeit* zu gehen, dann wenden wir zu diesem Zeitpunkt die Armeübung an. Sie hilft dem Klienten, Raum zu schaffen und erst einmal Zeit zu haben, sich zu entspannen und nach innen zu spüren. Bei dieser Übung werden im Zeitlupentempo die Arme, der Kopf und die Beine angehoben. Das dauert ca. 10 Minuten. Manche Focusingpaare ziehen es später vor, nur die Arme anzuheben; das dauert dann ca. 5 Minuten.

Im Zeitlupentempo werden folgende Bewegungen ausgeführt:

o unter das Handgelenk fassen und den Unterarm bis zur Senkrechten heben,

o die Hand auf die Brust legen,

o unter den Ellenbogen fassen und den Oberarm bis zu einem Winkel von 45° anheben,

o in die Ellenbogenbeuge fassen und den Oberarm leicht nach oben ziehen, so daß die Schulter gedehnt wird,

o Oberarm wieder nach unten senken,

o Unterarm wieder in die Senkrechte führen,

o Unterarm wieder nach unten lassen.

Auf die gleiche Weise mit dem anderen Arm verfahren.

Dann folgt der Kopf:

o Wir fassen unter den Kopf, heben ihn bis zu einem Winkel von 45° an, drehen ihn dann langsam und vorsichtig nach links und dann nach rechts und lassen ihn dann wieder langsam herunter.

Dann folgen die Beine:

o Wir fassen unter das Fußgelenk und heben das Bein in einem Halbkreis ca. 30° nach außen. Dann noch einen weiteren Halbkreis. Und dann führen wir beide Halbkreise wieder zurück.

Danach arbeiten wir mit dem zweiten Bein.

Der Begleiter geht bei der ganzen Übung sehr langsam und behutsam vor. Er soll dabei darauf achten, daß er die Glieder immer *von unten* hält und nicht von oben faßt. Dahinter steht: «Du kannst dich ganz fallenlassen. Ich fange dich auf. Ich halte dich.»

Der Klient versucht dabei, die Glieder so schwer hängen zu lassen, wie es ihm möglich ist. Er kann dabei erleben, wie weit er sich dem Begleiter überlassen kann, ihm vertrauen und sich halten lassen kann.

Diese Übung, die ursprünglich aus der Atemschule Schaarschuch/ Haase stammt, habe ich seit Jahren in meinen Therapien verwandt, und sie hat sich als optimale Anfangsübung erwiesen. Das Ziel ist dabei nicht, den Klienten vollständig zu entspannen, sondern sie soll ihm *helfen, nach innen zu fühlen* und zu erleben, wie gut oder schlecht er in diesem Moment gerade entspannen, überlassen und loslassen kann. Nicht nur der entspannende Effekt ist also wichtig, sondern ebenso die Störungen und Hindernisse bei der Entspannung. Diese werden dann während der Übung bewußt, hängen meist mit den Focusingthemen des Klienten zusammen und leiten zu ihnen über oder aber erleichtern den Zugang zu neuem problematischem Material.

Klient und Begleiter spüren bei dieser Übung, wie es sich heute anfühlt, zusammenzusein. Die Erfahrung des Gehalten- und Getragenwerdens führt dann häufig zu tieferliegenden Gefühlen und Themen. Sich-Hingeben- und Vertrauen-haben-können sind Grundempfindungen, die fast mit jedem problematischen Thema zusammenhängen.

Außerdem erreicht die Übung, daß der Klient seinen Körper sensibler wahrnehmen und seinen «Alltagspanzer» leichter abstreifen kann. Der Atem beginnt durch diese Übung leichter zu fließen, was die ganze folgende Focusingsitzung positiv beeinflußt. Da diese Übung das Ziel hat, den Klienten erst einmal mit seinem inneren Erleben in Kontakt zu bringen, soll er dabei nicht sprechen. Es ist aber manchmal günstig, den Klienten kurz nach seinen Gefühlen zu fragen, wenn mit dem ersten Arm gearbeitet worden ist. Häufig ist dann schon ein Thema oder eine Schwierigkeit erfahrbar, wobei das Aussprechen bewirkt, daß diese Schwierigkeit bei der Übung mit dem zweiten Arm bereits verändert erlebt wird.

Ausdrücken in innerer Achtsamkeit

Nach der Anfangsübung soll jetzt der Klient die Erfahrung machen, wie es ist, sich für ca. 30 bis 45 Minuten in innerer Achtsamkeit *mit geschlossenen Augen auszudrücken*. Die späteren Focusingsitzungen werden grundsätzlich genauso ablaufen, nur wird die Fähigkeit des

Klienten zur Selbsterforschung von Sitzung zu Sitzung besser werden und die Fähigkeiten des Begleiters, zu folgen und auf andere Weise zu intervenieren, werden ebenfalls wachsen. In dieser ersten Sitzung soll der Klient die Erfahrung machen, daß schon das einfach Sichausdrükken, wie es eben kommt, einen positiven Effekt hat, wenn es im Liegen und mit geschlossenen Augen geschieht.

Dem Klienten wird für diese erste Sitzung ein Thema gestellt. Und zwar: «Meine Sexualität». Alles, was dem Klienten zu diesem Thema einfällt, was ihm wichtig ist, die Gefühle und Gedanken, die ihm dazu kommen – all das soll er ausdrücken. Die Erfahrung hat gezeigt, daß für ein rasches Wachsen eines Vertrauensverhältnisses zwischen den Focusingpartnern eine Sitzung zum Thema «Sexualität» eines der effektivsten Mittel ist. Bei diesem Thema dringen wir schnell zum Kern unserer Persönlichkeit vor, legen Masken und Fassaden ab und überwinden Ängste und Barrieren.

Der Begleiter soll nur zuhören und mit «Mmh», «aha», «ach so» usw. die Äußerungen des Klienten unterstützen. Er soll die Erfahrung machen, daß dieses einfache Zuhören schon ausreichend ist und der Klient in seiner Zeit schon seinen Weg machen wird. Dadurch kann der Begleiter jeglichen Leistungsdruck abwerfen; der Klient dagegen lernt in dieser ersten Sitzung, daß er ganz allein verantwortlich für seine Sitzung ist. Daß keiner ihn lenkt und führt.

Alles, was wir später noch lernen werden, baut auf dieser Grundbedingung auf und ist nur ein hilfreicher Zusatz. Einfach daliegen, sich ausdrücken im entspannten Zustand und das schlichte Zuhören des Begleiters sind hinreichende Bedingungen, um etwas zu klären oder zu lösen.

Fast alle Focusingpaare sind nach dieser Übung überrascht, wie einfach solch eine Sitzung abläuft und wie effektvoll sie dennoch für den Klienten war. Die meisten fühlen sich hinterher gelöst, erleichtert und verändert. Üblicherweise hatten sie vor der Übung sehr viele Ängste und Zweifel und sind nach der Übung sehr erleichtert und gelöst.

Der Klient kann beim Sprechen eigenverantwortlich darauf achten, daß er häufiger Pausen einlegt und nachspürt, was er gerade gesagt hat. Immer wieder einmal in Bauch- und Brustraum spüren, wie er sich dort fühlt. Auch etwas auf das Tempo achten. Spricht er sehr schnell, ist er sicherlich nicht in innerer Achtsamkeit. Dann bewußt verlangsamen. Auch immer wieder einmal vom Inhalt des Sprechens abrücken und schauen, wie sich das Ganze im Hier-und-Jetzt im Körper widerspiegelt. Und immer wieder auf den Atem achten, vielleicht den Ausdruck kurz anhalten und für einige Atemzüge ganz im Atem sein.

Hände auflegen

Nach dem Ausdrücken in innerer Achtsamkeit gehen wir zu der Schlußübung «Hände auflegen» über. Dies ist eine sehr schöne und einfache Übung, mit der wir auch die späteren Focusingsitzungen abschließen werden. Bei dieser Übung hat der Klient die Gelegenheit, sich zum Schluß noch einmal vollständig zu entspannen, so daß sich auch irgendwelche übriggebliebenen Restspannungen aus der Sitzung noch auflösen können.

Praktisch gehen wir bei dieser Übung folgendermaßen vor:
Der Begleiter sitzt auf der linken Seite des Klienten, der auf dem Bauch liegt. Er legt die linke Hand auf den Scheitel des Klienten und die rechte Hand ganz unten ans Ende der Wirbelsäule auf das Gesäß. Auf diese Weise hat er die Wirbelsäule zwischen seinen beiden Händen, wobei die rechte Hand Energie gibt und die linke Hand Energie aufnimmt. Auf diese Weise läßt er die heilende Energie, die er wie alle anderen Menschen in den Händen trägt, durch die Wirbelsäule von unten nach oben strömen, was sehr entspannend wirkt.

Der Begleiter läßt seine Hände jetzt für ca. zehn Atemzüge liegen und legt danach die untere Hand etwas höher – in die Kreuzgegend. Die obere Hand bleibt während der ganzen Übung auf dem Scheitel liegen. Auf diese Weise zieht er die rechte Hand langsam nach oben, wobei sie für jeweils zehn Atemzüge auf der betreffenden Stelle liegen bleibt.

Dabei liegt die rechte Hand nacheinander
o auf dem Gesäß
o in der Kreuzgegend
o in Höhe der Nieren auf der Wirbelsäule
o etwas unterhalb der Schulterblätter
o etwas oberhalb der Schulterblätter
o direkt auf dem Nacken
o direkt auf dem Hinterkopf.

Dann verläßt der Begleiter den Klienten mit seinen Händen, und dieser kann sich langsam und vorsichtig aus seiner Entspannung lösen, wenn er es nicht vorzieht, noch etwas liegenzubleiben und nachzufühlen.

Das Wunderbare an dieser Übung ist, daß praktisch jeder Mensch ohne große Vorübung oder Ausbildung auf diese Weise einem anderen Menschen helfen kann, sich zu entspannen und Energie zu erhalten. Man muß kein Körpertherapeut oder Heiler sein, um jemand anderem etwas Gutes mit seinen Händen tun zu können. Die Wirkung dieser Übung ist trotz ihrer Einfachheit sehr wohltuend und heilend. Im Ganzen wird sie ca. fünf bis zehn Minuten dauern.

Mit diesen drei Übungsteilen (Armeheben – Ausdrücken in innerer Achtsamkeit – Hände auflegen) hat der Klient jetzt seine erste Focusingsitzung erlebt. Wir haben dabei konkrete Focusingschritte zunächst vollkommen unberücksichtigt gelassen, weil wir davon ausgehen, daß wir beim Ausdrücken in körperlich entspannter Weise und in innerer Achtsamkeit immer mehr in einen Focusingprozeß hineinwachsen. Später können dann zusätzliche Interventionen des Begleiters den Prozeß vertiefen.

Nach der Sitzung sprechen Klient und Begleiter über die gesamte Sitzung, jetzt im Sitzen und mit offenen Augen – und kehren dann nach einer ausreichenden Pause die Rollen um. Der Klient wird Begleiter und der Begleiter wird Klient.

4. Sitzung: Verschiedene Arten des Folgens

Grundsätzliches zum Folgen

Zum größten Teil wird unser Begleiterverhalten in unseren Focusingsitzungen darin bestehen, dem Prozeß des Klienten auf aktive Weise zu folgen. Obwohl wir später auch Interventionen kennenlernen werden, durch die wir den Prozeß leiten, oder aber ein Experiment vorschlagen, ist die *Fähigkeit zu folgen* die Basis, die erst einmal vorhanden sein muß, bevor wir an führende oder leitende Schritte denken können.

Zum guten Folgen müssen wir ganz eng mit dem Prozeß des Klienten verbunden sein. Wir müssen die Dinge ganz durch seine Augen sehen und unsere eigenen Gedanken und Wertungen beiseite stellen können. Wir müssen alle seine Äußerungen akzeptieren können und darauf vertrauen, daß sich sein Prozeß in der *für ihn* richtigen Weise entfaltet, wenn wir ihm akzeptierend folgen.

Wichtig für das Folgen ist die Verstärkung jeder Klientenäußerung. Wir müssen deutlich machen, daß wir sie gehört und verstanden haben. Bei unserem Probefocusing der letzten Sitzung haben wir mit lautem «Aha» und «Mmh Mmh» reagiert. Das ist das Minimalverhalten, das jeder ohne Schwierigkeiten anwenden kann. Manchmal kann man Focusing-Begleiter sehen, die stumm, aber bestätigend nicken, wenn der Klient sich ausdrückt. Nur kann der in seinem Zustand der inneren Achtsamkeit dieses Nicken gar nicht wahrnehmen. Der Prozeß aber kann zum Ende kommen, oder wenigstens ins Stocken geraten, wenn keine *lauten Äußerungen* als Rückmeldungen kommen.

Deswegen soll man zunächst als Begleiter üben, in übertriebener Häufigkeit und Betonung «Aha» und «Mmh Mmh» zu sagen. Das mag einem selbst komisch erscheinen, der Klient aber empfindet das nicht so. Für ihn im Zustand innerer Achtsamkeit ist das einfach hilfreich. Jeder Mensch wird sich bei solch einfachen Bestätigungen bereitwilliger ausdrücken als ohne diese Bestätigungen, wobei dieser Zusammenhang keineswegs bewußt werden muß. Die simpelste Form dieser

Bestätigung ist das «Aha» und «Mmh Mmh»; andere Möglichkeiten der verbalen Bestätigung werden wir in dieser Sitzung kennenlernen. Die Grundhaltung, die wir beim Folgen haben, ist die einer Hebamme, die einen Geburtsprozeß begleitet, nicht die eines Forschers oder eines Detektivs. *Akzeptierendes, liebevolles Wahrnehmen* ist die Basis für das Fortschreiten des Prozesses im Klienten. Normalerweise nehmen wir diese Haltung unseren eigenen Prozessen gegenüber nicht ein, deswegen sind sie dort blockiert, wo wir nicht weiterwissen und Hilfe suchen. Häufig blockieren wir unseren Prozeß, indem wir analysieren, inquisitorisch nachfragen, bohrend nach einer Antwort suchen, uns bestrafen, unsere Gefühle interpretieren oder betonen, daß sie anders sein sollten, als sie sind. Wie wir aus dem ersten Teil dieses Buches wissen, sind das alles Haltungen, die *verhindern*, daß sich unser Unbewußtes öffnen und eine Erleichterung und Lösung eintreten kann.

Das geschieht nur durch liebevolles, akzeptierendes Wahrnehmen, wobei wir uns in dieser «Holding»-Beziehung wie eine Mutter verhalten, die ihr Kind hält und ihm Sicherheit gibt. Unsere Bestätigungen müssen die Äußerungen des Klienten unter-stützen, d. h. *von unten stützen,* so daß er sich sicher getragen fühlen kann. Fühlt er sich sicher genug, kann er weiter voranschreiten. Es ist so, als ob ich den Klienten von unten mit einer großen Hand halte, so daß sein ganzer Rücken geschützt und bedeckt ist. Nach vorn hin hat er vollkommene Bewegungsfreiheit. Ob er allerdings weitergeht oder erst einmal verweilt, ist ganz seine Sache und Entscheidung.

Praktisch bedeutet das, daß wir zum größten Teil während unserer Sitzungen folgenden Rhythmus haben: Klientenäußerung – Begleiteräußerung – Pause, Klientenäußerung – Begleiteräußerung – Pause. Erst kommt der Klient, dann kommen wir. Er führt das Gespräch, wir folgen. Bei Fragen wird dieser Rhythmus umgedreht, deswegen sollten wir mit Fragen immer vorsichtig sein. Die Gefahr ist groß, daß wir anfangen zu führen und zu ziehen und der Klient uns dann folgt.

In diesem Kapitel beschäftigen wir uns mit fünf verschiedenen Arten des Folgens, genauer mit fünf verschiedenen verbalen Techniken: dem *Nachfragen, Verbalisieren, Kurzverbalisieren, Zurücksagen* und *Genauern.*

Bevor wir diese kennenlernen, möchte ich noch einige Gedanken zu unserem Atem beim Begleiten äußern. Während unserer Sitzungen werden wir immer wieder auf den Atem unseres Klienten achten und bemerken können, wie sehr dieser mit Gefühlen, Gedanken und Körperempfindungen verbunden ist. Ebenso wird es einen recht subtilen Austausch zwischen unserer Atembewegung und der Atembewegung des Klienten geben. Da ist es wichtig, daß wir *als Begleiter* immer wieder in uns hineinhorchen und unseren eigenen Atem wahrnehmen. Ist er angehalten, aufgeregt oder irgendwo blockiert? Am günstigsten wäre es, wenn auch unser Atem ausdrücken könnte: «Alles ist in Ordnung. Alles wird akzeptiert. Ich habe Vertrauen.» Und das geschieht, wenn wir atemmäßig in unserem Bauch-Becken-Raum verankert sind, d. h., wenn wir mit unserer Spürung gut dort unten anwesend sein können und das Weiter- und Engerwerden der Atembewegung im Bauchraum wahrnehmen können. Für gutes Begleiten sollten wir also immer wieder *in unseren eigenen Körper fühlen* und überprüfen, wie wir uns fühlen, wie sich der Körper anfühlt und wie unser Atem fließt.

In dieser Sitzung werden wir zunächst die einzelnen Arten des Folgens üben, unabhängig davon, ob sie während der Übungssituation die optimalste Reaktion sind. Die Übungssituation wird also etwas künstlich sein und dem Klienten nicht immer gerecht werden können. Es geht hier auch mehr um den *Begleiter*. Der soll eine Möglichkeit erhalten, diese verschiedenen Verhaltensweisen einzuüben. Es ist deswegen nicht immer günstig, sich in der Klientenrolle ein ernstes oder sehr belastendes Problem vorzunehmen. Günstiger ist es, ein Problem nur zu spielen. Der Begleiter soll in den Übungen die bestimmten Fertigkeiten erst einmal kennengelernt und ausgeführt haben.

Wann welche Reaktion angemessen ist, überlassen wir dem späteren Lernprozeß in den wöchentlichen Focusingsitzungen. Dann hat der Prozeß des *Klienten* Vorrang, und wir können immer besser lernen, welche Art des Folgens wann am besten angebracht ist. In den nächsten Übungen soll der Begleiter also ganz strikt und stur nur das angegebene Verhalten üben.

Nachfragen

Ein einfaches Mittel, den Prozeß des Klienten zu fördern, ohne ihn zu lenken oder ihn zu stören, sind allgemeine Fragen, wie beispielsweise:

o Magst du mehr davon erzählen?
o Wie meinst du das genau?
o Wie fühlt sich das an?
o Wie hast du dich dabei gefühlt?
o Wie war das für dich?

Diese Fragen signalisieren einfach unser Interesse, kommen der normalen Gesprächsform von Frage und Antwort entgegen, ohne jedoch echte Fragen zu sein, für deren Beantwortung der Klient extra nachdenken müßte. Sie fordern ihn einfach auf, bei seinem Prozeß zu bleiben. Deswegen ist dieses Nachfragen auch am besten für eine Übung im Sitzen mit offenen Augen geeignet, die am stärksten einer normalen Gesprächsform entspricht.

Übung:
Der Klient erzählt im Sitzen mit offenen Augen etwas, was ihm wichtig ist. Das kann ein kleines Problem sein oder aber etwas, was er sich als Spiel ausdenkt. Der Begleiter reagiert für 10 Minuten nur mit dem Nachfragen. Jede andere Reaktion ist verboten. Danach sprechen die Partner miteinander, wie sie diese zehn Minuten erlebt haben, und wechseln dann die Rollen.

Verbalisieren

Bei diesem Verhalten versucht der Begleiter, dem Klienten das wiederzugeben, was er von dessen Äußerung verstanden hat. Unausgesprochen schwingt mit: «Wenn ich dich richtig verstanden habe, dann meinst du ...» Dabei werden nicht die äußeren Sachverhalte wiedergegeben, sondern das *innere Erleben des Klienten*. Wir fragen uns als Begleiter, was der Klient bei dem erlebt und fühlt, wovon er gerade berichtet. Und das machen wir deutlich. Beispiel:

Klient: «Da hatte ich dann wirklich keine Lust mehr, hab ihn einfach stehen gelassen und bin weggelaufen.»

Begleiter: «Du warst so enttäuscht, daß du einfach nicht mehr
               bleiben wolltest?!»

Dabei ist die Verbalisierung eine Mischung zwischen Frage und
Aussage. Deswegen stehen Fragezeichen und Ausrufungszeichen
zugleich hinter dem Satz. Entweder fühlt sich der Klient nach solch
einer Verbalisierung verstanden, sagt «Ja, genau», fährt in seiner
Selbsterforschung fort und atmet vielleicht erleichtert auf, oder aber
wir haben den Punkt nicht vollkommen erfaßt, und er sagt: «Nein, es
war eher ...» und fährt auf diese Weise mit seiner Selbsterforschung
fort. Es macht nichts, wenn wir einmal danebentippen, auch das
kann dem Klienten helfen, weiter in sich hineinzuhorchen und noch
klarer zu formulieren.

Hier ein Beispiel eines Gespräches, in dem der Begleiter nur verbalisiert:

Kl.   (schweigt und atmet schwerer als normal)
Begl.   *Schwer für dich, anzufangen?!*
Kl.   Ja, bei mir geht es immer erst im Körper los, und im Kopf ist
         eine vollkommene Blockade.
Begl.   *Dir fallen gar keine Gedanken ein, aber im Körper ist viel
         los?!*
Kl.   Ja, was soll ich überhaupt machen und tun?
Begl.   *Du fühlst dich unter Leistungsdruck?!*
Kl.   Ja, es fällt mir schwer, überhaupt aktiv zu werden. Nicht nur
         jetzt. Wenn etwas schwierig ist, dann habe ich eher die Ten-
         denz, gar nichts zu machen.
Begl.   *Da ist dann richtig ein Widerstand, aktiv zu werden?!*
KL.   Ja, bei Schwierigkeiten habe ich eine Tendenz aufzugeben.
         Oder alles lange vor mir herzuschieben ... sehr lange vor mir
         herzuschieben.
Begl.   *Das steht dann so unangenehm vor dir wir ein hoher Berg?!*
Kl.   Ja, genau – wie ein hoher Berg, auf den ich noch nicht rauf-
         komme.
Begl.   *Das scheint ganz aussichtslos zu sein?!*
Kl.   Ja, da denk ich dann – das schaff ich nie. Warum dann über-
         haupt anfangen. – – – – Auf der anderen Seite habe ich aber
         auch die Erfahrung gemacht, daß, wenn ich etwas gleich an-
         gehe, daß da ein viel besseres Gefühl ist.
Begl.   *Ja, es zahlt sich positiv aus, wenn du gleich rangehst?!*

Kl.   Ja, und wenn ich denke, ich schaff das nicht oder ich kann das nicht, dann mach ich nichts.

Begl.   *Diese Sätze «Ich schaff das nicht» und «Ich kann das nicht» machen alles viel mühsamer für dich?!*

Kl.   Ja, das ist das, was mich immer behindert und fertigmacht.

Begl.   *Ja, diese Sätze sind so richtig ein Klotz am Bein?!*

Kl.   Ja, genau ...
Dann war das gestern noch so, daß, wenn ich gelobt werde, dann fühle ich mich auch wie so ein Kind – daß das dann ganz viel bewirkt.

Begl.   *Du freust dich dann so stark darüber, daß du gelobt wirst?!*

Kl.   Ja, weil ich sonst immer an mir zweifele.

Begl.   *Du zweifelst, ob du gut bist?!*

Kl.   Ja, meistens denke ich, daß das doch alles schlecht ist, was ich mache, und habe immer Angst, daß mich gleich einer kritisiert.

Begl.   *Du bist dann ständig unter Druck, ob du auch gut genug bist?!*

Kl.   Ja, ein ständiger Druck – (atmet erleichtert) – das ist richtig im Körper da als eine ständige Spannung. Aber im Moment geht die gerade aus meinem Körper.

Begl.   *Aha. Irgendwie wird's jetzt freier?!*

Kl.   Ja, die Brust ist weiter geworden, und der ganze Körper fühlt sich gelöster an.
Gestern war da auch noch solch eine Sache, daß mir eine Kollegin sagte, daß ich eine beliebte Mitarbeiterin wäre. Und ich habe richtig gemerkt, wie ich dachte, die hat recht.

Begl.   *Du konntest das richtig reinlassen und glauben?!*

Kl.   Ja. Das ist irgendwie so passiert. Und hinterher habe ich gemerkt, wie ich mich ganz selbstbewußt verhalten habe.

Übung

Der Klient spricht ca. 15 Minuten von einem kleinen Problem oder von etwas, was ihm wichtig ist, und der Begleiter reagiert ausschließlich mit Verbalisierungen. Der Klient darf dabei jeweils nicht mehr als drei Sätze hintereinander sagen. Er spricht erst dann weiter, wenn der Begleiter verbalisiert hat. Dadurch lernt der Klient, sich selbst zu unterbrechen und eine kleine

Pause zu machen, und der Begleiter erhält etwas Zeit, um in Ruhe die richtige Formulierung auszuprobieren. Der Klient gibt dann Rückmeldung, ob der Begleiter ihn richtig verstanden hat. Auch wenn der Begleiter noch so sehr das Gefühl hat, er sollte jetzt eine Frage stellen, soll er in dieser Übung ausschließlich verbalisieren und einmal erfahren, wie der Klient auf dieses Verhalten reagiert. Nach 15 Minuten sprechen beide Partner über ihre Erfahrungen und wechseln die Rollen.

Kurzverbalisierung

Die Kurzverbalisierung ist eine spezielle Art des Verbalisierens, bei der wir das beherrschende Gefühl in einem Wort zurückspiegeln.

Beispiele: «Traurig, hmm?», «Ärgerlich, hmm?», «Enttäuscht, hmm?» usw. Diese Art des Reagierens wird besonders dann angemessen sein, wenn der Klient das betreffende Gefühl gerade im Hier-und-Jetzt erlebt. Dann ist ein längerer Satz häufig unangemessen, und der Klient fühlt sich durch eine kurze, prägnante Art des Verbalisierens am ehesten verstanden.

Beispielsweise liegt ein Klient am Boden, erzählt gerade von einem traurigen Erlebnis und ihm rinnen die Tränen aus den Augen. Ein mitfühlendes «traurig, hmm?» wird ihm das Gefühl geben, daß seine Traurigkeit gesehen und verstanden wird, und ihn dieses Gefühl noch deutlicher erleben lassen.

Diese Kurzverbalisierungen sind schwer durch spezielle Übungen zu trainieren. Achtet einfach bei den weiteren Übungen und bei den späteren Sitzungen auf Gelegenheiten, bei denen ihr auf diese Weise verbalisieren könnt.

Zurücksagen

Dieses Zurücksagen ist für unsere Focusingsitzungen sehr wichtig. Es ist sehr einfach und hilfreich, und man braucht als Begleiter noch weniger nachzudenken als bei dem Verbalisieren. Das, was das Zurücksagen häufig so erschwert, sind die Hemmungen des Begleiters, als dumm zu erscheinen. Wird diese Hemmung überwunden, dann ist das Zurücksagen unser Basisverhalten, auf das wir uns immer wieder zurückziehen können, wenn wir mit anderen Interventionen unsicher sind.

Beim Zurücksagen wiederholen wir einfach die wichtigsten oder die letzten Worte der Klientenäußerung in unveränderter Weise. In einem Gespräch mit offenen Augen im Sitzen mag dieses Zurücksagen für den Klienten seltsam erscheinen, aber beim Sprechen mit geschlossenen Augen aus der inneren Achtsamkeit heraus, ist dieses Zurücksagen sehr hilfreich, gerade weil der Klient nicht neu über die Rückspiegelung nachdenken muß.

Beispiel (langsam zu lesen, mit vielen Pausen):

Kl. Ich spür jetzt eine richtig große Wut in den Schultern.

Begl. *Aha. Eine große Wut.*

Kl. Die Arme wollen am liebsten zupacken, und ich möchte ihn schütteln.

Begl. *Ja, ihn mal so richtig schütteln.*

Kl. Ja, ihn schütteln und sagen: «Das machst du nicht noch mal» (atmet schwer).

Begl. *Das machst du nicht noch mal.*

Kl. Jetzt entspannt sich das. Die Wut ist irgendwie raus ... fühlt sich ganz entspannt an.

Begl. *Ja, ganz entspannt.*

Kl. Jetzt geht's aber in den Bauch. Es fängt richtig an zu brennen. Wie Feuer.

Begl. *Ja, im Bauch brennt es wie Feuer.*

Kl. Das macht mir Angst. Es fühlt sich an wie ein heißer Stein.

Begl. *... wie ein heißer Stein.*

Kl. Ja. Ich kann nichts anderes machen, als einfach dabeibleiben und hineinatmen.

Begl. *O. k.*

Kl. (schweigt länger und atmet tief). Jetzt, o Mann, jetzt ist da ein richtiger Vulkan in meinem Bauch. Eine totale Kraft.

Begl. *Aha, ein richtiger Vulkan.*

Kl. Ich fühl eine Mordskraft. Ich kann explodieren und Feuer speien. Ich habe überhaupt keine Angst mehr.

Begl. *Alle Angst ist weg.*

Kl. Ich bin richtig glücklich. Diese Kraft habe ich immer gesucht. Und jetzt ist sie da.

Begl. *Jetzt ist sie da, deine Kraft.*

Kl.   Ja, jetzt möchte ich einfach so daliegen und das noch ein we-
        nig spüren und gar nichts mehr sagen.
Begl.   *O. k. Nimm dir soviel Zeit, wie du möchtest.*

Dann, wenn der Klient mit seinem inneren Erleben in Kontakt ist
und aus seinem felt sense heraus spricht, ist Zurücksagen auf jeden
Fall angemessener als Verbalisieren. Da wird er nicht abgelenkt, muß
nicht nachdenken und prüfen, ob wir ihn als Begleiter auch richtig
verstanden haben. Das Gefühl des Klienten ist im Liegen mit geschlossenen Augen sowieso anders als im Sitzen. Sind die Verbalisierungen sehr ähnlich wie seine Formulierungen oder wird nur zurück-
gesagt, dann fühlt es sich für ihn gar nicht so an, als wenn eine andere
Person dabei säße, sondern eher so, als ob der Begleiter seine zweite
Stimme wäre. Obwohl auf den Begleiter oder einen neutralen Beobachter das Zurücksagen lächerlich wirken könnte, wird es doch vom
Klienten ganz anders wahrgenommen. Es kann sogar sein, daß dieser
das identisch zurückgesagte Wort ganz erstaunt hört, als hätte er es
vorher gar nicht geäußert. Ihm wird erst beim Zurücksagen so richtig
bewußt, was er da eben gesagt hat.

Übung

Der Klient liegt mit geschlossenen Augen, versucht zu einem
Thema sein inneres Erleben zu spüren und erforscht sich. Der
Begleiter reagiert nur mit Zurücksagen, etwa 15 Minuten lang.
Der Begleiter soll in dieser Übung hauptsächlich lernen, seine
Hemmungen zu verlieren, identisch nachzusagen. Den meisten
Leuten ist das einfach peinlich, sie kommen sich dumm vor.
Wenn man erst diesen inneren Widerstand überwunden und die
Wirkung des Zurücksagens auf den Klienten erlebt hat, dann
fängt es an, immer mehr Freude zu machen.

Deswegen soll diese Übung erst einmal übertrieben werden.
Der Begleiter soll so aktiv wie es nur geht zurücksagen. Möglichst nach jedem Satz. Außerdem soll er sein Zurücksagen so
interessiert und aufmunternd betonen, daß es ruhig übertrieben und künstlich klingen kann. Er soll lernen, «einen Narren
aus sich zu machen». Nach 15 Minuten sprechen die Partner
über ihre Erfahrung und tauschen die Rollen.

Genauern

Die letzte Art des Folgens ist das «Genauern». Damit ist gemeint, bei einem Bild oder einer Körperempfindung oder auch bei Gedanken des Klienten nachzufragen, wie es dann nun ganz genau damit steht. Das Wort «Genauern» hat sich in unseren Focusinggruppen langsam herausgebildet, und obwohl dieses Wort etwas ungewöhnlich klingt, möchte ich es beibehalten, weil ich kein passenderes Wort finde.

Stellen wir uns das einmal konkret vor. Der Klient berichtet beispielsweise von einem Schmerz am Herzen, den er fühlt. Es kann sein, daß diese Wahrnehmung nur flüchtig ist und schnell wieder in den Hintergrund tritt, wenn wir den Klienten nicht auf irgendeine Weise bei dieser Wahrnehmung «halten». Schon die allgemeine Frage «Magst du mehr über diesen Schmerz erzählen» oder «Was für eine Art Schmerz ist das?» fordert ihn auf, bei dieser Wahrnehmung zu verweilen.

In den späteren Sitzungen wird es häufig wichtig sein, den Klienten bei seinem inneren Erleben verweilen zu lassen, ihn bei seinem Erleben zu halten, ohne daß dieses sich verflüchtigt. Hier ist es dann hilfreich, durch Nachfragen das Wahrnehmungsobjekt immer genauer und plastischer erscheinen zu lassen. Dabei können wir viele differenzierende Fragen stellen. Ob der Schmerz groß oder klein, vorne oder hinten, unten oder oben, stechend oder drückend, hell oder dunkel ist. Dabei ist die genaue Antwort des Klienten weniger wichtig als die Tatsache, daß er sich weiter mit dem betreffenden Wahrnehmungsobjekt beschäftigt und so mit seiner Achtsamkeit dort verweilt.

Beispiel:

Kl.   Jetzt spüre ich einen richtigen Schmerz am Herzen.

Begl. *Aha, einen Schmerz am Herzen.* (Zurücksagen)
       Was für eine Art Schmerz ist das? (Genauern)

Kl.   Das ist irgendwie so merkwürdig ... als ob etwas um das Herz herum ist.

Begl. *Hmm, da ist etwas um das Herz herum.* (Zurücksagen)
       Ist das etwas Weiches oder etwas Hartes? (Genauern)

Kl.   Das ist richtig hart. Als ob so eine Mauer um das Herz herum ist. Ja, jetzt kann ich richtig eine Mauer sehen.

Beg.   *Und wie sieht die genau aus? Ist die aus Stein?*

Kl.   Ja, so ganz dicke Feldsteine.

Begl.   *Und wie hoch ist die?*

Kl.   So ca. drei m hoch. Ich kann nicht rübergucken.

Begl.   *Wie fühlst du dich, wo du jetzt auf diese hohe Steinmauer guckst?*

Kl.   Ich bin traurig, weil ich so abgeschlossen bin. Die Mauer ist so dick. Da komme ich nie raus (er seufzt).

Begl.   *Ein bißchen hoffnungslos, mmh?* (Kurzverbalisierung)

An diesem kurzen Abschnitt kann man sehen, wie durch das Genauern das Erleben immer mehr angereichert wird, bis zum Schluß das drunterliegende Gefühl ganz deutlich wird. Hätte der Begleiter gleich nach dem ersten Satz «Jetzt spüre ich einen richtigen Schmerz am Herzen» gefragt, wie sich das anfühlt, wäre es evtl. für den Klienten noch nicht möglich gewesen, die damit verbundene Traurigkeit zu spüren. Durch die Sammlung der Achtsamkeit an dieser Stelle und durch die Entfaltung der Bilder wurde es möglich, die dazugehörige Traurigkeit zu empfinden.

Übung

Das Genauern wird später besonders bei Körperempfindungen und Bildern wichtig sein. Deswegen wollen wir jetzt für unsere Übung einmal in die Bilderwelt einsteigen. Der Klient liegt mit geschlossenen Augen und beginnt, eine Landschaft zu bildern, nach der ihm im Moment gerade zumute ist. Zunächst wird diese Landschaft nur undeutlich und schemenhaft sein, und der Begleiter soll jetzt durch sehr genaues Nachfragen dem Klienten helfen, die Landschaft immer deutlicher und plastischer erscheinen zu lassen.

o   Sind die Bäume hoch oder niedrig?

o   Ist der Himmel blau, oder sind Wolken da?

o   Ist der Fluß breit oder schmal?

Immer genauer nachfragen. Bei dieser Übung darf das Verhalten auch ruhig etwas übertrieben sein, um mit dem Genauern erst einmal vertraut zu werden. Wenn der Klient sagt, die Bäume sind klein und grün, dann nachfragen, ob hellgrün oder dunkelgrün, ob so groß wie ein Mann oder noch größer, ob Nadel- oder Laubbäume. Das Erleben des Klienten wird dadurch immer plastischer, so daß er diese Landschaft immer intensiver erleben kann. Wir können ihn auch auffordern, seine anderen Sinne zu benutzen. Wie fühlt es sich an, wenn wir ihn einmal einen Baum anfassen lassen? Wie fühlt sich das Wasser des Flusses an? Kann er die Strahlen der Sonne spüren? Hört er das Geräusch des Windes?

Wenn der Klient auf diese Weise immer intensiver in die Landschaft eintritt, wird er sich manchmal nach der Übung so fühlen, als hätte er einen kleinen Urlaub gemacht.

Es kann natürlich auch sein, daß er bedrückende Gefühle in der Landschaft deutlicher erleben kann. Da werden dann aus traurigen und schweren Gefühlen eine Moorlandschaft und aus Einsamkeit eine Schneewüste. Doch hilft das genaue Beschreiben und Erleben dieser Landschaft, diese bedrückenden Gefühle durchzuspüren. Und häufig erlebt man dann einen «body-shift», eine Veränderung dieser Gefühle und damit auch der gebilderten Landschaft.

Bei dieser Übung muß der Begleiter das Verbalisieren und das Zurücksagen mit einbauen. Hauptaugenmerk soll aber auf dem Genauern liegen. Nach ca. 20 Minuten wird abgebrochen, beide Partner sprechen über die Erfahrung und wechseln die Rolle.

Die verschiedenen Arten des Folgens sind:

Nachfragen

Verbalisieren

Kurzverbalisieren

Zurücksagen

Genauern

5. Sitzung: Führen

Häufig ist es in unseren Focusingsitzungen ausreichend, unserem Klienten einfach zu folgen. Wenn der Klient geübt im Einzelfocusing ist, wird er selbständig vom Problem zum felt sense übergehen und danach vom felt sense aus symbolisieren. Gelingt ihm das nicht so gut, dann können wir zusätzlich zu unserem Folgeverhalten Schritte anbieten, mit denen wir den Focusingprozeß des Klienten führen. So wie das Gendlinsche Schema beim Einzelfocusing hilft, unseren Prozeß Schritt für Schritt voranzubringen, so können wir durch ähnliche Anweisungen den Prozeß unseres Klienten leiten. Wir können ihn auffordern, sich einen felt sense zu seinem Problem bilden zu lassen, bei diesem zu bleiben, Bilder und Worte aus diesem felt sense steigen zu lassen und dann noch einmal zu prüfen, ob diese wirklich passen.

Wir übernehmen also als Begleiter die Anweisungen für die verschiedenen Focusingschritte. Auf die Äußerungen des Klienten reagieren wir dann selbstverständlich mit den verschiedenen Arten des Folgens, bis wir den Zeitpunkt für richtig halten, mit einer neuen Anweisung den Prozeß zu führen.

Führen nach einem festen Schema

In dieser Übung lernt der Begleiter, den Prozeß des Klienten durch ein ganz festes Schema zu führen. Der Klient begibt sich in innere Achtsamkeit, und der Begleiter hat das folgende Schema in der Hand und führt den Prozeß des Klienten durch die betreffenden Anweisungen. Der Begleiter soll dabei die Anweisungen ruhig aus dem Buch vorlesen, damit er einmal ganz unverwässert das direkte Geben einer Anweisung üben und erleben kann. Er übt auf diese Weise, sich nicht in den Prozeß des Klienten hineinziehen zu lassen, Distanz zu bewahren und strukturierend mit einer Anweisung einzugreifen.

Wir führen mit dem Klienten einen Durchgang durch, was ca. 10 bis 15 Minuten dauern wird. Danach tauschen sich die Partner aus und wechseln die Rollen.

Focusingschema zum Führen

1. Raum schaffen Mach es dir bequem, schließ die Augen und geh in innere Achtsamkeit. Sind irgendwelche belastenden Dinge da, die wir erst einmal zur Seite stellen können? Möchtest du dich erst einmal ausdrücken, um Raum zu schaffen? Brauchst du irgendeine Entspannungsübung oder etwas anderes, um genügend Raum zu haben?

2. Einstellen Stell dich dann auf die Situation, die Person oder das betreffende Problem ein, auf das du focussieren möchtest. Beschreibe das Problem.

3. Innere Aura Mache eine Pause in der Beschreibung und im Denken und schau, wie sich alles zusammen (das, was du schon gesagt hast und auch alles, was du noch sagen könntest) als innere vage und unklare Aura im Brust- und Bauchraum anfühlt. Spüre auf eine passive Weise in dich hinein – es muß noch nichts klar oder deutlich werden.

4. Körperempfindungen Welche Körperempfindungen gehen mit dieser Situation oder Person einher? Was spürst du in deinem Körper? Tut irgend etwas weh, ist etwas eng oder weit? Was macht der Atem? Beschreibe genau, wo und wie du etwas in deinem Körper erlebst.

5. Dabeibleiben Bleibe bei dieser inneren Aura und den Körperempfindungen. Spüre sie einfach und atme in sie hinein. Spüre die Empfindungen von innen her im Ein- und Ausatmen. Bleib dabei passiv und aufnehmend.

6. Symbolisieren Laß Worte, Bilder, Laute oder Gesten aus dem Erleben entstehen. Wenn sich nicht gleich Worte einstellen, ist es oft leichter, erst Laute oder Gesten entstehen zu las-

	sen, weil diese noch ungeformter sind. Wenn die Empfindung (Gefühl, Bild, Laut) sprechen könnte, was würde sie sagen?
7. Chequen	Prüfe, ob sich durch das Symbolisieren etwas bei der inneren Aura oder den Körperempfindungen verändert hat.
8. Offene Fragen	Was ist das Schlimme (Schlimmste) daran? Was wünschst du dir? Was würdest du brauchen? Sind noch irgendwelche Spannungen oder Eintrübungen im Körper? Was fehlt dir noch zu einer vollständigen Entspannung? Kennst du das Ganze von einer früheren Situation her?

Dieses Schema ist etwas anders als die Gendlinschen sechs Schritte und geht auf ein Schema von Linda Olsen, einer Schülerin von Gendlin, zurück. Wenn man wollte, könnte man zum Schluß mit einem neuen Zirkel beginnen, indem man bei Punkt 2 (Einstellen) erneut anfängt. Auf die Äußerungen des Klienten zu den verschiedenen Anweisungen wird mit einem Folgeverhalten reagiert, bis der Begleiter sich entscheidet, zur neuen Anweisung überzugehen.

Die meisten Focusingpaare sind erstaunt, wie schnell sie auf diese Weise in die Tiefe kommen und meist auch deutlich einen body-shift erleben. Auf der anderen Seite gibt es bei dieser Übung auch ein ganz anderes Klima als dann, wenn der Klient mehr seinem inneren roten Faden nachgeht und der Begleiter vorwiegend folgt. Wie wir diese beiden Haltungen verbinden können, sehen wir in der nächsten Übung.

Führen mit einem vereinfachten Schema

Als Übung war sehr hilfreich, einmal so vorzugehen, wie es in dem vorangegangenen Focusingschema beschrieben worden ist. In unseren Focusingsitzungen würden wir aber den Prozeß des Klienten in ein etwas gewaltsames Raster pressen, wenn wir auf diese Weise vorgehen. In dem Klientenprozeß wird sich das Focusing auf eine jedesmal andere und einmalige Weise entfalten. In einer Wellenbewegung wird der Prozeß einmal mehr zum felt sense, also zum Impliziten, sich hinbewegen – und einmal mehr zum Symbolisieren, zum Expliziten. Das wird ungefähr so aussehen:

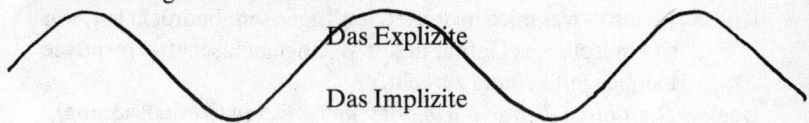

Das Explizite

Das Implizite

Hier müssen wir nun als Begleiter anders vorgehen. Wir müssen dem Prozeß des Klienten folgen und uns dabei immer wieder vor Augen führen, bei welchem Schritt unseres Schemas er sich gerade befindet. Schafft er sich gerade Raum? Beschreibt er gerade etwas? Sucht er die innere Aura oder Körperempfindungen, oder sucht er nach Symbolen für das vage Gespürte?

Wir wollen jetzt etwas «weicher» führen. Wir passen uns dem Prozeß des Klienten an, ordnen ihn innerlich in unser Focusingschema ein und führen nur dann aktiv, wenn der Prozeß an einer Stelle hakt. Hängt beispielsweise der Klient bei der Beschreibung des Problems fest, kann man versuchen, ihn «in den Körper» zu führen, indem man ihn fragt, wie sich das Ganze im Brust- und Bauchraum anfühlt. Hat er es schwer, sich ruhig auf seinen felt sense einzustellen, fordern wir ihn auf, sich Zeit zu lassen, dabeizubleiben, ohne etwas herauskriegen zu wollen. Hängt er bei den vagen Empfindungen fest, fragen wir ihn nach Symbolen. Was kann es bedeuten? Wenn das Gefühl sprechen könnte, was würde es sagen? Was würde die Körperempfindung sagen?

Bei dieser Art des Führens können wir unsere Focusinganweisungen eigentlich in nur drei Schritte einteilen:
o Anweisungen, die in den Körper hineinführen (zum Impliziten)
o Anweisungen, die auffordern dabeizubleiben
o Anweisungen, die auffordern zu symbolisieren (zum Expliziten).

Mit der Zeit wird der Begleiter ein immer besseres Gespür dafür bekommen, in welche Richtung der Prozeß des Klienten drängt, um dann «mit dem Strich» leicht führend einzugreifen, wenn der Prozeß festhängt. Wird dieses Gespür immer besser und damit auch der Kontakt zwischen Begleiter und Klienten, dann kann man schließlich zwischen Führen und Folgen nicht mehr unterscheiden. Beides ist dann Teil eines Energiekreises, und man kann nicht mehr unterscheiden,

was Reiz und was Reaktion ist; die Focusingsitzung wird dann zu
einem Tanz, bei dem beide Partner führen wie auch geführt werden.

Beispiel:

Kl.   Ja, also – was mich in den letzten Tagen sehr bedrückt hat, war
        so ein isoliertes Gefühl in der Wohngemeinschaft. Irgendwie
        kam ich mit keinem zurecht.

Begl.   *Du fühltest dich so allein unter den anderen* (Verbalisierung)

Kl.   Ja. Ich hab zwar mit ihnen am Frühstückstisch gesessen, auch
        ganz normale Gespräche gehabt, aber mein Gefühl war dabei
        ganz anders.

Begl.   *Ja, so wie du dich dabei in dir gefühlt hast, das war anders?!*
        (Verbalisierung)

Kl.   Ja, da war so etwas Neues, und das fühlt sich etwas unheimlich
        an.

Begl.   *Vielleicht wäre jetzt ein guter Zeitpunkt, einmal in die innere
        Achtsamkeit zu gehen und zu schauen, ob du dieses Gefühl
        jetzt irgendwie im Bauch- und Brustraum wiederfinden kannst.*
        (Führen zum Impliziten)

Kl.   Ja. Das wäre jetzt gut. Ich will mich aber dazu hinlegen (legt
        sich hin und atmet stärker).

Begl.   *Nimm dir erst einmal all die Zeit, die du brauchst, um mit die-
        sem Gefühl in Kontakt zu kommen. Soll ich erst noch einmal
        die Armeübung machen?* (Führen)

Kl.   Nein. Das Gefühl ist schon so plastisch da. Es ist genauso wie
        zu Haus in der Wohngemeinschaft.

Begl.   *Kannst du es näher beschreiben* (Genauern)

Kl.   Ja, der ganze Rumpf fühlt sich irgendwie tot an, und in der
        Kehle spüre ich ein kleines Würgen.

Begl.   *Bleib dann noch mal bei diesem Gefühl und schau, ob ganz
        von selbst Worte oder Bilder kommen wollen.* (Führen zum
        Expliziten)

Kl.   Das Wort ist «unheimlich». Das alles fühlt sich unheimlich an.

Begl.   *Aha, unheimlich.* (Zurücksagen)

Kl.   Ja, als ob ich unter den anderen so fremd sei, als ob ich gar
        nicht zu ihnen gehörte.

Begl.   *Was für einen Satz würde dieses ganze Gefühl sagen, wenn es
        sprechen könnte?* (Führen zum Expliziten)

Kl. Ja, das wäre: «Ich gehör nicht zu euch»
(fängt an zu schluchzen und weint).

Begl. *Das tut so weh, sich so fremd und anders zu fühlen.* (Verbalisieren)

Kl. Ja. Ich glaube, ich habe das Gefühl so oft gehabt.

Begl. *Kannst du, bevor wir da weitergehen, noch einmal schauen, ob
sich jetzt etwas in deinem Körper verändert hat?* (Führen zum
Impliziten)

Kl. Ja. Die Kehle fühlt sich freier an. Es ist auch nicht mehr so
unheimlich. Aber das Tote ist noch da. Ich glaub, ich muß
noch einmal an meine Schulzeit heran.

Begl. *Du spürst so richtig, wie die Schulzeit damit zusammenhängt?*
(Verbalisieren)

Kl. Ja, mir kommen Bilder von Pausensituationen. Die anderen
spielen alle zusammen, und ich hänge ganz allein herum und
guck traurig zu.

Begl. *Du warst immer ganz allein und konntest nicht mitmachen?*

Kl. Ich glaube, ich wollte nicht. Jetzt wird mir ganz heiß. Jetzt
entsteht etwas Neues im Körper.

Begl. *O. k. Bleib dabei. Atme hinein und schau mal, was da Neues
entsteht.* (Führen zum Impliziten)

Kl. (schweigt und atmet) Es ist ganz heiß, und der Satz, der kommen will ist: «Das ist mir peinlich».

Begl. *Aha, was ist dir da peinlich?* (Genauern)

Kl. Es war eben auf einmal so deutlich, daß ich selbst nicht mitmachen wollte und mich rausgehalten habe. Und das so zu
sehen, wie ich das selbst gemacht habe, das gibt mir so ein
peinliches Gefühl.

Begl. *Was hat sich jetzt im Bauch- und Brustraum verändert? Ist das
noch so tot?* (Führen zum Impliziten)

Kl. Nein. Gar nicht mehr. Richtig lebendig und eben heiß. Ich
kann besser atmen. Aber irgendwie fühle ich mich auch verletzt und traurig.

Begl. *Dann laß uns doch noch etwas Zeit, einfach mit der Verletztheit
und der Traurigkeit zu sein. Sie einfach dasein zu lassen. Vielleicht kannst du innerlich deiner Traurigkeit sagen, daß es o. k.
ist, daß sie da ist.* (Führen)

Kl.   Ja. (Liegt ruhig atmend da, kleine Tränen rollen über seine Wangen.)

Begl.   *Irgendwie auch erleichternd* (Kurzverbalisierung)

Kl.   Ja – ich fühl mich ganz entspannt. Auch ein wenig erschöpft.

Begl.   *Dann bleib man noch etwas liegen, und ich bleib hier ruhig bei dir sitzen.*

Zweites Probefocusing

Diese *weiche* Art, den Focusingprozeß des Klienten zu *führen,* kann jetzt in unserem zweiten Probefocusing geübt werden.

Wir machen wieder eine richtige Sitzung mit der Armeübung, dem Focusingteil und dem Händeauflegen zum Schluß. Der Begleiter soll jetzt so gut er kann die verschiedenen Arten des Folgens und auch das Führen anwenden. Ähnlich wie es in dem obigen Beispiel gezeigt worden ist.

Der Klient ist König – also letztlich geht es nach *seinem* Willen. Wenn wir als Begleiter also einmal einen Führungsvorschlag machen, der Klient aber «Nein» sagt und anders vorgehen möchte, dann dürfen wir nicht enttäuscht oder ärgerlich sein. Es ist sein gutes Recht. Dennoch: lieber einen Führungsvorschlag zuviel machen, der dann abgelehnt wird, als sich aus Angst vor Ablehnung mit dem Führen zurückzuhalten.

Die Verhaltensweisen, die wir bis jetzt als die verschiedenen Arten des Folgens und Führens kennengelernt haben, genügen eigentlich als grundlegendes Verhaltensrepertoire für die Begleiterrolle. Mehr brauchen wir nicht zu wissen, und es ist in Zukunft wichtiger, durch Übung und Praxis immer sicherer in der Begleiterrolle zu werden. Dabei werden die Reaktionen des Klienten natürliche Lernhilfen sein. Ist unser Verhalten hilfreich und förderlich für unseren Klienten, dann wird es durch seine Reaktion sofort verstärkt. Ist unser Verhalten nicht effektiv, dann bleibt eine erfolgreiche Reaktion des Klienten aus, und dieses Verhalten legen wir langsam ab. Das sind Gesetze der Lerntheorie, die uns bei unserer partnerschaftlichen Arbeit zur Seite stehen werden.

6. Sitzung: Interventionen aus der Hakomi-Therapie

Die Interventionen, die wir in dieser Sitzung lernen werden, stammen aus der körperzentrierten Psychotherapie nach Ron Kurtz, die auch Hakomi-Therapie genannt wird (siehe Teil 1). Diese Interventionen können unsere Focusingpraxis sehr stark bereichern. Wir können sie als Experimente auffassen, bei denen wir den Klienten mit einem Reiz bekannt machen und gemeinsam schauen, wie das seinen felt sense beeinflußt. Beispielsweise konfrontieren wir ihn mit einem bestimmten Satz und fordern ihn auf, auf Veränderungen in seinem Bauch- und Brustraum dabei zu achten.

Die Haltung ist bei einem solchen Experiment nicht zielorientiert. Wir wollen den Prozeß inhaltlich in keine bestimmte Richtung beeinflussen. Die Haltung ist in dem Sinne absichtslos, als uns alles recht ist, was durch das Experiment *im Erleben* des Klienten *ausgelöst* wird. Erlebt er durch das Experiment eine Lösung, dann ist das o. k. für uns, kommt er durch das Experiment in Kontakt mit einer Blockierung oder Hemmung, dann ist das ebenso o. k. für uns.

Beides wird dann neugierig erforscht. Wir sind bereit und offen, dem inneren Erleben dorthin zu folgen, wohin es – durch unser Experiment angestoßen – vorstoßen will. Mit dieser Haltung einer *absichtslosen Offenheit* ist es sehr gut möglich, ein akzeptierender und experimentierfreudiger Begleiter zu sein und zur gleichen Zeit folgend und offen für den Klienten zu sein. Wichtig ist, daß wir «mit dem Fluß schwimmen» und nicht gegen ihn ankämpfen. Bei jedem Focusingpaar wird das Ausmaß unterschiedlich sein, in dem der Begleiter die folgenden experimentellen Interventionen anwenden wird. Wichtig ist, daß die Focusingpartner die verschiedenen Möglichkeiten einmal kennenlernen und besonders später in der Klientenrolle wissen, daß sie den Begleiter bitten können, doch einmal diese oder jene Intervention vorzunehmen.

Anders als beispielsweise in einer professionellen Hakomi-Therapie ist hier häufig der *Klient* derjenige, der eine der Techniken vorschlägt. In unseren Focusinggruppen war es so, daß die Focusingsitzungen sehr viel befriedigender waren, wenn der Klient wußte, daß er um eine Vielfalt von Interventionen bitten konnte.

Selbstverständlich kann auch der *Begleiter* von sich aus eine der folgenden Interventionen vorschlagen. Er soll dabei allerdings immer fragen, ob sie dem Klienten recht sind.

Eine der positivsten Wirkungen dieser Experimente ist folgende: Auf sanfte und motivierende Weise ist der Klient automatisch im Hier-und-Jetzt. Heraus aus seinem Kopf, heraus aus seinen alten Erfahrungen, hin zu frischem Erleben, zu dem, was sich jetzt gerade abspielt. Jedes Experiment beinhaltet ein kleines Überraschungselement. Es entsteht etwas Neues, und dadurch wird die Faszination und Neugierde des Klienten geweckt. Durch das Experiment tauchen wir tief in den felt sense hinein und lassen leichter alte Konzepte und Gedankenschleifen los.

Verbale Sonden

Wird für uns als Begleiter während der Sitzung mit unserem Klienten ein «Thema» deutlich, etwas, das immer wieder durchscheint und mit tieferliegenden Glaubenssystemen zusammenzuhängen scheint (siehe Teil 1), dann bilden wir für dieses Thema einen positiv formulierten Satz, den wir dem Klienten in innerer Achtsamkeit anbieten. Dieser erforscht dann, was in ihm durch den Satz ausgelöst wird.

Beispiel: Ein Klient spricht von Schwierigkeiten in Gruppen. Er fühlt sich immer als Außenseiter, nie so richtig dazugehörig. Um ihn nun mit dem momentanen Erleben in Bezug auf dieses Thema in Kontakt zu bringen, könnte ich ihn fragen, wie er das alles in Bauch- und Brustraum fühlt. Ich kann ihm aber auch eine verbale Sonde geben, beispielsweise den Satz: «Du gehörst zu uns.» Ich fordere ihn dabei zunächst auf, achtsam zu werden und in die beobachtende Haltung zu gehen. Mir gefällt dabei das Bild von einem Lehnstuhl, in den sich der Klient setzt und einfach zuschaut, welche Bilder, Körperempfindungen, Gefühle und Gedanken in ihm durch diesen Satz ausgelöst werden.

Ganz konkret mache ich das so: «Was geschieht in dir, wenn du jetzt folgenden Satz hörst ... (ca. 3 Sek. Pause) ...: «Wolfgang, du gehörst zu uns!» Ich nenne dabei immer, und zwar vor dem Satz, den Namen des Klienten.

Der Klient bleibt in der *beobachtenden* Haltung, nimmt wahr, welche Körperempfindungen, Bilder oder Worte kommen und berichtet sie mir. Normalerweise warte ich ca. 15 Sek., bevor ich die Frage stelle: «Was ist geschehen?», falls der Klient nicht von sich aus zu berichten anfängt.

Trifft die Sonde das Hauptthema gut, dann geht die nachfolgende Selbsterforschung des Klienten meist recht tief. Trifft die Sonde nicht, dann kann ich eine andere probieren, oder der Klient gibt selbst einen Hinweis, wie der Satz für ihn noch treffender formuliert werden könnte.

Beispielsweise könnten bei unserem Klienten durch die Sonde Erinnerungen an Erlebnisse in früheren Gruppen ausgelöst werden; dabei durchlebt er noch einmal Einsamkeit und Traurigkeit, und er merkt, daß noch besser der Satz passen würde: «Wolfgang, wir werden dich nicht rauswerfen», weil das eigentlich seine Grundangst ist.

Sind die negativen Gefühle genug erforscht und angeschaut, dann wirkt eine Sonde häufig positiv; wir sagen dann, daß sie «reingeht». Der Klient fühlt sich wohl, wird richtig glücklich, Wärme zieht durch den ganzen Körper, der Atem wird freier usw. Häufig ist es auch so, daß kurz das Positive einer Sonde erlebt wird und dann die negativen Gefühle in den Vordergrund treten, wie «Das war noch nie wahr», «Das ist eine Lüge» oder «Das kann doch gar nicht sein». Dann erforschen wir gemeinsam mit dem Klienten diese «Barrieren», wie wir das nennen.

Sonden sind immer *positive Sätze*. Einmal, weil es gefährlich sein kann, im offenen und verletzlichen Zustand der inneren Achtsamkeit etwas Negatives in den Klienten hineinzugeben, zum anderen, weil positive Sonden die negativen Erfahrungen und Glaubenssysteme viel eher zu Tage fördern als negative Sätze. Mit negativen Sätzen provoziert man nur und steigert die Abwehr und den Schutzpanzer des Klienten.

Sonden bringen den Klienten mit zweierlei in Kontakt:
1. mit seiner eigenen Wirklichkeit,
2. mit der positiven Möglichkeit von Leben.

Er kann spüren, wie das Leben für ihn sein könnte, wenn er von

Fesseln und Blockaden befreit wäre. Unser Wolfgang könnte also spüren, wie es für ihn sein würde, wenn er sich in einer Gruppe aufgenommen fühlen könnte. Vor diesem Hintergrund können dann die Barrieren viel leichter erkannt werden. Hier als Beispiel einige Sonden zu immer wiederkehrenden Themen (siehe Teil II):

Thema: Sicherheit (schizoider Charakter)

Du kannst dich hier ganz sicher fühlen.
Wir freuen uns, daß du da bist.
Du bist willkommen.
Du gehörst zu uns.

Thema: Nahrung (oraler Charakter)

Du kannst bekommen, was du brauchst.
Ich werde dich nicht verlassen.
Du wirst es schaffen.
Ich werde immer bei dir bleiben.

Thema: Macht (psychopathischer Charakter)

Du bist uns wichtig.
Ich bin auf deiner Seite.
Wir respektieren dich.
Ich werde es nicht ausnützen, wenn du klein bist.

Thema: Freiheit (masochistischer Charakter)

Dein Leben gehört dir.
Du bist frei, das zu tun, was du willst.
Du hast ein Recht, glücklich zu sein.
Ich mag dich, auch wenn du frech bist.

Thema: Leistung (rigider Charakter)

Du bist vollkommen o. k. so, wie du bist.
Ich bin stolz auf dich.
Du brauchst gar nichts zu tun, damit ich dich mag.
Es ist vollkommen in Ordnung, nichts zu tun.

Thema: Akzeptierung (hysterischer Charakter)

Ich mag dich so, wie du bist.

Ich höre dich.

Ich werde dich nicht zurückstoßen.

Alle deine Gefühle sind vollkommen in Ordnung.

Übung I

Der Klient ist im Zustand der inneren Achtsamkeit, und der Begleiter gibt ihm nacheinander fünf Sonden aus der obigen Liste, am besten Sonden aus den verschiedenen Themenbereichen. Der Klient berichtet, was die Sonde in ihm auslöst, und der Begleiter genauert die Reaktionen. Auf diese Weise wird die Wirkung der Sonde genau erforscht. Wenn keine neuen Gedanken, Gefühle, Körperempfindungen oder Bilder kommen, wird zur nächsten Sonde übergegangen. Klient wie Begleiter sollen einfach erfahren, wie es ist, eine Sonde zu geben und eine Sonde zu empfangen. Noch einmal zur Erinnerung die Form einer Sonde:

«Was geschieht, wenn du hörst ... (3 Sek. Pause) ... Helga, du ...»

Beispiel:

Begl.   *Was geschieht, wenn du hörst: «Ich werde dich nicht verlassen»?*

Kl.   (einige Sekunden Pause und stärkerer Atem) Fühlt sich gut an.

Begl.   *Woran merkst du das?*

Kl.   Ich kann besser durchatmen, und alles wird irgendwie heller.

Begl.   *Aha, alles wird heller.*

Kl.   Und es kommt ein Schmerz in der Brustgegend.

Begl.   *Wie fühlt der sich genau an?*

Kl.   So ein dumpfer Schmerz in der Gegend vom Brustbein.

Begl.   *Wenn dieser Schmerz sprechen könnte, was würde er sagen?*

Kl.   Ich bin immer verlassen worden (Gesicht wird traurig).

Begl.   *Ja, diese Traurigkeit ... «Ich bin immer verlassen worden».*

Übung II

Der Klient spricht über irgendein Problem, und der Begleiter folgt. Das Gespräch kann in innerer Achtsamkeit geführt werden oder aber auch im Sitzen mit offenen Augen. Der Begleiter versucht, sich immer mehr in das Thema einzufühlen und es gemeinsam mit dem Klienten zu erforschen. Er entwickelt dann schließlich aus seinem Verständnis des Themas heraus eine Sonde und probiert diese aus.

Auf diese Weise soll geübt werden, aus dem Kontext der Sitzung heraus eine Sonde zu geben. Trifft sie das Thema nicht genau, ist das kein Beinbruch, und der Begleiter versucht gemeinsam mit dem Klienten eine bessere Sonde zu entwickeln.

Beispiel:

Kl. Und immer laufe ich unter Druck herum. Dauernd bin ich in Anspannung. Besonders in der Schule, wenn ich unterrichten muß.

Begl. *Da ist ständig so ein Druck in der Schule.*

Kl. Ja. Ich will es immer allen recht machen, und mir kommt das so vor, als ob mein Gehirn dauernd damit beschäftigt ist nachzudenken, was denn die anderen von mir erwarten. Und ob ich es ihnen auch recht mache.

Begl. *Du fragst dich dauernd, ob du auch die anderen zufriedenstellst?*

Kl. Ja, genau. Als ob ich ständig von Forderungen und Erwartungen umgeben bin. Von morgens bis abends.

Begl. *Ich würde da gern einmal eine Sonde probieren. Ist das o. k. für dich?*

Kl. Ja, ist in Ordnung.

Begl. *Dann schau mal, was geschieht, wenn du hörst: «Günther, du brauchst unsere Erwartungen nicht zu erfüllen.»*

Kl. (nach einigen Sekunden Pause) Das ist erleichternd. Es kribbelt so ganz fein durch den ganzen Körper ... Jetzt kommt mir ein Bild meiner Mutter, und ich habe Angst. Das stimmt doch nicht. Ich muß ihre Erwartungen erfüllen.

Begl. *Was sagt sie zu dir?*
Kl.   Du mußt das tun, was ich will.
(Dieses Beispiel wird in den folgenden Abschnitten fortgesetzt.)

Nonverbale Sonden

Nonverbale Sonden sind Berührungen mit unserer Hand, wobei wir
dem Klienten die Frage stellen, was in ihm geschieht, wenn wir ihn an
der betreffenden Stelle berühren. Die Berührung soll also nicht hei-
len, lösen oder beruhigen. Sie ist neutral und soll dem Klienten nur
helfen, besseren Zugang zu Informationen zu bekommen, die mit der
betreffenden Körperstelle zusammenhängen. Wie bei den verbalen
Sonden hat diese Berührung den Charakter eines Experiments. Uns
interessiert dabei, wie das innere Erleben des Klienten beeinflußt
wird, und wir heißen jede Reaktion willkommen.

Praktisch leite ich eine nonverbale Sonde ebenso ein wie eine verbale. «Was geschieht, wenn ich dich gleich hier auf dem Bauch be-
rühre?» – zwei bis drei Sekunden Pause –, dann führe ich vorsichtig,
langsam und bewußt die Berührung aus. Falls nach 15 Sekunden noch
keine Beschreibung kommt, frage ich «Was geschieht?» oder «Was
fühlst du?»

Wichtig ist es, daß sich der Klient wirklich auf das Beobachten des
neu entstehenden Erlebens einläßt und nicht etwas berichtet, was er
zu einem anderen Zeitpunkt gedacht oder gefühlt hat. Kommt sein
Bericht ohne Verzögerung nach der Berührung, wie etwa: «Ja, das tut
schon seit Jahren weh», dann können wir annehmen, daß er nicht
richtig mit dem momentanen Erleben und dem felt sense in Kontakt
war. Ich fordere ihn dann auf, sich mehr Zeit zu lassen und noch einmal genau zu schauen, was da unter der Hand geschieht.

Durch eine nonverbale Sonde wird das Erleben des Klienten häufig
vertieft. Es wird dabei auch klarer und deutlicher. Zum einen hilft die
nonverbale Sonde, mit der Bewußtheit an der betreffenden Stelle zu
bleiben, wie etwa auch die Aufforderung: «Atme in die Stelle hinein
und bleib dabei.» Zum anderen kommt aber noch ein spezifischer
Effekt hinzu, der etwas mit dem Kontakt zwischen Begleiter und
Klient zu tun hat. Die Körperstelle wird jetzt im direkten Kontakt mit
einem anderen Menschen erlebt, und das führt häufig zu tiefen und
bedeutungsvollen Gefühlen.

Da die Focusingpartner bei Beginn ihrer Arbeit häufig Hemmungen haben, nonverbale Sonden zu benutzen, empfehle ich, zunächst so häufig wie möglich diese Berührungen in die Arbeit mit einzubauen. Es verbessert den therapeutischen Kontakt zwischen Klient und Begleiter.

Übung

Der Klient liegt in innerer Achtsamkeit auf dem Boden und spürt in sich hinein. Er prüft, an welcher Stelle er einmal eine nonverbale Sonde erleben möchte. Ist es die Brust oder der Bauch, die Stirn, die Geschlechtsorgane oder die Füße? Er teilt das seinem Begleiter mit, und dieser versucht, an der betreffenden Stelle eine nonverbale Sonde zu geben. Äußert sich der Klient über sein Erleben, dann versucht der Begleiter es zu genauern oder auch mit anderen Interventionen darauf einzugehen.

So arbeiten beide Partner ca. 20 Minuten, wobei der Klient alle Stellen ausprobieren kann, auf die er neugierig ist. Danach tauschen sich die Partner über die ganze Übung aus und wechseln die Rollen.

Beispiel (Fortsetzung von oben):

Begl.   *Was sagt sie zu dir?*

Kl.   Du mußt das tun, was ich will.

Begl.   *Aha, du mußt das tun, was ich will.*

Kl.   Meine Brust wird ganz eng. Richtig unangenehm. Aber alles ist so undeutlich.

Begl.   *Ich würde dir gerne eine nonverbale Sonde geben. Ist das o. k.?*

Kl.   Ja, das könnte gut sein.

Begl.   *Was geschieht, wenn du hier auf der Brust gleich meine Hand spürst?*

Kl.   (Pause – konzentriert sich auf die Hand) Die Hand müßte noch etwas mehr nach unten.

Begl.   *O. k.* (Legt sie etwas weiter nach unten.)

Kl.   Jetzt ist das so, als ob meine Mutter wie ein riesiger Stein auf mir liegt. Sie drückt richtig auf meine Brust und hält mich unten. (Stöhnt und ächzt.)

Nonverbales Abnehmen

Beim nonverbalen Abnehmen nehmen unsere Hände dem Klienten Muskelspannungen ab, so daß er bestimmte Abwehrhaltungen nicht mehr allein mit seinen Muskeln aufrechterhalten muß. Bei hochgezogenen Schultern können wir beispielsweise die Schultern mit unseren Händen links und rechts fassen und das Hochziehen unterstützen. Wir ziehen jetzt also seine Schultern hoch, und seine Muskeln können sich entspannen. Wir nehmen dadurch die Anstrengung aus der Abwehrhaltung heraus, der Klient kann sich entspannen –, behält aber noch den Schutz der Muskelanspannung. Wir gehen also gegen diese körperliche wie psychische Abwehrhaltung nicht an, *sondern unterstützen sie.* Dadurch fühlt sich der Klient verstanden und geschützt, und seine Bereitschaft wächst, diese Abwehr loszulassen. Wenn also unsere Hände dem Klienten helfen, die Schultern hochzuhalten, dann können sich seine Schultermuskeln entspannen, denn sie brauchen nun diese Arbeit nicht mehr allein zu tun.

Wir gehen dabei wie bei den vorangegangenen Interventionen vor. «Was geschieht, wenn ich jetzt hier deine Schultern unterstütze?» Häufig treten dann die gefürchteten Gefühle zu Tage, können erforscht und angeschaut werden. Lösen sich dann diese Gefühle, dann ist das Hochziehen der Schultern gar nicht mehr notwendig.

Bei unserer Arbeit im Liegen können folgende Spannungen häufiger abgenommen werden:
o Zukneifen der Augen,
o Ring um die Brust,
o Druck auf der Brust,
o Zusammendrücken der Knie,
o Druck auf dem Bauch,
o Spannungen in der Kreuzgegend.

Wir können auf *aktive* und auf *passive* Weise abnehmen. Beim passiven Abnehmen bleibt der Klient passiv, beim aktiven Abnehmen ist er aktiv, und wir nehmen den Teil ab, der ihn beim Aktiv-Sein blokkiert. Spürt der Klient beispielsweise, daß er mit dem Bein kicken möchte, daß ihn aber eine Kraft zurückhält, dann können wir diese

Kraft übernehmen und sein Bein mit unserer Hand herunterhalten. Dann kann der Klient genauer untersuchen, was es dort eigentlich auf sich hat mit dem Konflikt zwischen dem Kicken und dem Zurückhalten. Wenn wir jetzt das Zurückhalten übernehmen, kann er sich ganz mit dem Kickimpuls identifizieren.

In unserem Beispiel werden wir auf beide Arten des Abnehmens eingehen.

Beispiel (Fortsetzung von oben):

Kl.   Jetzt ist das so, als ob meine Mutter wie ein Stein auf mir liegt. Sie drückt richtig auf meine Brust und hält mich unten. (Ächzt und stöhnt.)

Begl.   *Soll ich mit meiner Hand einmal diesen Druck übernehmen?*

Kl.   Ja, versuch das mal.

Begl.   *(Verstärkt den Druck seiner Hand und nimmt dadurch den Druck, der von oben kommt, ab – passives Abnehmen.)*

Kl.   Ich merke eine riesige Wut. «Nein, nein, nein.» Ich will das nicht. (Die Arme schlagen verhalten auf die Matratze.)

Begl.   *Du möchtest dich wehren, aber irgend etwas hält dich zurück?*

Kl.   Ja. Die Arme wollen schlagen, aber ich darf nicht. Jemand drückt sie runter.

Begl.   *Laß mich auch noch einmal dieses Runterdrücken abnehmen.*

Kl.   O. k.

Begl.   (Legt seine beiden Hände auf die Arme des Kl. und hält diese nach unten – aktives Abnehmen.) *Wie fühlt sich das an?*

Kl.   (Wird wütender und wehrt sich heftiger.) Laß mich los! Laß mich los, du alte Sau! Ich mach nicht, was du willst.

Begl.   *Genau. Ich mach nicht, was du willst.*

Kl.   Jetzt fühle ich mich ruhiger, entspannter. Nur am Hals ist jetzt noch eine Spannung. Da sitzt etwas Angst, daß ich nicht einfach schreien und ihr etwas entgegensetzen darf.

Übung

Der Klient sitzt in innerer Achtsamkeit und spürt in sich hinein, auf welcher Seite seines Kopfes er die Unterstützung durch die Hand des Begleiters erfahren möchte. Will er den Kopf einmal nach vorn sinken lassen, nach hinten, nach links oder nach rechts? Er teilt das seinem Begleiter mit, und dieser unterstützt den Kopf des Klienten mit einer Hand oder mit beiden Händen. Der Klient versucht dann, seinen Kopf ganz dem Begleiter zu überlassen und zu spüren, was dadurch in ihm ausgelöst wird; er teilt das seinem Begleiter mit.

Der Begleiter folgt dem Prozeß. Häufig können in dieser kleinen Übung recht zentrale Themen erlebt werden. Wird der Prozeß wichtig und intensiv, dann können die Partner länger mit dem nonverbalen Abnehmen arbeiten. Normalerweise dauert diese Übung ca. 10 bis 15 Minuten. Nach der Übung tauschen sich die Partner wieder aus und wechseln die Rollen.

Dieses Abnehmen des Kopfes wird bei unserer Arbeit im Liegen kaum oder selten vorkommen. Aber diese Übung kann uns gut vermitteln, wie es sich anfühlt und was geschieht, wenn einem Spannungen abgenommen werden.

Verbales Abnehmen

Bei dieser Intervention übernehmen wir als Begleiter einen verbalen Teil des Klienten. Berichtet er beispielsweise, daß eine Stimme immer in ihm sagt: «Sei besser! Sei besser!», dann können wir ihn auffordern, ganz passiv Beobachter zu werden und zu schauen, was geschieht, wenn wir diesen Satz für ihn sagen.

Wir übernehmen die Arbeit, die er sonst innerlich selbst macht und erleichtern ihm dadurch, die disidentifizierte Beobachterhaltung einzunehmen. Auf diese Weise entsteht häufig Zugang zu neuen Informationen. Der Klient kann jetzt viel genauer untersuchen, was das Hören dieser Sätze in ihm auslöst.

Schon das normale Verbalisieren und Zurücksagen ist eine Form von verbalem Abnehmen. Wir vollziehen den inneren Prozeß des Klienten noch einmal laut nach, und das erleichtert ihm, seine innere Welt auf eine intensivere Weise und häufig auch neue Weise zu erleben.
Beispiel (Fortsetzung von oben):

Kl.   Jetzt fühle ich mich ruhiger, entspannter. Nur am Hals ist jetzt noch eine Spannung. Da sitzt noch etwas Angst, daß ich nicht einfach schreien und ihr etwas entgegensetzen darf.

Begl.   *Laß uns das doch einmal genauer mit einer Sonde ausprobieren.*

Kl.   O. k.

Begl. *Was geschieht, wenn du jetzt deine Mutter sagen hörst: Günther, du brauchst nicht zu tun, was ich will.*

Kl. Oh. (Atmet erleichtert auf.) … Das wäre schön. Aber das stimmt ja nicht. Das würde sie ja nie sagen.

Begl. *Sagt sie in deinem Kopf irgend etwas anderes?*

Kl. Ja, sie sagt ständig: Du mußt mein lieber Junge sein.

Begl. *Dann laß mich mal diesen Satz übernehmen. «Du mußt mein lieber Junge sein, du mußt mein lieber Junge sein … (5mal)*

Kl. (beginnt zu weinen)

Begl. *Traurig, mmh?*

Kl. Ja, traurig und so machtlos. Ich brauch sie ja so, und wenn ich nicht ihr lieber Junge bin, dann bekomme ich nichts von ihr. (Stimme beginnt kindlich zu klingen.)

Übung

Da verbales Abnehmen besonders gut funktioniert, wenn es auf das Geben von verbalen Sonden folgt, wollen wir beides in dieser Übung kombinieren. Der Klient exploriert sich, der Begleiter folgt und sucht dabei nach einer passenden Sonde. Er gibt sie dann und achtet beim Genauern hinterher besonders auf Stimmen im Kopf des Klienten, die man abnehmen oder übernehmen könnte. Er probiert dann das verbale Abnehmen aus und folgt dem Prozeß, der aus diesem Abnehmen entstehen kann. Ist die Übung beendet, tauschen sich die Partner aus und wechseln die Rollen.

Die Arbeit mit dem Kind

In der Hakomi-Therapie kennen wir neben dem Bewußtseinszustand der inneren Achtsamkeit einen anderen Bewußtseinszustand, den wir «das Kind» nennen. Hiermit meinen wir einen Zustand, bei dem der Klient Kind und gleichzeitig Beobachter dieses Kindes ist. Wie im letzten Beispiel erkennen wir diesen Zustand daran, daß Stimme und Gestik des Klienten sich verändern und sein ganzer Zustand wie der eines Kindes wirkt. Auch die Körperhaltung und die Sprechweise können die eines Fünf- oder Dreijährigen werden. Zur gleichen Zeit weiß der Klient aber genau, daß dies jetzt eine Therapiesitzung ist, daß er in Wirklichkeit 30 oder 40 Jahre alt ist und daß derjenige, der bei ihm sitzt, sein Begleiter ist. Dieser Zustand ist für die therapeutische Arbeit so wertvoll, daß wir für unsere partnerschaftlichen Focusingsitzungen lernen sollten, mit ihm umzugehen.

Als erstes ist wichtig, diesen Zustand erst einmal anzusprechen und bewußt zu machen, wenn er da ist. «Fühlst du dich jetzt eher wie ein Kind?» oder «Das scheint jetzt die kleine Gisela zu sein, die jetzt spricht?» wären Möglichkeiten, diesen kindlichen Zustand anzusprechen. Bejaht der Klient diese Fragen, dann ist es häufig günstig, ihn zu fragen, als wie alt er sich jetzt fühlt, 3, 4 oder 5 Jahre alt. Durch diese Frage kann sich der Klient häufig noch mehr diesem Kind-Zustand überlassen.

Unser Begleiterverhalten bleibt zunächst folgend. Wir untersuchen gemeinsam mit unserem kindlichen Klienten seine betreffenden Gefühle und Gedanken. Wir erforschen den kleinen ängstlichen Hans, die kleine traurige Annegret oder den trotzigen und wütenden dreijährigen Wolfgang. Wie fühlen sie sich in ihrer Welt? Was denken sie? Wie ist es mit Vater und Mutter und wie mit den Spielkameraden?

Beim Folgen und Genauern verändern wir jetzt aber unsere Stimme und sprechen so, wie halt ein Erwachsener zu einem kleinen Kind sprechen würde. Erzählt uns also der Klient in der Stimme eines traurigen Fünfjährigen «daß alle doof sind», fragen wir nach, was denn los sei. Liebevoll und besorgt. Früher war wahrscheinlich kein Erwachsener da, dem der kleine Klient seine Sorgen hätte berichten können oder der ihn verstanden hätte, – und das können wir jetzt nachholen.

Begl.   *Wieso sind die denn alle so doof?*

Kl.   Mein Bruder klaut mir immer mein Fahrrad und fährt damit.

Begl.   *Das ist ja gemein! Das ist doch dein Fahrrad!*

Kl.   Ja, genau. Aber darauf achtet er gar nicht. Nur weil er stärker ist als ich, nimmt er mir alles weg.

Begl.   *Und was sagen deine Eltern dazu?*

Kl.   Denen ist das egal. Die sagen, ich soll selbst auf mein Fahrrad aufpassen. Das ist alles zu gemein. (Weint.)

Auf diese Weise können wir häufig die alte verletzende Situation viel plastischer erforschen und erfahren als im Zustand des erwachsenen Beobachters. Manchmal allerdings sieht man sich als kleines Kind, sieht sich vielleicht auch ganz deutlich, aber verbleibt in der erwachsenen Beobachterrolle. Auch das ist vollkommen in Ordnung, und wir beschreiben dann mehr aus der Distanz, was das Kind in uns damals erlebt hat. Manchmal kann dann die Frage des Begleiters: «Kannst du versuchen einmal dieses kleine Kind zu sein?» helfen, stärker in diesen Kindzustand einzutauchen.

Wir können als Begleiter noch mehr tun. Wenn wir gemeinsam mit ihm seine negativen Gefühle und Erlebnisse erforscht haben, können wir *etwas Positives und Heilendes für dieses Kind* tun. Wir haben direkt den Teil des Klienten ganz nackt und schutzlos vor uns, der die traumatisierenden Erfahrungen gemacht hat, die dann sein weiteres Weltbild bestimmten.

Jetzt können wir diesen Teil bessere Erfahrungen machen lassen. Dabei genügen häufig recht einfache Dinge. Wir können das Kind trösten, wir können es beruhigen und ihm klarmachen, daß seine Gefühle recht traurig oder ängstlich sind, daß die Dinge aber in Wirklichkeit nicht so schlimm sind, wie es vielleicht befürchtet. Wir können den kleinen Jungen aus dem obigen Beispiel fragen, ob wir einmal zusammen mit ihm zu seinem Bruder gehen sollten und ihm sagen sollen, daß er das Fahrrad nicht mehr wegnehmen soll. Wir können das Kind fragen, was es sich wünscht und was es braucht und können in der Phantasie versuchen, ihm das zu geben.

Wir können ihm eine Geschichte erzählen; wir können in der Phantasie mit dem Kind durch den Wald wandern und ihm die Bäume zeigen. Wir können einem artigen Kind helfen, einmal mit uns im Baggermatsch zu spielen und sich richtig schmutzig zu machen, oder einem ängstlichen Kind zeigen, wie man einen wilden Löwen zähmt. Hier sind der Kreativität des Begleiters keine Grenzen gesetzt. Die Fähigkeit, mit dem Kind hilfreich umzugehen, wird mit der Übung und der Routine in den Focusingsitzungen wachsen. Bei manchen Focusingpartnern wird der Zustand des Kindes gar nicht erscheinen – und auch das ist vollkommen in Ordnung.

Beispiel (Fortsetzung von oben):

Kl.   Ja, traurig und machtlos. Ich brauch sie ja so, und wenn ich nicht ihr lieber Junge bin, dann bekomme ich nichts von ihr (Stimme beginnt kindlich zu klingen).

Begl. *Du bist jetzt richtig dieser kleine traurige und machtlose Günther?*

Kl. Ja, ich bin ganz klein und brauch sie so.

Begl. (mit veränderter Stimme) *Wie ist denn das mit ihr. Mußt du immer das tun, was sie sagt?*

Kl. Ja. Wenn ich böse bin oder frech, dann sagt sie, daß sie mich nicht mehr lieb hat.

Begl. *Ja, das ist richtig gefährlich, frech zu sein. Dann hast du ja gar keinen mehr.*

Kl. Ja, ich hab ja nur sie. Mein Vater ist ja auch nicht da. (Weint.)

Begl. *(hält Kl. im Arm)*

Kl. (weint ruhiger)

Begl. *Laß uns doch einmal dem kleinen Günther eine neue Erfahrung geben. Stell dir mal vor, wie das gewesen wäre, wenn alles anders verlaufen wäre. Stell dir vor, ich bin ein guter Onkel von dir und ich sitze hier an dem Kinderbett vom kleinen Günther, und ich bin ganz oft da, so daß du nicht mehr allein bist.*

Kl. O ja, das ist gut.

Begl. *Und dann erzähl ich mal der Mutti, daß das für kleine Jungs ganz wichtig ist, auch mal frech zu sein und einen eigenen Willen zu haben. Ich glaube, sie weiß das nur nicht, und es muß ihr ein Erwachsener nur mal klarmachen.*

Kl. (lacht und freut sich)

Begl. *Und falls sie doch mal böse ist, dann kannst du ja zu mir kommen, und wir beide halten zusammen, ja?*

Kl. O ja. Und wenn sie böse ist, dann mußt du mir auch beistehen.

Begl. *O. k. Laß mich mal direkt mit deiner Mutter sprechen und hör du nur mal zu und schau, wie sich das anfühlt. «Also, Frau ...,* Sie müssen den kleinen Günther auch lieb haben, wenn er mal frech ist und nicht das tut, was Sie wollen. Kleine Kinder brauchen das!*

Kl. (atmet erleichtert auf)

Begl. *Das fühlt sich gut an, mmh?*

Kl. Ja, das ist toll.

Übung

Der Klient liegt in innerer Achtsamkeit und versucht, sich in sich selbst als kleines Kind hineinzuversetzen. Er läßt Bilder und Erinnerungen kommen, greift eine heraus und erzählt sie. Zunächst mag solch eine Erinnerung noch undeutlich und schemenhaft sein – dann soll der Begleiter noch etwas genauern, damit die Erinnerung noch plastischer wird. Dann versucht der Klient, dieses kleine Kind in Stimme und Gestik zu sein. Es macht nichts, wenn es zunächst künstlich oder spielerisch wirkt.

Der Begleiter versucht mit der veränderten Stimme des «guten Erwachsenen» zu reagieren, wie es oben beschrieben worden ist.

Nach der Übung tauschen sich die Partner aus und wechseln die Rollen.

Diese beschriebenen fünf Hakomi-Interventionen haben aufgezeigt und erfahrbar gemacht, auf welche Weise wir den Prozeß des Klienten durch kleine Experimente kreativ bereichern können. Das wird nicht jedermanns Sache sein. Einige Focusingpartner ziehen es vor, mehr passiv dem Prozeß des Klienten zu folgen, ohne durch Experimente einzugreifen. Andere wiederum können solche Experimente sehr elegant in ihr Focusing integrieren. Das ist dann eine Frage des Stils, des Geschmacks und der Vorlieben des Klienten wie des Begleiters. Einige werden solche Experimente sehr selten anwenden, andere werden ganz eigene neue Interventionen entwickeln. Das gleiche trifft zu für die weiteren Interventionen aus anderen Therapieschulen, die in den nächsten Sitzungen folgen werden. Wichtig ist für uns jedoch, daß bei jeder Intervention, bei jedem Experiment und bei jeder Übung eines immer unser Bezugspunkt bleibt: das innere Erleben des Klienten, d. h. sein innerer felt sense.

7. Sitzung: Interventionen auf der Bilderebene

Während sich die zusätzlichen Interventionen aus der Hakomi-Therapie zum größten Teil auf der verbalen und körperlichen Ebene abspielen, können in dieser Sitzung kreative Möglichkeiten kennengelernt werden, auf der Bilderebene zu operieren. Wenn unser Klient seinen felt sense gern durch Bilder symbolisiert, dann ist es gut, wenn wir uns als Begleiter dort etwas mehr zu Haus fühlen.

Da einige Klienten selten zu Bildern greifen, weil sie es einfach nicht gewohnt sind, kann diese Sitzung hilfreich sein, in der Klientenrolle die Bilderebene kennenzulernen. Manche empfinden dann die Arbeit auf dieser Ebene als so spannend und wertvoll, daß sie auch später ihren felt sense sich häufiger durch Bilder ausdrücken lassen.

Manche Menschen sind zunächst verunsichert, ob es denn richtig ist, so wie sie ihre Bilder sehen. Dazu sei gesagt, daß jeder Mensch auf ganz verschiedene Art und Weise visuelle innere Wahrnehmungen erleben kann. Einige *sehen* richtige bunte Bilder, etwa wie in einem Film. Andere *wissen* beispielsweise, daß dort vor ihnen in der Vorstellung eine Wiese ist. Bei Nachfragen können sie auch jedes Detail beschreiben – aber sie haben eben den Eindruck, es eher zu wissen als zu sehen. Andere wiederum sehen diese Wiese vor sich, als ob sie sie mit ihren kinästhetischen Sinnen wahrnehmen würden, als ob *ihr Körper* diese Wiese irgendwie sehen würde. Wie auch immer die Bilder wahrgenommen werden – alles hat vollkommen seine Berechtigung. Und da beim Focusing ja sowieso der felt sense, der ja noch vage und ungeformt *vor den Bildern* da ist, unser Bezugspunkt ist und wir die Bilder nur als Symbolisierungen dieses felt sense auffassen, ist die *Art der Bilder* nicht so wichtig.

Es gibt eine große Anzahl von Therapieschulen, die mit der Entspannung und auf der Bilderebene arbeiten. In der Oberstufe des *autogenen Trainings* z. B. wird in der *Tiefenentspannung* mit positiven Vorstellungsbildern gearbeitet. Im katathymen Bilderleben nach Hanscarl Leuner wandert der Klient in seiner Phantasie durch eine Landschaft und kann dort die verschiedensten Abenteuer und Auseinandersetzungen erleben. Deswegen wird diese Methode auch das *Symboldrama* genannt. Im «Rêve éveillé dirigé» nach Robert Desoille wandert der Klient unter anderem auf den Meeresgrund (Symbol für das tiefe Unbewußte) und auf einen hohen Berg (Symbol für das spirituelle Selbst). Bei vielen anderen Methoden arbeiten die Klienten in ähnlicher Weise auf dieser symbolischen Ebene.

Wenn wir beim Focusing mit der Bilderebene arbeiten, dann unterscheiden wir uns von den oben genannten Schulen dadurch, daß wir immer wieder *Bezug zum felt sense im Bauch- und Brustraum* aufnehmen. Wir achten immer wieder darauf, daß die Bilder aus unserem *körperlichem* Gefühl entstehen und nicht losgelöst vom Körper ein Eigenleben führen. Sonst führt eine imaginative Methode zu einer Art «innerem Kino», bei dem die innere körperliche Befindlichkeit ausgespart wird, was bei der Focusingarbeit nicht unser Ziel sein kann.

Wenn sich unser Klient auf der Bilderebene befindet, fragen wir immer wieder, wie sich das Gebilderte jetzt im Körper anfühlt. Oder hat sich durch das Gebilderte ein body-shift ergeben? Wenn der Klient auf diese Weise wieder Kontakt mit seinem felt sense aufnimmt, kann er dann wieder aus ihm heraus neue Bilder entstehen lassen. Focusinggeübte Klienten werden auch in der Lage sein, sich längere Zeit auf der Bilderebene zu bewegen und gleichzeitig immer Kontakt zum Bauch- und Brustraum zu haben, so daß gewährleistet ist, daß die Bilder *aus dem Körper* heraus kommen.

Wenn auf diese Weise, also verbunden mit dem felt sense, gearbeitet wird, können wir problemlos Interventionen aus den verschiedenen imaginativen Verfahren übernehmen. Auf der Bilderebene herrschen genau wie auf der Traumebene ganz eigene Gesetzmäßigkeiten, und wir sollten uns auf dieser Ebene etwas auskennen, damit wir unserem Focusingpartner optimal helfen können, wenn er sich auf dieser Ebene befindet.

Bildern einer Landschaft

Manchmal kann ein felt sense eindringlicher symbolisiert werden, wenn wir für seinen Ausdruck eine Landschaft entwerfen, als wenn wir nach Worten suchen. Beispielsweise kann ein Klient, der depressive und traurige Gefühle erforscht hat, aus seinem felt sense heraus ein dunkles, trostloses Moor produzieren. Wenn wir jetzt diese Moorlandschaft so genauern, daß sie immer plastischer wird, können wir zusammen mit dem Klienten in dieser Landschaft herumwandern und sie kennenlernen. Wir können sie gemeinsam erforschen und erleben.

Bei solchen Abenteuern auf der Bilderebene ist es für den Klienten besonders wichtig, den Begleiter zum Schutz und zur Sicherheit dabeizuhaben. Wir können beispielsweise vorschlagen, daß wir als sein Freund mit ins Bild hineinkommen und ihn dort an der Hand halten, falls etwas Gefährliches geschehen sollte. Oder aber wir sitzen als kleines Männchen in seinem Ohr, mit dem er sich – dort im Bild – unterhalten kann. Außerdem können wir Hilfsmittel wie Taschenlampen, Seile, Werkzeuge oder Waffen mit uns führen, die wir bei passender Gelgenheit dem Klienten anbieten.

Wir wollen ihm dabei die Gefahren nicht abnehmen, aber wir sorgen dafür, daß er sich so *sicher und geschützt* fühlt, daß er sich behutsam dem angstbesetzten Reiz nähern und ihn überwinden kann. Denn darum geht es häufig auf der Bilderebene, daß wir auf angstbesetzte Reize stoßen (dunkle Höhlen, tiefe Abgründe, unbezwingbare Berge, unheimliche Riesen, wilde Tiere usw.) und diese überwinden lernen – wie wir es aus Märchen, Träumen und Fabeln kennen.

Angst können wir immer dann verlernen, wenn die Sicherheit und Entspannung größer ist als die Angst. Und genau dafür müssen wir als Begleiter auf dieser symbolischen Ebene sorgen: daß die Entspannung und die Sicherheit des Klienten groß genug sind. Denn ebenso wichtig ist es, daß der Klient vor angstbesetzten Reizen nicht davonlaufen kann. Das verstärkt nur die Erfahrung der eigenen Angst und das Gefühl der Machtlosigkeit und läßt den Klienten mit Versagensgefühlen zurück.

Wenn es zu schwer ist, den angstbesetzten Reiz *offensiv* anzugehen, ist folgendes immer möglich: Man läßt den Klienten sich im Bild hinsetzen und fordert ihn auf, das Angstbesetzte einfach nur anzuschauen. Hilfreich ist dabei oft ein magischer Zauberstab, mit dem der Klient einen Kreis um sich schlagen kann, in dem er vor Menschen oder Tieren, die ihn bedrohen, geschützt ist.

Beispiel 1:
Kl.   (ist einen dunklen Tunnel hinabgestiegen) Jetzt wird es noch
           dunkler, und ich bekomme immer mehr Angst.

Begl. *Ja, immer mehr Angst. Spürst du die Angst irgendwo im Körper?*

Kl.   Ja, das gleiche Gefühl wie vorhin im Bauch, und außerdem schnürt es mir die Kehle zu.

Begl. *Dann spür das noch einmal und laß deinen Atem ganz in diese Empfindungen hineinfließen. Meinst du, wir können da noch weiter gehen? Hast du noch den Zauberstab dabei?*

Kl.   Ja. Den hab ich noch. Ich habe auch ein sicheres Gefühl und kann noch weiter.

Begl. *O. k., dann laß uns doch noch ein paar Schritte machen.*

Kl.   Oh, oh … Jetzt kommen so furchtbare Monster von allen Seiten auf mich zu. Ich habe solche Angst.

Begl. *Dann setz dich jetzt da, wo du bist, hin und schau mal ganz genau hin, wie denn diese Monster aussehen.*

Kl.   Die haben so furchtbare Augen. So richtig glühende Augen und gucken mich so unheimlich an.

Begl. *Spür noch mal deinen Körper. Achte darauf, daß du den Atem nicht anhältst und versuch mal, den Monstern ganz direkt in die Augen zu schauen. Spür richtig, wie eine aktive Energie aus deinen Augen herauskommt.*

Kl.   Ja, das kann ich spüren. Jetzt entspannt sich etwas in meinem Bauch, und die Monster werden irgendwie kleiner. Sie sind weniger wild, und ich habe nicht mehr solche Angst vor ihnen.

Begl. *Ganz erleichtert? Laß uns doch noch mal schauen, wie es jetzt im Körper aussieht.*

Kl.   Der Druck im Bauch ist weg, und die Kehle fühlt sich auch locker an. Aber da ist noch etwas. Ich bin zwar nicht mehr ängstlich, aber in der Atmosphäre ist noch etwas Unheimliches. Ich glaube, ich muß noch weiter gehen. Irgendetwas wartet noch auf mich.

Beispiel 2:

Kl.   Oh, jetzt komme ich an einen Abgrund, jetzt geht es gar nicht mehr weiter, und ich habe eine richtige Panik.

Begl. *O. k., da ist jetzt ganz viel Angst. Stell dir vor, ich bin jetzt neben dir und fasse dich an der Hand. Laß uns erst einmal entspannen und schauen, was denn solche Angst macht.*

Kl. Der Abgrund ist so schwarz und so tief.

Begl. *Kannst du da richtig runtergucken?*

Kl. Nein, so weit wag ich mich da gar nicht ran.

Begl. *Wollen wir zusammen noch einige Schritte vorwärts machen und mal ganz genau nach unten schauen?*

Kl. Ja. Jetzt bin ich direkt an der Kante. Es geht unheimlich tief. Man kann gar kein Ende sehen.

Begl. *Wie fühlst du dich jetzt im Körper?*

Kl. Mein Bauch ist ganz angespannt.

Begl. *Kannst du noch mal versuchen, dort ganz in den Bauch hinein-zufühlen? Den Atem ganz zulassen. Ich leg noch einmal meine Hand dazu auf den Bauch.*

Kl. Ja, es wird besser, ich werde ruhiger.

Begl. *Was hältst du davon, wenn ich dir jetzt ein dickes Seil um den Körper binde und du dich ganz langsam und vorsichtig den Abgrund hinabseilst?*

Kl. Ja, das könnte gut sein. Aber ich habe Angst.

Begl. *Ich halte ganz fest, und sobald du schreist oder pfeifst oder stop sagst, ziehe ich dich wieder hoch.*

Kl. O. k. Dann fang ich an, langsam hinabzusteigen. Ist gar nicht so schlimm.

Begl. *Achte auf deinen Atem. Du bist noch am Klettern?*

Kl. Ja, und jetzt wird es heller. Ich kann sogar unten einen Fluß erkennen.

Begl. *Aha. Einen großen Fluß?*

Kl. Ja, ich bin jetzt hineingesprungen, und ich schwimme hier im Wasser. Oh, das ist herrlich. Das Wasser ist ganz wild, und ich habe keine Angst.

Begl. *Du kannst jetzt das Wilde richtig genießen, ohne Angst?*

Kl. Ja, das ist toll.

Begl. *Wie fühlt sich jetzt dein Körper an?*

Kl. Ganz kribbelig. Alles ist ganz lebendig. Und auch der Bauch strömt so herrlich.

Von der Bilderebene können wir auch leicht wieder zu anderen Ebe-nen überwechseln. Bei dem obigen Beispiel war das Thema der Angstbewältigung abgeschlossen, und der Begleiter entscheidet sich nun dazu, das Thema der Bilderebene mit einer Sonde aufzugreifen.

Begl.   *Dann laß mich doch noch zur Stärkung meine Hand auf den*
        Bauch legen und genieß einfach noch weiter diese Lebendig-
        keit.
        (Pause)
        Ich würde dir gern einmal eine Sonde geben. Ist das o. k.?
Kl.   Ja.
Begl.   *Was geschieht, wenn du hörst: Elke, du kannst dich ruhig ganz*
        fallenlassen.
Kl.   (fängt an zu weinen)
Begl.   *Ganz traurig, hmm?*
Kl.   Zuerst war es ganz schön, und dann kamen all meine Männer-
        geschichten. Es ist eine Mischung von Traurigkeit und Rüh-
        rung. Es wäre so schön, wenn ich mich immer fallenlassen
        könnte.
Begl.   *Da ist viel Traurigkeit, und doch hast du eben erfahren, daß ein*
        Fallenlassen möglich sein kann.
Kl.   Ja, genau. Aber bei einem Mann habe ich das noch nie erlebt.
Begl.   *Magst du mehr darüber erzählen?*

Auf diese Weise kann man also für den Klienten ein *Reisebegleiter*
sein, der ihm beim Bestehen von Gefahren hilfreich zur Seite steht.
Dabei sind der eigenen Kreativität keine Grenzen gesetzt. Der Klient
ist von seiner Angst meist so gefangen, daß schon einfach unser Dasein und Folgen Distanz für ihn schafft, und häufig können wir Alter-
nativen auch da sehen, wo ihm alles verbaut und aussichtslos erscheint. Manchmal können wir ihn auffordern, eine Leiter zu suchen,
wenn er eine Schlucht nicht überwinden kann, manchmal können wir
ihm Hilfsmittel wie Zauberstab, Seil oder Licht anbieten, und manchmal kennen wir eine List, die er einem wilden Tier oder einem über-
mächtigen Ungeheuer gegenüber anwenden kann.

   Hilfreich und heilend haben sich im katathymen Bilderleben *magi-*
sche Flüssigkeiten erwiesen. Von einer Quelle zu trinken, aus dem
Euter eines Muttertiers Milch zu saugen oder aber in einem Fluß oder
See zu baden, kann einen sehr heilsamen Effekt auf den Klienten
haben.

   Eine starke Veränderung in der Bilderwelt wird meist mit einem
body-shift einhergehen, und es ist dann immer empfehlenswert, diesen
dem Klienten bewußt zu machen: «Wie fühlt sich jetzt dein Körper

an?» Außerdem ist, wie in den Beispielen zu sehen war, es bei Angstgefühlen immer hilfreich, diese zunächst genauer zu spüren, bevor man auf der Bilderebene in die Konfrontation geht. Und da man bei Angst meist die Tendenz hat, den Atem anzuhalten, sollte der Klient immer ermuntert werden, *in die Angst hineinzuatmen.*

Bei unseren Focusingsitzungen werden wir normalerweise in die Bilderwelten eintauchen, die in unserem Klienten aufsteigen. Manchmal kann es auch vorkommen, daß in uns selbst als Begleiter ein Bild oder ein Motiv zum Thema des Klienten aufsteigt, so daß wir ihm vorschlagen können, dieses doch einmal auszuprobieren. Entweder stimmt er dann zu, oder aber er möchte in einer anderen Richtung weitergehen; auch das ist vollkommen in Ordnung.

Hier seien noch einige Motive genannt, die im katathymen Bildererleben häufig benutzt werden und wichtige Bereiche des Klienten deutlich machen können:

o der Gang zum Meeresgrund (zum tiefen Unbewußten)
o der Gang auf den Berg (Leistungsmotive oder spirituelle Teile)
o der dunkle Wald und unheimliche Gestalten, die aus dem Wald erscheinen
o die Sommerwiese
o Besichtigung eines Hauses (häufig Symbol der ganzen Persönlichkeit)
o die Quelle (die Lebenskraft, der Ursprung).

Übung

Der Klient liegt und bildert in innerer Achtsamkeit eine Landschaft, nach der ihm im Moment zumute ist. Irgendwann bildert er in dieser Landschaft etwas, was ihm Angst macht. Er kann sich das bei dieser Übung ruhig bewußt vornehmen, und es mag auf ihn selbst dann etwas künstlich wirken. Für diese Übung ist das unwichtig. Der Begleiter folgt, hält die Bilder lebendig, stellt immer wieder den Kontakt zum felt sense des Klienten her und hilft ihm außerdem bei der Bewältigung der Angst.

Nach der Übung tauschen sich die Partner aus und wechseln die Rollen.

Der Umgang mit Träumen

Eine Möglichkeit, mit Träumen umzugehen, ist die, den Klienten den Traum als Tagtraum in der Sitzung wiedererleben zu lassen – ähnlich wie eine Wanderung durch eine Landschaft. Der Klient sollte jetzt aber die Freiheit haben, den Traum zu verändern. Vielleicht möchte er jetzt etwas erledigen, was er im Traum unterlassen hat, oder er möchte eine Gefahr bestehen, der er im Traum ausgewichen ist.

Hier gelten die gleichen Gesetzmäßigkeiten wie beim Tagtraum, und wir müssen als Begleiter immer wieder den Klienten auffordern, in seinen Bauch- und Brustraum hineinzuspüren. Wie bildet sich der Trauminhalt dort ab? Aus welchem felt sense heraus entstehen die Traumbilder?

Die Senoi, ein Südseestamm, der sich ausgiebig um die Pflege der Träume kümmert, haben sehr viel Wissen, Weisheit und praktische Hilfen im Zusammenhang mit Träumen entwickelt. Dort unterhält sich beispielsweise die Familie regelmäßig beim Frühstück über die nächtlichen Träume; alle werden angehört, und es werden auch Ratschläge und Hilfen gegeben. Schon die kleinen Kinder erhalten eine richtige Traumerziehung.

Einige *Traumregeln* der Senoi können auch für unser partnerschaftliches Focusing hilfreich sein, falls ein Focusingpartner mit einem Traum arbeiten will. Wenn man häufiger mit dem Tagtraum übt, wird man sich immer besser an seine nächtlichen Träume erinnern, und es kann irgendwann soweit kommen, daß man selbst im nächtlichen Traum bewußt bleiben und diesen hilfreich beeinflussen kann. Ich selbst erinnere mich an Träume, in denen ich mir selbst passende Sonden gab.

Regel 1: Nie vor Feinden weglaufen. Entweder muß man sie sich zu Freunden machen, die einem helfen oder dienen, oder aber man muß sie töten. Die Umwandlung von Feinden in Freunde ist dabei natürlich vorzuziehen, denn wir können ja davon ausgehen, daß auch diese Feinde ein Teil unserer eigenen Psyche sind. So kann beispielsweise ein wildes Tier gezähmt werden und uns mit seiner Kraft schließlich helfen. Oder aber wir lassen uns von unserem Feind ein Geschenk als Zeichen seiner Unterwerfung geben. Dennoch mag es manchmal wichtig sein, daß wir wirklich den Kampf wagen und bis zum äußersten gehen, d. h. den Feind töten. Dann aber können wir den getöteten Feind als ein freundliches Wesen auferstehen lassen, das jetzt die ursprüngliche Energie des Feindes zu unserem Besten einsetzt. Es ist verständlich, daß gerade bei solch einem Kampf der Begleiter wieder sehr hilfreich sein und Schutz und Sicherheit geben kann.

Regel 2: Man sollte aus jedem Traum ein Geschenk mitbringen, das die Gemeinschaft bereichert, einen schönen Gegenstand, ein Gedicht oder ein Lied. Wir können davon ausgehen, daß jeder Traum und Tagtraum etwas Schönes und Wertvolles zeigen will, und dieses Wertvolle sollten wir sehen und achten lernen.

Regel 3: Viele Leute erleben in Träumen, daß sie fallen, und meistens wachen sie voller Angst auf. Wenn es einem gelingt, bei diesem Fallen bewußt zu bleiben, kann man dieses Fallen in ein angenehmes Fliegen verwandeln. So gut es ist, sich im Traum und Tagtraum das Negative und Bedrohliche so genau wie möglich anzuschauen, so sinnlos ist es aber auch, in diesem Negativen zu versinken. Gerade die Verwandlung vom Fallen zum Fliegen macht deutlich, wie aus etwas Bedrohlichem etwas Angenehmes und Lustvolles werden kann.

Regel 4: Falls man im Traum mit einem anderen Menschen sexuell zusammen ist, dann soll man das so lustvoll wie möglich erleben und bis zum Orgasmus ausdehnen. Falls man mit Mutter, Vater oder Geschwistern schläft oder mit einem Menschen des gleichen Geschlechts, sollte man keine Schuldgefühle haben. Für unsere Traumwelt ist das vollkommen normal, – nur unser Tagesbewußtsein runzelt dabei die Stirn!

Regel 5: Ganz allgemein sollten wir jeden Traum zu einem freudvollen und bereichernden Erlebnis gestalten. Jede negative Energie kann in eine positive umgewandelt werden. Wir sollen schon vom Negativen lernen, es genau anschauen und auf keinen Fall weglaufen. Haben wir es aber konfrontiert, können wir es in etwas Schönes und Wertvolles umwandeln.

Eine Technik, die in der Gestalttherapie nach Fritz Perls häufig bei der Arbeit mit Träumen angewandt wird, ist folgende: Der Klient *identifiziert* sich mit einem Teil des Traumbildes und *spricht als dieser Teil.* Er gibt diesem Teil sozusagen seine Stimme. Dabei kann man sich nacheinander mit wirklich jedem Objekt, das in dem Traum vorkommt, identifizieren. Nach Fritz Perls ist jeder Teil eines Traumes eine Projektion eines Teiles von uns. In unserer Focusingsprache könnte man sagen, daß diese Technik bei der Symbolisierung des vagen, nebulösen felt sense des Traumes hilft.

Beispiel:

Kl.   Ich gehe jetzt wieder auf dieser Asphaltstraße, auf der ich immer weiter wandere. Und es ist kein Ende in Sicht.

Begl.   *Ja, kein Ende in Sicht.*

Kl.   Ja, es ist furchtbar.

Begl.   *Nimm dir etwas Zeit, das alles zusammen noch einmal in Bauch- und Brustraum zu erleben. Hast du vielleicht Lust, einmal diese Straße zu sein und als sie zu sprechen?*

Kl.   Ja. Ich bin die Asphaltstraße. Ich bin schwarz und hart. Buuh. (Schüttelt sich.) Ich gehe immer weiter und höre nie auf.

Begl.   *Unangenehm, hmm? Spür in den Bauch- und Brustraum. Wie ist es jetzt dort?*

Kl.   Ich mach dir das Leben schwer. Ich lasse dich leiden.

Begl.   *Aha, du läßt also den Jochen leiden. Hat sich irgend etwas verändert?*

Kl.   Ja, die Brust ist weiter. Ich fühle mich jetzt eher ärgerlich. Als Bild habe ich jetzt einen Fluß. Der ist auch noch endlos lang – aber wild und lebendig. Seltsam.

Begl.   *Dann sprich doch noch einmal als der Fluß.*

Kl.   Ich bin wild und lebendig. Ich gehe immer weiter und weiter, bis ich in das Meer fließe (lacht).

Begl.   *Fühlt sich gut an, mmh?*

Kl.   Ja, toll. Der Körper ist wie elektrisiert. Wahnsinnig.

Begl.   *Hast du vielleicht auch noch einmal Lust, das Meer zu sein?*

Kl.   Ja. Ich bin das Meer. Ich bin unheimlich groß. Ich bin sehr wild und lebendig, aber auch vollkommen ruhig und still. An der Oberfläche bin ich kräftig und wild, tief unten bin ich ganz still und ruhig. Ich bin unheimlich groß und umfasse alles. Alle Flüsse enden in mir, und ich umspüle alle Kontinente.

Begl.   *Das ist ein sehr großes Gefühl, was du dort spürst. Spüre es auch noch mal im Bauch- und Brustraum und bleibe einfach dabei. Du brauchst jetzt nichts zu sagen und kannst einfach dabei bleiben und es genießen.*

Übung

Der Klient berichtet von einem Traum, den er in der Woche vor der Sitzung geträumt und erinnert hat. Hat er keinen parat, kann er sich auch einen Traum ausdenken. Dann versucht er nacheinander verschiedene Teile des Traumes zu sein und als sie zu sprechen, so wie in dem Beispiel oben gezeigt wurde. Der Begleiter folgt und führt. Nach der Übung tauschen sich die Partner aus und wechseln die Rollen.

Reinkarnationsphantasien

Manchmal bildern Klienten in Focusingsitzungen Erlebnisse, wie sie besonders in Reinkarnationstherapien vorkommen. Sie befinden sich dann auf der Bilderebene in fremden Ländern und Zeiten, und das Bild – das wäre wohl ein früheres Leben – scheint gut zu passen. Reinkarnationstherapien wirken weniger dadurch, daß man ein früheres Erlebnis vollkommen genau wiedererlebt und schon dadurch eine Veränderung geschieht. Sie wirken eher wie ein Tagtraum oder Symboldrama. Auch hier will sich ein Thema oder inneres Gesamtgefühl zeigen und entfalten, und die Bilder sind wieder Hilfen bei der Symbolisierung.

Auf diese Weise wollen wir auch diese Bilder bei unserem partnerschaftlichen Focusing auffassen. Wir starren also nicht allzu fasziniert auf die Bilderwelt, fragen uns, ob das wohl alles wirklich geschehen ist, sondern benutzen diese Bilderwelt als Hilfe bei der Explikation eines felt sense. Auch hier fragen wir den Klienten immer wieder nach seinem Gefühl in Bauch und Brustraum.

Auf der anderen Seite ist es allerdings so, daß das Erleben in einer Geschichte, die etwas mit unserem früheren Leben zu tun haben könnte, meist recht tiefe und eindringliche Eindrücke hinterläßt. Neben intensiven body shifts, die während des Bilderns auftreten können, werden häufig Themen angesprochen, die die Klienten als besonders zentral wahrnehmen. Grundgefühle und Erlebensmuster mögen sichtbar werden, die das Gefühl vermitteln: «Ja, das ist es wohl, was mir seit Tausenden von Jahren immer wieder geschieht.»

Solche Phantasien können fast zu Geschichten oder Romanen werden, die sich aus dem felt sense heraus entwickeln. Wir brauchen uns nur hinzusetzen, uns irgendeine Zeit und irgendein Land herauszusuchen und uns eine Geschichte für ein früheres Leben ausdenken, unabhängig davon, ob wir daran glauben, schon einmal gelebt zu haben. Die meisten Menschen werden dabei sehr intensive Gefühle spüren. Viele Klienten werden während ihrer Sitzungen keine Reinkarnationsphantasien haben. Falls sich aber ein Klient einmal auf dieser Ebene befinden sollte, ist es gut, daß wir nicht erschrecken, weil wir wissen, daß es diese Bilderebene gibt und hilfreich folgen können, wobei das Begleiterverhalten das gleiche sein kann wie Tagträumen.

Beispiel:
(Die Begleiteräußerungen sind in diesem Beispiel weggelassen worden. Da der Klient seine Bilder immer aus dem Körpergefühl heraus entwickelte und recht gut im Kontakt zu seinem Körper und Atem war, brauchte der Begleiter kaum mehr tun als Mmh Mmh, Zurücksagen und manchmal Verbalisieren anzuwenden. Diese Phantasie wird als Nacherzählung des Klienten wiedergegeben.)

«Alles ist schwarz. Ich fliege im dunklen Weltenraum und fühle mich dort wohl. Ich ahne einen hellen Planeten auf der linken Seite, möchte dort aber nicht hinschauen. Er könnte mich blenden, könnte mir weh tun. Dann mischt sich Hell und Dunkel zu einem Wald, wo es unten schattig ist und oben das Sonnenlicht sichtbar wird. Dort lebe ich unter den Tieren, einsam, natürlich, meditativ und mit der Natur verbunden. Ich fühle mich stark und natürlich. Bin ganz im Bauch, wenig Gedanken oder Planungen, springe wie die Affen durch die Bäume oder laufe herum. Ich habe einen Tiger zum Freund und wohne in einer Höhle. Unter der Höhle ist ein Fluß mit klarem Wasser. Ich kann Kontakt zu den Geistern hinter den Erscheinungen aufnehmen, beispielsweise zum Gott des Wassers und zum Gott der Bäume.

Die Höhle hat einen Balkon, auf dem ich mich sonne. Ich recke und strecke mich und bin jetzt ganz in der Sonne. Sofort bekomme ich das

Gefühl, daß ich etwas unternehmen muß. Ich geh in die Savanne und will ein Tier erlegen. Werde aber schnell unlustig und denke, daß ich auch Früchte von Bäumen pflücken kann.

Dann gehe ich in ein Dorf und besuche die Leute dort. Ich fühle mich fremd. Ich bin der Waldmensch, den die Dorfmenschen kennen und den sie manchmal bei Heilungen rufen. Alle sind recht freundlich zu mir, stellen mir Essen hin und lassen mich so sein, wie ich bin. Ich liege auf dem Dorfplatz und schaue alles nur an. Ich bin freundlich zu den Leuten, aber ich beteilige mich nicht an den Gesprächen.»

*

In der nächsten Sitzung gelangt dieser Klient zwar in eine andere Bilderwelt und bearbeitet damit auch ganz andere und neue Stimmungen, aber einige Themen kehren auch immer wieder, scheinen also Grundthemen zu sein.

*

«Ich bin an einem grauen, kalten See in einer grauen, unbewaldeten Landschaft. Ich habe das Gefühl, daß ich nicht in diese Landschaft gehöre. Ich fühle mich fremd dort. Wie Island oder Norwegen. Wohne in der Nähe in einer Burg. Ich fühle mich dort ebenso fremd. Überall kalte Steine, grau und schwarz. Keine Wärme, kein Holz. Ich habe Sehnsucht woandershin. Ich bin anders als die anderen Bewohner der Burg. Die feiern lustig drauflos und machen ihre Kriege. Ich mache zum Schein mit, es bringt mir aber keinen Spaß. Ich habe einen Hund, der ist mein einziger Trost. Wenn ich ihn streichle, wird alles warm und besser. Jetzt bin ich 18 Jahre alt, bin volljährig, nehme mir ein Pferd und reite weg. Ich bin auf der Suche nach meinem wahren Zuhause.

Die Gegend bleibt noch unbewaldet, aber das Gras wird schon grüner und saftiger. Eine Schafherde. In der Nähe ein Schäfer in seiner Hütte. Ich frage ihn, ob ich dort übernachten kann. Er nickt. In der Stube ist es warm und hell vom Feuer, sehr gemütlich und alles aus Holz. Er kocht eine Suppe, und wir essen gemeinsam. Fühle mich sehr geborgen. Wir sprechen kaum, es ist ein meditatives Zusammensein. Am nächsten Morgen reite ich weiter, kaufe dem Schäfer noch eine Felljacke ab.

Die Gegend wird waldiger, wie eine mittelalterliche Landschaft mit Wiesen, Wäldern, Flüssen und Häusern. Ich komme in eine Stadt. Alles ist voller Leben und Geschrei. Die Menschen sind sehr bunt und rotbackig. Ich bin vollkommen fasziniert. Dann schlägt das Gefühl um, und ich fühle mich wieder fremd und nicht dazugehörig. Ich muß doch weiter. Übernachte in einer Herberge, besauf mich mit anderen Reisenden, und am nächsten Tag geht es weiter.

Bin unwillig und ärgerlich. Das Leben ist beschissen. Ich reite zu den Räubern in den Wald und werde einer von ihnen. Ich freß, sauf, spiel ein Instrument, habe eine Frau wie eine Magd, bin männlich, lustig und stark. Ich werde der Anführer. Gemordet wird nur, damit wir etwas zu essen haben, sonst sind wir lebenslustig und freundlich.

Aber irgendwann wird auch das langweilig. Ich muß weiter. Ich reite durch die Gegend, fühle mich nicht mehr so sehnsüchtig wie früher. Ich erlebe jetzt das gleiche Gefühl eher als Unruhe im Becken.

In der Ferne ist eine Burg. Zu der will ich aber noch nicht hin. Ich brauche Kumpane, mit denen ich etwas unternehmen kann. Ein Musiker erscheint. Wir tun uns zusammen, um einige Zeit miteinander zu leben und voneinander zu lernen. Er ist feiner als ich, fühle mich fast plump neben ihm. Er lehrt mich die Musik, und ich zeige ihm, wie man reitet, fechtet und schießt.»

Übung

Der Klient liegt in innerer Achtsamkeit mit geschlossenen Augen und fängt einfach eine Geschichte an zu fabulieren, als ob sie ein früheres Leben von ihm wäre. Bei dieser Übung wäre die Armeübung zu Beginn sehr hilfreich, um stärker in einen anderen Bewußtseinszustand zu kommen. Er sucht sich eine bestimmte Zeit und ein bestimmtes Land aus, fragt sich, welchen Beruf er wohl haben mag und wie seine Lebensumstände sein mögen. Der Begleiter hilft durch Genauern. Dann läßt der Klient die Geschichte einfach von selbst weiterlaufen, wobei er immer wieder in den Brust- und Bauchraum fühlt, den Atem spürt und sich beim Bildern viel Zeit läßt.

Positive Symbole

In vielen *imaginativen Therapien,* besonders in der Psychosynthese von Roberto Assagioli, wird mit positiven Symbolen gearbeitet, die die Persönlichkeit des Klienten stärken und bereichern sollen. So kann man beispielsweise durch das Imaginieren des Bildes einer Sonne oder einer Rose mit deren Symbolgehalt in Kontakt kommen und positiv beeinflußt werden. Selbstverständlich geht dieser Einfluß auch über in ein verändertes Körpergefühl.

Im Focusing gehen wir nun anders vor. Wir wollen keine Bilder, und seien sie noch so schön, in den Klienten hineingeben. Uns geht es darum, daß er seine *subjektive Befindlichkeit* in den Bildern symbolisiert. Grundlage unserer Arbeit ist das, was vorhanden ist, und nicht das, was wir wünschen oder für gut halten. Auf der anderen Seite sollten wir als Begleiter sensibel wissen, daß diese positiven Symbole ganz spontan in der Sitzung unseres Klienten auftauchen können. Manchmal zwingt sich auch uns als Begleiter solch ein Symbol – aus dem Prozeß des Klienten wachsend – auf. Dann können wir das dem Klienten ruhig vorschlagen. Diese positiven Bilder werden eher am Ende einer Sitzung, wenn sich der Klient erfüllt und glücklich fühlt, spontan auftauchen. Dann können wir durch das Verweilen bei diesem Symbol dieses positive Gefühl noch vertiefen. In einem der vorausgegangenen Beispiele sprach der Klient zum Schluß als Meer. Das war bereits die Arbeit mit einem positiven Symbol. Wichtig ist auch hier wieder, daß wir den Klienten beim Bildern dieser Symbole in den Bauch- und Brustraum hineinfühlen lassen.

Bei diesen Symbolen kann das Erleben des Klienten *transpersonalen* Charakter bekommen, und wir sollten uns als Begleiter sehr behutsam und beinahe ehrfürchtig verhalten. Haben wir selbst Erfahrungen mit solchen transpersonalen Erlebnissen, dann können wir natürlich unserem Klienten etwas auf die Sprünge helfen, wenn er damit noch nicht vertraut ist.

Beispiel:

Kl.   (ziemlich am Ende einer intensiven Sitzung) Jetzt fühle ich mich ganz wunderbar. Ich kann das gar nicht richtig ausdrükken.

Begl.   *Spür dies Gefühl einfach in Brust- und Bauchraum und schau,*
       ob du aus diesem wunderbaren Gefühl ein Bild kommen lassen
       kannst.

Kl.   Ja, es kommt eine Rose. Eine dunkelrote volle Rose, unheim-
       lich schön.

Begl.   *Ah. Eine volle rote Rose. Bleib dabei. Schau sie einfach an und*
       laß sie auf dich wirken.

Kl.   Ja, das ist einfach schön.

Begl.   *Schau mal, was sie mit deinem Atem macht. Hat er eine andere*
       Qualität als sonst?

Kl.   Ja, aber ich weiß nicht was genau.

Begl.   *Schau mal, ob die Rose nicht auch im Ein- und Ausatmen mit-*
       atmet. Als ob die Blütenblätter im Einatmen leise nach innen
       schwingen. Als ob sie sich ganz leise schließen wollen und im
       Ausatmen nach außen hin öffnen.

Kl.   Ja, genau. Mein Atem schwingt mit der Rose mit. Oh, ist das
       schön.

Begl.   *Achte auch mal darauf, ob dein Atem jetzt nicht eine andere*
       Qualität hat – so als ob er rosenartig ist.

Kl.   Ja, genau. Das wäre das richtige Wort. Es ist schwer zu be-
       schreiben. Es ist, als ob ich Mann und Frau zugleich bin, und
       auch Erwachsener und Kind. All diese Qualitäten sind zusam-
       men da. Irgendwie, als ob ich alles bin.

Begl.   *Hat dein Körper auch eine andere Strahlung?*

Kl.   Ja, es fühlt sich an, als ob ich leuchte oder strahle. Aber das
       Besondere ist, daß mein Zustand so ist, wie er noch nie war.

Begl.   *Ja, dein Zustand ist so, als ob er jetzt in diesem Moment ganz*
       neu in Existenz kommt, so, wie er das noch nie getan hat. Und
       jetzt wieder. Immer wieder neu.

Kl.   Ja, ich fühl so richtig, daß es mich, so wie ich gerade in dieser
       Sekunde bin, noch nie vorher gegeben hat. Ich fühle mich so
       neu und nackend. Aber es ist wunderschön.

Begl.   *Ja, ein wunderschöner Zustand.*

Kl.   Ich möchte jetzt nur so daliegen und nicht mehr sprechen.
       Irgendwie passen jetzt Worte nicht mehr. Ich möchte einfach
       nur dieser Zustand sein.

Begl.   *O. k. Ich sitz hier neben dir, und du kannst dir alle Zeit neh-*
       men, die du brauchst.

Auf diese Weise können wir in unseren Focusingsitzungen dem Partner helfen, positive Symbole und Bilder *erlebnismäßig zu vertiefen* und auch tief im Körper und Atem zu spüren. Andere Symbole, die beispielsweise in der Psychosynthese häufig benutzt werden, sind z. B.:

Der innere weise Mann (oder Frau)	als Symbolisierung der inneren Intuition und Weisheit. Unser innerer Guru. Häufig findet man ihn oder sie auf einem Berg und kann dort einen Dialog mit ihnen anfangen.
Der Leuchtturm	der stark und sicher den Schiffen auf dem Meer die Richtung weist.
Der Schmetterling	mit seinen verschiedenen Stadien als Symbol für Wachstumsprozesse. Die Raupe, die sich verpuppt und schließlich als Schmetterling aus dem Kokon in die Freiheit fliegt.
Die Sonne	als Licht- und Wärmequelle und als Symbol des göttlichen Lichts.
Die Flamme	als Symbol des Lichtes, der Liebe, der Hingabe, des Wechsels und der Reinigung.
Die Quelle	als Symbol von Reinigung, Urgrund, Gefühlen und Schöpferkraft.
Der Diamant	als Symbol des eigenen spirituellen Selbst, der Reinheit, Unversehrtheit und Kostbarkeit.
Der Himmel	als Symbol des Grenzenlosen, des Unendlichen und des Allumfassenden.
Das Schiff	als Symbol unserer spirituellen Reise.

Übung

Der Klient liegt in innerer Achtsamkeit und sucht sich ein positives, symbolisches Bild aus, mit dem er gerne arbeiten möchte. Er stellt es sich vor seinem geistigen Auge vor und läßt dazu einen felt sense bilden. Er folgt dann dem Prozeß, der von selbst entstehen wird, und der Begleiter folgt und genauert oder benutzt eine andere Interventionsart, die ihm angemessen erscheint.

Danach tauschen sich die Partner aus und wechseln die Rollen.

8. Sitzung: Interventionen auf der Handlungsebene

Im Verlauf mancher Focusingsitzungen mag es angebracht erscheinen, daß der Klient die Welt der inneren Achtsamkeit verläßt, um sich auf die *reale Handlungs- und Spielebene* zu begeben. Dort drückt er dann etwas aus, spielt einen Teil von sich, stellt eine bestimmte Person dar oder übt ein bestimmtes Verhalten. Danach wendet er sich wieder seinem inneren Erleben zu und spürt nach, was das Handeln oder Spielen in ihm ausgelöst hat. Wie fühlt es sich nun an in Bauch- und Brustraum?

Viele Techniken, die in der Gestalttherapie nach Fritz Perls und im Psychodrama nach Jacob Moreno angewendet werden, eignen sich für diese erlebnisintensivierenden Experimente im Handlungsraum. Einige Techniken, mit denen wir beim partnerschaftlichen Focusing besonders gute Erfahrungen gemacht haben, werden in dieser Sitzung beschrieben und können in Trockenübungen einmal erfahren werden.

Wichtig bei diesen Interventionen wie bei allen anderen ist, daß wir sie als *Experimente* auffassen, deren Wirkung wir nachgehen:

«Wie beeinflußt dieses Experiment den felt sense? Was macht es mit dir, wenn du einmal …?» Wir werden also z. B. eine Übung, in der es darum geht, die eigene Wut einem vorgestellten Partner gegenüber auszudrücken, nicht durchführen, *damit* die Aggression «durchbricht» oder *damit* eine bestimmte Lautstärke erreicht wird. Das würde Leistungsdruck erzeugen; die Übung wäre zielorientiert – mit der Möglichkeit, das Ziel nicht zu erreichen und sich als Versager zu fühlen.

Wir fragen eher, ob der Klient Lust hat, einmal auszuprobieren, was passiert, wenn er diesen vorgestellten Partner anschreit. Der Klient probiert, was immer ihm möglich ist, und wir fragen wieder nach, wie es sich jetzt in ihm anfühlt. Vielleicht hat er Angst empfunden, die Wut zu zeigen. Dann können wir diese weiter erforschen. Oder aber er ist mit einer unbekannten Kraft und Stärke in Kontakt

gekommen. Dann gehen wir mit dieser mit. Oder aber die Wut ist
umgeschlagen in Traurigkeit und Schmerz, und wir schauen uns an,
was diese Gefühle uns zu sagen haben.

Die Focusingpartner sollten auf jeden Fall diese Interventionen
einmal kennenlernen und erfahren. Es erweitert ihre Möglichkeiten
und zeigt ihnen andere Wege. In der Praxis wird es bei den meisten
Paaren so sein, daß diese Interventionen auf der Handlungsebene
selten genutzt werden und die meisten Menschen es vorziehen, in
der inneren Achtsamkeit in der Vorstellungswelt zu bleiben. Es gibt
allerdings auch einige Menschen, die sich besonders gern im Spiel
erfahren – und diese werden häufiger mit den hier beschriebenen Interventionen umgehen.

Direktes Ansprechen

Wir fordern den Klienten auf, mit dem Gefühl einem bestimmten
Menschen gegenüber, das er gerade beschreibt, diesen nun vorgestellten Menschen in direkter Rede zu konfrontieren. Angenommen, der
Klient spricht gerade von seinem Ärger seinem Vater gegenüber,
dann fordern wir ihn auf, sich diesen Vater mit geschlossenen Augen
vorzustellen, diesem in der Vorstellung in die Augen zu schauen und
ihm diesen Ärger direkt zu sagen.

«Vater, ich bin verdammt ärgerlich auf dich, weil du ...» Wenn der
Klient dann ausgedrückt hat, was er ausdrücken wollte, spüren wir
wieder in den Bauch- und Brustraum und schauen, wie sich das jetzt
dort anfühlt. Häufig wird das Erleben durch dieses direkte Sprechen
aktiver und intensiver als vorher beim Sprechen *über* die Gefühle.

Beispiel:

Kl.   Ja, und dann hat er mich doch tatsächlich geschlagen, und
       ich war so ärgerlich auf ihn. Wie kann man nur so beknackt
       sein. Ich hätte ihn anschreien können.

Begl. *Wie wäre es, wenn du ihm jetzt deinen Ärger einmal direkt sa-
       gen würdest?*

Kl.   O. k. Ich brauche noch etwas Zeit. – Es macht mir etwas
       Angst, ihm in die Augen zu schauen. Aber ich versuch es
       trotzdem. Vater, ich hab eine unheimliche Wut auf dich. Ich
       laß mich nicht mehr von dir schlagen.

Begl. *Aha. Ich laß mich nicht mehr von dir schlagen. Noch etwas Angst dabei?*

Kl.   Ja, klingt noch etwas verzagt. Ich mach es noch mal lauter. «Ich laß mich nicht mehr von dir schlagen» (schreit den Satz).

Begl. *Laß uns dann einmal wieder nachspüren. Wie fühlt es sich jetzt an?*

Kl.   Gut. Ein wirklich gutes Gefühl. Die Angst ist vollkommen verschwunden und ich fühle mich so stark und groß. Toll einfach.

Übung

Der Klient erzählt von einem intensiven Gefühl, das er in der letzten Zeit einer bestimmten Person gegenüber gehabt hat. Er spürt den felt sense. Dann spricht er das Gefühl in direkter Rede aus und spürt wieder den felt sense. Danach Erfahrungsaustausch zwischen den Partnern und Rollenwechsel.

Emotionales Atmen mit Blickkontakt

Die Übungen 1 und 3 können mit geschlossenen Augen und vorgestelltem Partner durchgeführt werden oder aber auch so, daß der Begleiter die gemeinte Person darstellt und sich Klient und Begleiter bei der Übung in die Augen schauen.

In dieser Übung 2, der Grundlage Reichianischer Atemarbeit, benutzen wir den *getönten Ausatem*, den der Klient im Blickkontakt mit dem Begleiter erlebt. Wir fordern den Klienten auf, uns deutlich in die Augen zu schauen, den Mund zu öffnen, das Kinn dabei locker zu lassen und den Atem tief durch den Mund zu nehmen. Er soll dabei tief einatmen, tief ausatmen und dem Atem beim Ausatmen einen Ton geben, der seinem inneren Gefühl entspricht. Statt mit Worten oder Bildern drückt der Klient seinen felt sense jetzt als Atemton aus. Während nun in der Atemtherapie so lange weitergeatmet wird, bis durch die durch das Atmen entstehende Energie Muskel- und Gefühlsblocks mehr oder weniger explosionsartig herausbrechen, gehen wir behutsamer und weicher vor. Uns genügt es, wenn das betreffende Gefühl nur leicht zu spüren und zu schmecken ist, um es dann genauer zu erforschen und es sich beispielsweise durch Worte oder Bilder ausdrücken zu lassen.

Wir schauen also nach relativ kurzer Atemzeit wieder in den Bauch- und Brustraum und spüren dort nach.

Beispiel:

Kl.   (spricht von einem ganz unklaren Gefühl, das gerade da ist und das irgend etwas mit der Mutter zu tun hat, das aber gar nicht zu greifen ist.)

Begl.   *Wenn du willst, können wir einmal Blickkontakt aufnehmen, und du versuchst, das Gefühl erst einmal im Atem zu erleben.*

Kl.   Ja. (Schaut den Begl. an und fängt an, durch den Mund zu atmen.)

Begl.   *Ist es jetzt da?*

Kl.   Ich glaube ja.

Begl.   *Mach einen Ton dazu.*

Kl.   (gibt im Ausatmen einen Ton. Der Ton verstärkt und verändert sich. Ca. 20 Atemzüge.)

Begl.   *Was für ein Satz würde passen?*

Kl.   Geh nicht weg.

Begl.   *Sag ihn mir noch einmal. Gib ihn mir in die Augen.*

Kl.   Geh nicht weg (lauter). (Fängt an zu weinen.) Du gehst doch wieder weg.

Begl.   *Ah, da ist so ein Gefühl, sie geht doch wieder weg. Und du willst, daß sie dableibt. Laß uns doch das Gefühl noch einmal genauer anschauen.*

Übung

Der Klient nimmt auf die beschriebene Weise im Liegen Blickkontakt mit dem Begleiter auf, gibt seinem Ausatmen einen Ton und schaut einfach, was geschieht. Evtl. nach einem Satz oder Bild suchen. Erfahrungsaustausch und Rollenwechsel.

Schreien eines Satzes

Diese Intervention ist sehr hilfreich, wenn es dem Klienten schwerfällt, Aggressionen auszudrücken, und er einfach seine Fähigkeit dazu steigern will. Insofern ist diese Übung kein rein absichtsloses Experiment, sondern hat schon das Ziel, den Klienten zu seiner maximalen Lautstärke und Kraft zu führen. Die Übung erreicht aber gerade, daß jeder Klient dabei ein Erfolgserlebnis hat.

Der Klient sucht sich einen möglichst kurzen und kräftigen Satz, der seinen Ärger oder Zorn am besten ausdrückt. Beispielsweise: «Du Schwein», «Laß mich in Frieden!», «Ich hasse dich» oder «Du alte Kuh». Es ist schon gut, wenn diese Sätze derb und prägnant sind, auch wenn sie nicht immer «fein» klingen. Der Klient ballt dann seine Hände zu Fäusten, um genügend Aktivitätsenergie zu haben, und beginnt, den Satz zunächst leise immer wieder zu sagen. Er soll dabei keine Pausen machen, damit seine eigenen Gedanken nicht hemmend wirken können.

Er wird dabei lauter und lauter, bis er zum Schluß seine maximale Lautstärke erreicht hat, bricht dann ab und fühlt nach. Wichtig ist, daß der Klient keine Pausen macht, den Satz nicht verändert und im Rhythmus bleibt. Merkt er beim Nachspüren, daß ein anderer Satz besser passen würde, dann kann er es mit diesem noch einmal probieren.

Im Beispiel zur Übung 1 hätte der Begleiter den Klienten auffordern können, den Satz «Ich laß mich nicht mehr von dir schlagen» immer lauter zu sagen und schließlich zu schreien.

Diese Intervention kann auch im Sitzen mit Blickkontakt mit dem Begleiter ausgeführt werden, wobei dann der Begleiter für den Adressaten steht.

Übung

Der Klient sucht sich einen Satz, mit dem er das Ausschreien probieren möchte. Der Satz soll an eine bestimmte vorgestellte Person gerichtet sein. Er führt dann das Ausschreien auf die beschriebene Weise durch. Danach Erfahrungsaustausch und Rollenwechsel.

Das Ausspielen zweier Polaritäten

Bei dieser Intervention fordern wir den Klienten auf, zwei verschiedene Seiten seiner Person *in einen Dialog* treten zu lassen. Einmal spielt er die eine Seite und spricht als diese, danach wird er zur anderen Seite und spricht als jene. Dies kann als reales Spiel geschehen, wobei sich der Klient für jede Seite auf einen anderen Stuhl setzt, also beim Rollenwechsel auch den Stuhl wechselt. Das kann aber auch im Liegen mit geschlossenen Augen in der Vorstellung geschehen. Dieser Dialog zwischen zwei Polaritäten der eigenen Person ist eine der wichtigsten Techniken der *Gestalttherapie* nach Fritz Perls.

Kl.	Ja, da ist dann immer wieder dieser Teil von mir, der mich antreibt, die Peitsche schwingt und immer sagt «Du mußt ...» und auf der anderen Seite dieser andere Teil, der so weich und hilflos ist wie ein Baby.
Begl.	*Hast du Lust, die beiden Teile einmal miteinander sprechen zu lassen?*
Kl.	Ja. Aber ich habe keine Lust, mich hinzusetzen. Ich möchte liegen bleiben und einmal beide Teile spielen.
Begl.	*O. k. Mit welchem Teil möchtest du anfangen?*
Kl.	Ich beginne mal mit dem Peitschenschwinger. Also, du kleines Baby, mach mal Leine. Kein Ausruhen hier. An die Arbeit!
Begl.	*Spür noch einmal kurz den felt sense dessen, was du gesagt hast. Wir sehen ihn uns dann nachher noch mehr an. Wechsel dann ruhig die Rolle.*
Kl.	Ja. Dann bin ich das Baby. Aua, aua, treib mich nicht so an. Du quälst mich. Ich bin doch so klein.
Begl.	*Fühlst du dich da richtig gequält? Dann wechsel doch noch einmal.*
Kl.	(als Peitschenschwinger). Na und. Ich werde dir kein Pardon geben. Du jämmerliches Baby!
Begl.	*Spür mal hinein. Wie fühlt sich der Peitschenschwinger von innen her?*
Kl.	Ja, so ... grausam würde passen. Ja, grausam und brutal.
Begl.	*Laß uns ihm mal die Frage stellen, was ihn so grausam sein läßt.*
Kl.	(Pause) Irgendwie verändert sich etwas. Ich werde als Peit-

schenschwinger ganz hilflos. Als ob mich das Baby, obwohl es so klein und hilflos erscheint, die ganze Zeit in der Hand hat und mich machtlos macht.

Begl.   *O. k. Sag das doch einmal direkt zum Baby.*

Kl.   Ja, also Baby, ich fühle mich hier ganz machtlos. Ich kann nie das durchsetzen, was mir wichtig ist, weil du es verhinderst. Ich habe auf dich eine Mordswut.

Begl.   *Dann antworte doch mal als Baby.*

Kl.   Das ist mir ganz neu, daß du dich machtlos fühlen kannst. Das verändert was. Das ist ja genau das, was ich die ganze Zeit dir gegenüber fühle.

Begl.   *Kannst du diese Veränderung im Inneren spüren?*

Kl.   Ja, ich fühle mich gleichberechtigter – nicht mehr so klein.

Begl.   *Aha, da, wo der Peitschenschwinger sich mehr zeigt und öff- net, kannst du dich stärker fühlen. Ich habe den Eindruck, ei- gentlich ist schon wieder die andere Seite dran.*

Kl.   Ja. Aber der Name Peitschenschwinger paßt nicht mehr. Ich spüre jetzt, daß ich auf dieser Seite doch für ganz normale, wichtige Dinge einstehe und daß ich gar nicht richtig verstan- den werde. Es kommt mir fast so vor, als ob der andere Teil über mich lacht.

Begl.   *Sag ihm das einmal direkt.*

Kl.   Also – Baby. Grins nicht so dumm. Ich will, daß du mir einmal richtig zuhörst.

        usw. usw.

Dieser innere Dialog hilft, zwei Seiten der eigenen Person wieder in Kontakt zu bringen und miteinander kommunizieren zu lassen, die vorher voneinander getrennt waren oder miteinander in Fehde lagen. Dabei wird während des Dialogs immer wieder gewechselt zwischen Ausdruck und fokussierendem Nachschauen im Innen- raum.

Als Begleiter müssen wir darauf achten, daß eine Balance zwischen *Nachspüren* und *direktem Ausdruck* besteht. Kommt der Klient zu stark in den Ausdruck und verändern sich die beiden Seiten dabei nicht, dann fordern wir den Klienten auf, mehr nach innen zu spüren. Ist er dann im Kontakt mit sich, bitten wir ihn, erneut zu symbolisie- ren und mit der anderen Seite in direkter Rede zu kommunizieren. Außerdem müssen wir als Begleiter darauf achten, daß der Klient immer wieder die Seiten wechselt. Das bringt den Prozeß immer wieder zum Fließen und wird vom Klienten häufig vergessen.

Bei solchen Dialogen machen die beiden Seiten ebenso wie die Partner bei richtigen Konfliktgesprächen ganz bestimmte Stadien durch. Obwohl die genaue Reihenfolge im individuellen Fall abweichen kann, scheinen mir folgende Stadien typisch:

o Beide Seiten greifen sich an. Der Ärger wird aber noch nicht ausgedrückt.

o Der gegenseitige Ärger kann benannt und ausgedrückt werden. Er wird deutlicher und kann präziser beschrieben werden.

o Beide Seiten beginnen zu sehen, daß jede Seite unter der anderen leidet und sich unterdrückt fühlt.

o Beide Seiten fühlen sich in ihrem Leiden solidarisch.

o Beide Seiten beginnen in der Kommunikation die andere Seite zu verstehen und wirklich zuzuhören.

o Die Bereitschaft beider Seiten wächst, die andere Seite als gleichberechtigt anzuerkennen und Kompromisse auszuhandeln.

o Beide Seiten sehen, daß sie sich gegenseitig brauchen und einander fördern und helfen können.

o Die Seiten entwickeln freundschaftliche, wenn nicht sogar liebevolle Gefühle füreinander.

o Während des fortschreitenden Dialogs wird die Bewußtheit für die gesamte Person immer größer, von der die beiden Seiten ja nur zwei Teile sind.

Falls der Prozeß in einem solchen inneren Dialog einmal sehr festgefahren zu sein scheint, kann der Begleiter vorschlagen, daß der Klient sich weder mit der einen Seite noch mit der anderen identifiziert, sondern sich den ganzen Dialog einmal «von außen» als neutraler Beobachter anschaut. Die Veränderung der Identifikationsebene kann dann häufig eine Lösung, Entspannung oder neue Sichtweise bewirken. Falls der Klient solch einen Dialog auf zwei Stühlen mit Platzwechsel durchführt, kann er in diesem Fall aufstehen und sich etwas entfernt zwischen die Stühle stellen.

Übung 1

Der Klient denkt sich einen Konflikt in seiner Person und beschreibt die beiden Pole. Folgende Polaritäten wären denkbar:

männlich – weiblich

hart – weich

pflichtbewußt – faul

aktiv – passiv

erwachsen – kindlich

ernst – verspielt

asketisch – sinnlich

Wille – Gefühl

Der Klient läßt dann die beiden Pole auf die beschriebene Weise in einen Dialog treten und der Begleiter hilft beim Rollenwechsel, direktem Ausdruck und Nachspüren. Zur Übung ist es gut, diesen Dialog auf zwei Stühlen mit Platzwechsel durchzuführen. Für diese Übung sollte man sich ruhig viel Zeit nehmen. Manchmal ist eine ganze Stunde nicht zu wenig. Die meisten Paare machen mit Hilfe dieses Dialoges eine spannende und aufregende Selbsterfahrung. Nach einem Austausch und einer kurzen Pause erfolgt dann der Rollenwechsel.

Psychodrama

Ebenso wie der Klient in der letzten Übung selbst zwei Seiten seiner Person ausspielte, ist es möglich, daß er eine für ihn wichtige Szene zusammen mit seinem Begleiter oder mit einer Gruppe spielt, um zu schauen, was dabei mit seinem inneren Fühlen geschieht. Auf diese Weise geht man im Psychodrama nach Jacob Moreno vor, wobei meistens in einer Gruppe gespielt wird und verschiedenste Techniken dabei zur Verfügung stehen, um den Prozeß des Klienten zu vertiefen.

Ein Spiel mit vielen Mitspielern wird uns in unseren Focusingsitzungen kaum möglich sein – meistens werden wir ja zu zweit sein. Zum anderen werden wir um so weniger Spiel und Aktion brauchen, je mehr wir mit unserem felt sense in Kontakt sind. Bei unserer Art Arbeit genügen uns häufig «homöopathische Dosen» von Spiel, um den felt sense sich entfalten und ausdrücken zu lassen. Manchmal genügt es bereits, ein Spiel in der Vorstellung *anzubieten* – und das Erleben des Klienten wird genügend intensiviert. Das Grundprinzip ist ja, *psychische Vorgänge* in eine *Handlung* oder ein *Spiel* zu übersetzen. So gesehen waren auch die Interventionen «direktes Ansprechen», «emotionales Atmen» und «Satz schreien» psychodramatische Interventionen – sie dramatisieren das psychische Erleben.

Immer wenn wir den Ausdruck des Klienten durch das Spiel verstärken, gehen wir mit dem Prozeß auf fokussierende Weise um, d. h. wir achten immer wieder darauf, daß er nach einem Stück Handeln und Ausdrücken nach innen spürt und nachfühlt.

Es wird häufig während der Sitzungen sinnvoll sein, bei Äußerungen des Klienten zu überlegen, wie sein ausgedrücktes Gefühl in einem Spiel oder in einer Handlung dargestellt werden könnte. Manchmal genügt dann einfach die nun plastischer gewordene Vorstellung, um weiterarbeiten zu können; manchmal haben Klient und Begleiter Lust, diese Darstellung real auszuprobieren. Dann wird die Spielvorstellung zu einem Experiment, das eine Sitzung lebhafter und aktiver gestalten kann.

Beispiel:

Kl.   Ich fühle mich so furchtbar eingeengt. So wie festgehalten.

Begl.   *Wie könnten wir dieses Gefühl einmal richtig darstellen? Wie wäre die Vorstellung, daß ich dich im Schwitzkasten halte und du da nicht herauskannst?*

Kl.   Furchtbar. Mir wird ganz heiß.

Begl.   *Sollen wir das einmal ausprobieren?*

Kl.   Ja. Aber ganz vorsichtig. Wenn ich «Stop» sage, muß du sofort loslassen.

Begl.   *O. k. Laß uns dann einmal langsam in die Haltung hineingehen. Jetzt drücke ich etwas mehr, und spür du ganz genau nach innen, was dort passiert.*

Kl.   Ja, jetzt ist es wieder da. Ganz furchtbar. Ich spür in der Brust, wie ich dort keine Luft bekomme. Mir ist wieder ganz heiß.

Begl.   *Wenn dieses Gefühl sprechen könnte, was würde es sagen?*

Kl.   So etwas wie ... «Ich ersticke» oder «Hilfe».

Begl.   *Ah ja, «Hilfe, ich ersticke».*

Kl.   Ja, das Gefühl ist ganz ängstlich und panisch.

Begl.   *Was würde dir helfen, mit diesem Gefühl besser fertig zu werden?*

Kl.   So eine Sicherheit, daß ich es weiter anschauen kann und mir nichts Richtiges passieren kann. Daß nichts Plötzliches geschieht und ich nicht panisch werden muß –

Begl.   *O. k. Dann laß uns doch schauen, ob wir uns erst einmal entspannen können. Laß uns vorstellen, daß wir ganz viel Zeit haben, das eingeengte Gefühl zu untersuchen und daß dir dabei nichts passieren kann.*

        Was geschieht, wenn ich dir das so sage?

Kl.   Das fühlt sich gut an. Ich bekomme mehr Abstand zu dem Druck in der Brust. Jetzt kommt der Satz: «Ich kann es schaffen, durchzukommen.»

In den beiden folgenden Beispielen wird auch ein Gefühl des Klienten durch das Spiel intensiviert oder drückt sich deutlicher aus. Da beide sehr wichtige Bereiche unserer Psyche ansprechen, werden sie hier als Übungen beschrieben, die die Focusingpartner in dieser Sitzung ruhig durchführen sollten.

Übung 1: «Über-Ich»

Der Klient liegt und spürt in sich hinein mit der Frage, welche «Über-Ich-Stimmen» ihm am häufigsten das Leben schwermachen. Damit sind kritische Sätze gemeint wie «Nun mach doch mal schneller», «Du kannst doch auch gar nichts», «Nun sei doch mal ruhig!» oder «Aus dir wird doch nie etwas!». Im Focusingbewußtsein können wir spüren, wie diese Sätze in unserem Kopf herumspuken und nicht, wie bei Ausdrücken unseres felt sense, aus unserem Brust- und Bauchraum kommen, sondern von oben, *vom Kopf her*, heruntertönen. In dieser Übung nehmen wir uns nun einen dieser Sätze vor und experimentieren mit ihm.

Hat der Klient den für ihn wichtigsten Satz gefunden, stellt er sich hin und spielt dem Begleiter diesen Satz vor. Er sagt ihn zum Begleiter und versucht dabei Mimik, Gestik und Betonung des Satzes so lange auszuprobieren, bis der Satz richtig stimmt.

Dann werden die Rollen getauscht. Der Begleiter sagt jetzt

im Stehen diesen Satz mit der richtigen Mimik, Gestik und Betonung zum sitzenden Klienten. Dieser spürt dabei in sich hinein und schaut, was diese Sätze dort mit ihm machen.

Übung 2: Familienskulptur

Der Klient macht den Begleiter zu seinem eigenen Vater, seiner Mutter oder seinen Geschwistern. Der Begleiter steht ganz passiv dar, und der Klient modelliert ihn zu der betreffenden Person, als ob er ein Bildhauer sei, der eine Statue entwirft. Er formt die Haltung, den Gesichtsausdruck und die Gestik des Begleiters, so saß dieser immer mehr das Wesen des Modells ausdrückt. Zum Schluß kann der Klient noch einmal nachschauen, welchen Satz die dargestellte Person zu ihm, dem Klienten, am ehesten sagen könnte, ein Satz, der am besten die ganze Beziehung oder den schwierigsten Aspekt der Beziehung ausdrücken könnte wie «Sei mein lieber Junge» oder «Du wirst tun, was ich will» oder aber «Ich seh dich nicht».

Der Begleiter steht nun starr in seiner modellierten Position und sagt den Satz stereotyp hintereinander auf. Der Klient tritt ein paar Schritte zurück, schaut jetzt für längere Zeit auf diese Skulptur und läßt dazu im Inneren einen felt sense bilden. Er läßt sich dabei einige Minuten Zeit, um danach über die entstandenen Gefühle und Einsichten mit dem Begleiter zu sprechen. Er kann auf diese Weise mit jedem Familienmitglied seiner Kindheitsfamilie arbeiten.

In einer Gruppe kann man auch seine ganze Kindheitsfamilie mit mehreren Personen als eine Familienskulptur modellieren. Dann können die Beziehungen zwischen allen Mitgliedern abgebildet werden, und es kommt eine Struktur der Familie zum Vorschein. Hat der Klient dann diese Familienskulptur angeschaut, einen felt sense bilden lassen und sich ausgedrückt, dann kann er nachschauen, wie die Familie sein müßte, damit er ein gutes Gefühl haben könnte. Er experimentiert dann mit dem Umstellen der Familienskulptur, bis sie stimmig ist und er einen body-shift erlebt. So wäre also sein

Gesamtbefinden gewesen, wenn seine Kindheitsfamilie eine gesündere Struktur gehabt hätte.

Verhaltenstherapeutisches Üben

Ein Verfahren aus der Verhaltenstherapie ist die *stufenweise Konfrontation* mit Dingen, die dem Klienten Angst machen. Hat er z. B. Angst, vor einer Versammlung von Menschen zu sprechen, und möchte diese Angst abbauen, dann kann er damit beginnen, vor drei Menschen zu sprechen. Wenn das gelingt, erhöht er die Schwierigkeit und spricht vor 5 Menschen, dann vor 10, dann vor 20 und vielleicht zum Schluß vor 100 Menschen.

Auch das Selbstbehauptungstraining hat sich für viele Klienten als nützlich erwiesen. Im Rollenspiel werden immer schwierigere Übungen durchgeführt, in denen man sich behaupten muß, nein sagen lernt oder einen anderen Menschen zu konfrontieren lernt. Hinter all diesen Übungen steht die Erkenntnis, daß man Angst nur verlieren kann, wenn man sich erneut dem angstbesetzten Reiz aussetzt, und daß es dabei günstig ist, die Schwierigkeiten langsam zu steigern. Auch bei unserem partnerschaftlichen Focusing kann es dann und wann sinnvoll sein, Ängste, die man in einer Sitzung mit dem Partner bearbeitet hat, auch im Alltag übungsmäßig anzugehen. Beide Partner machen sich Gedanken, wie man das in der Sitzung Erlebte in den Alltag hineintragen kann, machen vielleicht einen Plan, um in der nächsten Sitzung über die damit gemachten Erfahrungen zu sprechen. Wir sollten aber auch hierbei unsere mehr erlebniszentrierte statt leistungsorientierte Haltung beibehalten. Also nicht: «Jetzt werde ich mindestens fünf Menschen meine Meinung ins Gesicht sagen. Und wenn ich das nicht schaffe, dann habe ich versagt», sondern: «Mal sehen, was passiert, wenn ich versuche, diese größere Ehrlichkeit, die ich in der heutigen Sitzung als Möglichkeit erlebt habe, mit einigen Menschen auszuprobieren. Ich will es mir vornehmen und werde nächste Woche erzählen, was dabei passiert ist.»

Beispiel:
Der Klient hat während der Sitzung Gefühle der Angst erforscht, den Mitgliedern seiner Wohngemeinschaft offen zu begegnen und auch

seine ärgerlichen Gefühle freimütig zu äußern. Er gibt sich häufig freundlicher, als er sich eigentlich fühlt. In der Sitzung kam eine große Angst zum Vorschein, allein zu sein und verlassen zu werden. Während der Sitzung wurde mit den Sonden gearbeitet: «Du darfst ruhig mal ein Störenfried sein» und «Wir werden dich nicht verlassen, auch wenn du deinen Ärger zeigst». Am Schluß der Sitzung fühlte sich der Klient freier und mutiger. Um das Ergebnis der Sitzung zu sichern, nahm sich dann der Klient vor, während der nächsten Woche einmal mit jedem Mitbewohner ein längeres Gespräch zu führen. In diesem wollte er dann all das sagen, was er in der letzten Zeit zurückgehalten hatte.

Während in der Focusingsitzung häufig das *Anschauen der Angst* und deren *Auflösung* das Thema ist, geht es bei diesen *Aktionsschritten* im Alltag mehr um: «Nimm deine Angst wahr, unterdrück sie nicht, aber nimm sie dann nicht so wichtig. Nimm sie einfach unter den Arm und marschier drauflos.» – «Warte nicht darauf, bis sich alle Ängste gelöst haben, um zu handeln, sondern lerne jetzt, ein Risiko einzugehen.» Bei Klienten, bei denen Angst ein vorrangiges Problem ist, kann ein solches Vorgehen im Alltag sehr hilfreich sein. Man kann sich dann auch ganz simple Übungen vornehmen, die symbolisch für das Angstüberwinden stehen, wie das Springen vom Sprungturm, auf einen Berg zu steigen oder das bewußte Ansprechen von fremden Menschen. Dabei müssen sie aber immer wieder bewußt in den Bauch- und Brustraum spüren und in das innere Erleben hineinatmen. Die Zähne zusammenzubeißen, den Atem zu unterdrücken und dann in die Angst hineinzuspringen bewirkt keine wirkliche Veränderung. Dabei wird die Angst nur *unterdrückt*. Es geht vielmehr darum, ein *Risiko* einzugehen, dabei aber ganz bewußt und im Atem zu bleiben, um Focusing in angstbesetzten Situationen sozusagen.

Arbeiten die Focusingpartner hin und wieder in einer Gruppe, dann ist das natürlich eine besonders gute Möglichkeit, die Erfahrungen der Sitzung gleich hinterher in der Gruppe umzusetzen. Da kann man dann üben

○ Rückmeldung zu geben,
○ Rückmeldung zu bekommen,
○ den Wunsch nach Nähe oder Distanz auszudrücken,
○ Ärger und Zuneigung zu zeigen lernen,

○ nonverbalen Kontakt auszuprobieren,
○ ungewöhnliche Dinge miteinander zu machen.

Für viele Focusingpartner kommen solche Aktionsschritte im Alltag ganz von selbst. Sie werden hinterher überrascht sein, was sie
gerade getan haben und wie mutig sie waren. Das ist dann natürlich
eine sehr schöne Art der Veränderung – da sie so ganz von selbst
kommt. Falls aber der Entwicklungsprozeß bei einem Partner über
eine längere Zeit nicht von der Stelle kommt und Ängste dabei eine
große Rolle spielen, sollten beide Partner es mit diesen verhaltens-
therapeutischen Übungen versuchen.

9. Sitzung: Beziehungsstörungen

Die Beziehung zwischen den Focusingpartnern wird während der gemeinsamen Arbeit nicht immer gleich sein. Es wird Zeiten geben, in denen sie sich sehr nahe fühlen, und es wird auch Zeiten geben, in denen mehr Distanz zwischen ihnen herrschen wird. Es wird Zeiten geben, in denen es leichtfällt, den anderen zu verstehen, und es wird auch Zeiten geben, in denen das schwer ist. Es wird Zeiten geben, in denen beide Partner die Sitzungen sehr nötig haben. Dann werden die Sitzungen auch einen sehr wichtigen Stellenwert im Leben der Focusingpartner einnehmen. Und es wird auch wieder Zeiten geben, in denen es beiden Partnern sehr gut geht und die Sitzungen eher den Stellenwert einer schönen zusätzlichen Erfahrung haben.

Neben diesem normalen Unterschied im Gefühl der Nähe zwischen den Partnern und der Wichtigkeit der Sitzungen wird es auch Unterschiede darin geben, wie gut der therapeutische Kontakt zwischen den Partnern gelingt. Damit wollen wir uns in dieser Sitzung beschäftigen.

Guter Kontakt

Je länger die Focusingpartner miteinander arbeiten, desto besser wird ihr Kontakt in den Sitzungen werden. Auf der einen Seite werden die Partner immer gewandter in der Anwendung der verschiedenen Techniken und Interventionen. Auf der anderen Seite entwickeln sich Parameter des Kontaktes, die weder durch ein Buch noch durch das Üben von Techniken erreichbar sind: beispielsweise so etwas wie «Rhythmus» beim Begleiten, d. h. das timing der Begleiterinterventionen. Die Fähigkeit, miteinander zu pulsieren und rhythmisch mitzuschwingen, nimmt zu.

Um die Qualität des Focusingkontaktes wahrzunehmen, paßt dann das Bild nicht mehr, das wir bei der Rollenaufteilung in Klient und Begleiter haben, daß nämlich der eine führt und der andere begleitet. So beginnen zwar die Sitzungen, wird der Kontakt aber immer besser, dann sehen wir eher zwei Tänzer vor uns im gemeinsamen Tanz. Beide sind ganz sie selbst, lassen keinesfalls ihre Ichgrenzen verschwimmen, und dennoch ist da ein Gefühl der Einheit – ebenso wie bei zwei guten Tänzern.

Wenn jetzt der Klient äußert, daß er gerne hier- und dorthin möchte, merkt der Begleiter, daß er dieselbe Richtung vorgeschlagen hätte, wenn der Klient es nicht selbst geäußert hätte. Und falls der Begleiter dieses oder jenes vorschlägt, denkt der Klient: «Woher weiß der das bloß, daß ich auch gerade dorthin wollte?» Aktiv und passiv, Führen und Folgen gehen dann immer mehr ineinander über, und ebensowenig, wie man bei einem guten Tanzpaar noch sagen kann, daß der eine führt und der andere folgt, paßt diese Trennung auch nicht mehr für die Focusingsitzung. Die Frage ist einfach, ob beide Partner gut zusammen «tanzen» können, oder ob es dabei irgendwelche Probleme geben kann.

Übung: Pulsing

Das Pulsing ist eine körpertherapeutische Methode, bei der der Begleiter den Klienten auf weiche und rhythmische Art hin- und herwiegt, schüttelt und durchvibriert. Der Klient ist dabei ganz passiv, lernt immer mehr, sich den Schüttelbewegungen hinzugeben und atmet dabei durch den leicht geöffneten Mund. Beim Pulsing kann man sehr gut erleben, daß nach einiger Zeit auf einer anderen Ebene die Trennung in aktiv und passiv unsinnig wird und der Helfer ebenso «zurückgepulst» wird, wie er aktive Impulse aussendet. Da das Pulsing sich sehr gut eignet zu prüfen, wie intensiv der rhythmische Kontakt zwischen zwei Partnern ist, sollen die Focusingpartner sich gegenseitig für ca. 15 Minuten pulsen, um danach über ihren Kontakt zu sprechen.

Man kann beim Pulsing einfach seinem Gefühl nachgehen oder aber es erst einmal mit einigen der folgenden Griffe probieren:

○ Das Becken hin- und herschütteln. Dabei kann es zwischen beiden Händen bewegt werden. Wie ein Gummiball, den man zwischen den Händen hin- und herwirft. Man kann aber auch eine Hand auf die eine Seite des Beckens legen und von dort aus schütteln und vibrieren.

o Das gleiche passiert mit der Brust, wobei beide Hände oder nur eine Hand an den Seiten auf den Rippen liegt.

o Den Kopf zwischen den Händen hin- und herwiegen.

o Eine Hand oder beide Hände wie bei einer Begrüßung fassen und die Arme durchschütteln.

o Ein Bein oder beide Beine unter den Fußgelenken halten und durchschütteln.

o Zwischen diesen verschiedenen Griffen abwechseln und dem Gefühl nachgehen, wo der Klient jetzt etwas brauchen könnte.

Störungen haben Vorrang

Wenn es Störungen und Probleme im Kontakt zwischen den Focusingpartnern gibt, dann gehören auch diese zum gemeinsamen Wachstumsprozeß und sind auf keinen Fall etwas, was nicht sein dürfte. Die Basis für die Lösung von Beziehungsstörungen ist immer zunächst, die störenden Gefühle *anzuerkennen* und zu *akzeptieren*, daß sie da sind. Man braucht diese Störungen nicht zu lieben, aber man sollte sagen: «Ja, diese Gefühle sind da. So ist das. Es hat keinen Sinn zu sagen, sie sollten nicht da sein. Na, dann wollen wir sie doch einmal anschauen.»

Ruth Cohn hat in ihrer themenzentrierten, interaktionellen Methode für Gruppen die Regel aufgestellt: «Störungen haben Vorrang.» Das bedeutet, wenn ein Teilnehmer dem Thema nicht mehr folgen kann, weil er ärgerlich oder gelangweilt ist oder sich durch etwas anderes gestört fühlt, dann muß er diese Störung in die Gruppe einbringen. Tut er das nicht und gibt sich Mühe oder den Anschein, der Diskussion zu folgen, dann ist er eigentlich nicht mehr richtig da und geht dem Gruppenprozeß verloren. Manchmal braucht die Störung nur geäußert zu werden und der Betreffende kann wieder gut mitmachen. Und manchmal deckt der Ausdruck solch einer Störung eine Schwierigkeit im ganzen Gruppenprozeß auf und ermöglicht eine Richtungsänderung der Gruppendiskussion.

Genauso können wir bei unserem partnerschaftlichen Focusing vorgehen. Ärger, Nichtverstehen oder Langeweile sind keine Betriebsunfälle, sondern wichtige Hinweise auf Störungen in der Beziehung, die wir ansprechen und bearbeiten sollten. Ob wir diese Störungen dann sofort äußern oder damit etwas warten, ist eine andere Sache, mit der wir uns später auseinandersetzen werden.

Wichtig ist auf jeden Fall, daß für den Klienten wie auch für den Begleiter eines ganz klar ist: Solche Gefühle sind in Ordnung. Falls also der Klient sich in der Beziehung ärgerlich oder mißtrauisch fühlt, können wir das zum Gegenstand der Arbeit machen oder aber auch ein Beziehungsgespräch darüber führen. Ebenso kann der Begleiter, falls er sich in der Begleiterrolle ärgerlich, gelangweilt oder gereizt fühlt, das zum Thema machen, wenn er seinerseits in der Klientenrolle ist oder aber das zum Anlaß für ein Beziehungsgespräch nehmen.

Auf keinen Fall darf man das Gefühl haben, diese Störungen dürften nicht sein. Erst diese Bewertung der Situation macht diese schwierig. Schon allein das Anerkennen oder Akzeptieren, daß die Situation jetzt festgefahren, schwierig, aussichtslos, ärgerlich oder ermüdend ist, macht einen frei und läßt einen besser mit diesen Gefühlen umgehen.

Drei Arten, mit Störungen umzugehen

Es gibt drei verschiedene Arten, mit den Störungen umzugehen, die abhängig sind von dem Grad der Identifikation mit den Störungsgefühlen.

Die Störungsgefühle in eine hilfreiche Intervention umwandeln

Hier benutzen wir unsere eigenen Störungsgefühle in der Begleiterrolle als Hinweise auf den Charakterprozeß des Klienten, fragen uns, was dieser braucht, und finden dann die richtige Intervention. Werden wir beispielsweise in einer Sitzung immer ängstlicher und verwirrter, könnte das ein Hinweis auf einen *schizoiden* Prozeß beim Klienten sein. Wird uns diese Annahme immer plausibler während der Sitzung, können wir die Sonde anbieten: «Du kannst dich hier ganz sicher fühlen.»

Fühlen wir uns ausgesogen oder unter dem ständigen Erwartungsdruck, helfen zu müssen, könnte das ein Hinweis auf einen *oralen* Prozeß sein, und wir könnten mal die Sonde probieren: «Ich werde dir alles geben, was du brauchst.»

Spüren wir Angst vor dem Klienten und fühlen uns ganz klein, könnte das ein Hinweis auf einen *psychopathischen* Prozeß sein, und wir könnten die Sonde probieren: «Ich bin auf deiner Seite».

Fühlen wir uns wie in einen Sumpf hineingezogen oder aber ärgerlich und haben zur gleichen Zeit das Gefühl, wir dürften nicht ärgerlich auf den armen Klienten sein, dann könnte das ein Hinweis auf einen *masochistischen* Prozeß sein und wir könnten die Sonde probieren: «Du bist frei, zu tun, was du willst».

Ertappen wir uns in der Begleiterrolle dabei, daß wir uns in den Trip des Klienten haben hineinziehen lassen, unbedingt eine Lösung finden zu müssen, und fühlen wir selbst uns auch schon ganz angespannt, dann ist es gut, sich zurückzulehnen und zu fragen, ob dort etwa ein *rigider* Prozeß abläuft und eventuell eine Sonde passen würde wie: «Du brauchst nichts zu tun, damit ich dich mag».

In diesen Beispielen wurden der Deutlichkeit halber Sonden als Interventionen benutzt, aber selbstverständlich ist jede andere Intervention ebenso möglich. Beispielsweise könnte man das Muster, das man auf Grund der eigenen Gefühle im Klientenprozeß wahrgenommen hat, einfach zurückspiegeln, etwa: «Da scheint immer so ein Gefühl zu sein wie ‹Ich bekomme nicht, was ich brauche› – jetzt hier in der Sitzung. Kannst du mal nachgucken, ob da was dran sein kann?» oder einfach: «Das ist jetzt gar nicht so richtig sicher hier»?

Dieses Vorgehen bietet sich dann an, wenn wir unsere Störungsgefühle in der Begleiterrolle mit großer Distanz wahrnehmen können. Wir spüren dann, daß da wenig von unserer eigenen Persönlichkeit mit eingeflossen ist und daß unsere Körper einen recht neutralen Resonanzboden für das Thema des Klienten darstellt. Dann fällt es auch leicht, diese Gefühle in eine aktive Hilfe für den Prozeß zu verwandeln.

Offener Ausdruck des eigenen Gefühls
mit Hinwendung zum Erleben des Klienten

Nicht immer können wir so sicher sein, daß unser inneres Gefühl nur den Prozeß des Klienten widerspiegelt. Eventuell sind wir unsicher, inwieweit etwas von uns selbst mit hineinkommt oder ob unsere Wahrnehmung eigentlich stimmt. In diesem Fall wäre es unehrlich, aus unseren Gefühlen eine Intervention zu machen. Wenn nun aber unsere Störungsgefühle nicht so intensiv sind, daß wir den therapeuti-

schen Prozeß unterbrechen wollen und um ein Beziehungsgespräch
bitten wollen, dann bietet sich eine zweite Möglichkeit an.

Wir sagen dem Klienten, daß wir kurz unser Gefühl, das sich während der Sitzung aufgebaut hat, ausdrücken müssen, und bitten ihn, sich das anzuhören, dabei in innerer Achtsamkeit zu bleiben und einfach zu schauen, wie unsere Äußerung seinen felt sense beeinflußt.

Beispiel:

Begl.   *Ich möchte gern kurz einmal sagen, wie es mir geht. Ich bin*
        ein wenig ungeduldig, weil ich die ganze Zeit spüre, daß es da
        eigentlich bei der Spannung am Hals weitergehen müßte, und
        ich habe den Eindruck, daß du da nicht ran willst und immer
        weiter in die Geschichten von der Großmutter ausweichst.
        Ich weiß auch nicht, ob ich das so richtig sehe. Was fühlst du
        dazu?

Kl.   Es ist o. k., daß du das sagst. Ich muß mal nachfühlen. Einmal ist da so ein Gefühl, du hast recht. Es geht eigentlich um
        die Halsspannung. Das macht mir ein klares Gefühl. Auf der
        anderen Seite merke ich auch diesen Druck, erst noch das
        mit meiner Großmutter zu erzählen. Das ist mir wichtig. Es
        wäre schön, wenn du da noch mitgehen könntest und mich
        nachher auch wieder zum Hals hinführen würdest.

Begl.   *Das hört sich gut an. Die Ungeduld ist jetzt auch weg, und mir*
        ist klarer, was läuft. Erzähl ruhig wieder, ich folge dir.

In diesem Beispiel ist durch das Ansprechen des Gefühls des Begleiters mehr Klarheit für *beide* Beteiligten im Prozeß entstanden. Es ist wie ein kurzes Einhalten: «Was machen wir eigentlich im Moment?», «Wo sind wir?». Manchmal mag eine Rückmeldung über ein Störungsgefühl härter ausfallen und starke Gefühle beim Klienten auslösen. Dann ist es besonders wichtig, daß wir nach unserem Mitteilen sofort wieder bei *seinem* Innenleben sind:

Beispiel:

Begl.   *Ich merke heute richtig ein Gefühl von Unwilligkeit. Ich mag*
        dir überhaupt nicht geben, was du willst.

Kl.   (atmet schwerer)

Begl.   *Was macht das mit dir? Das scheint ein stärkeres Gefühl auszu-*
        lösen?

Kl.   Ja, ich merke eine wahnsinnige Wut.

Begl.   *Aha, ja. Eine Riesenwut. Was würde die Wut sagen, wenn sie*
        sprechen könnte?

Der Begleiter ist sofort bereit, sich wieder auf das Innenleben des
Klienten zu konzentrieren, wenn das durch die Äußerung des Begleiters berührt worden ist. Meist ändert sich in dem Moment auch das
Gefühl des Begleiters, so daß jetzt ein akzeptierendes Mitgehen meist
unproblematisch wird.

Beziehungsgespräch

Manchmal mögen die Gefühle des Begleiters oder aber auch die des
Klienten so stark sein, daß jegliches therapeutisches Umgehen damit
unangemessen und unehrlich erscheint; dann ist es besser, ein Beziehungsgespräch im Sitzen mit offenen Augen, d. h. ohne jegliche Rollenverteilung zu führen. Sind die Gefühle sehr stark, muß der therapeutische Prozeß unterbrochen werden. Sind sie weniger stark und
können vorübergehend vernachlässigt werden, kann ein solches Gespräch nach der Sitzung geführt werden.

Es ist generell sinnvoll, alle fünf Sitzungen einmal mit einem Beziehungsgespräch anzufangen und die Sitzungen selbst etwas in den Hintergrund treten zu lassen. Dann können die Partner über Fragen sprechen wie:

○ Was mögen wir aneinander bei den Sitzungen?
○ Was gefällt uns nicht aneinander bei den Sitzungen?
○ Welche Wünsche haben wir an den anderen, wenn er in der Beglei-
  terrolle ist?
○ Was stört uns am anderen, wenn er in der Klientenrolle ist?
○ Wo stehen wir eigentlich in unserem Prozeß?
○ Bringt uns das partnerschaftliche Focusing noch etwas?

Diese Beziehungsgespräche können sehr wichtig für das partnerschaftliche Focusing sein; häufig haben die Schwierigkeiten zwischen
den Partnern etwas mit deren Grundthemen zu tun, so daß Beziehungsstörungen häufig ein Fingerzeig auf tiefes Kernmaterial bei beiden Partnern sind. Darüber wollen wir noch mehr unter dem nächsten
Punkt erfahren.

Beziehungsstörungen und Charakter

Beziehungsstörungen zwischen den Focusingpartnern sind meist ein Hinweis auf deren Charakter. Charakter wird hier so verstanden, wie in Teil II als Gesamtorganisation der Persönlichkeit um bestimmte grundlegende Glaubenssysteme herum beschrieben. Es kann für beide Partner sowie für den therapeutischen Prozeß sehr hilfreich sein, wenn die Beziehungsstörungen einmal unter diesem Aspekt wahrgenommen werden. Es ist nicht nötig, sich einem bestimmten Charakter zuzuordnen, und auch nicht, überhaupt diese Charakterterminologie zu übernehmen. Wichtig ist nur, daß beide Partner sich als System mit einem bestimmten Glaubenssystem im Zentrum auffassen und ihre Schwierigkeiten aus der Interaktion dieser beiden Systeme erklären können. Das kann einen guten Abstand schaffen, und die Beziehungsstörungen können in einem größeren Zusammenhang gesehen werden.

Als Beispiel sollen einige Schwierigkeiten zwischen Systemen in der Sprache der Charaktertheorie beschrieben werden. Vielleicht wird den Focusingpartnern durch diese Beispiele einiges in ihrer Beziehung klarer. Zur Beschreibung der *eigenen* Beziehung kann diese Terminologie jedoch vollkommen vergessen werden; jeder beschreibt nur seine grundlegenden Annahmen, Grundgefühle und Glaubenssysteme, wie er sie in der Focusingbeziehung erlebt.

Klient	Begleiter	mögliche Schwierigkeiten
schizoid	oral	Der Klient fühlt sich vom Begleiter bedrängt. Hat nicht genug Freiraum für sich. Der Begleiter leidet unter der Distanz zum Klienten. Er möchte ihm so gern Nähe geben und versteht nicht die Angst des Klienten vor Nähe. Je mehr Nähe der Begleiter anbietet, desto verschreckter ist der Klient usw.
oral	schizoid	Der Klient bekommt nicht die Nähe und Wärme, die er braucht; er verhungert emotional. Der Be-

		gleiter fühlt sich überfordert und zieht sich immer mehr in sich zurück. Dadurch wird der Klient noch mehr frustriert usw.
oral	psychopathisch	Zunächst kann die Beziehung für beide ideal erscheinen. Der Klient bekommt viel, und der Begleiter fühlt sich in seiner Wichtigkeit bestätigt. Mit der Zeit fühlen sich beide ausgenutzt und bekommen keinen echten Zugang zu der Person des anderen.
masochistisch	rigide	Der Klient fühlt sich gedrängt und der Begleiter ist stark genervt durch die Trägheit des Klienten. Dadurch wird der Begleiter noch ungeduldiger; der Klient fühlt sich noch mehr gedrängt und übt noch mehr Widerstand aus.
hysterisch	rigide oder psychopathisch	Der Klient fühlt sich in seinen Gefühlen nicht akzeptiert und dreht immer mehr auf. Der Begleiter fühlt sich manipuliert und geht immer mehr auf Distanz. Dadurch fühlt sich der Klient noch weniger akzeptiert und dreht noch mehr auf usw.

Die aufgezeigten Schwierigkeiten machen deutlich, daß sich zwischen dem Begleiter und dem Klienten die alten negativen Charakterspiralen wiederholen, die die eigenen Glaubenssysteme eher bestätigen und verstärken und die man schon früher in vielen unangenehmen Kontakten erlebt hat. Gerade dann ist es wichtig, diese Muster zu durchschauen und dadurch einen neuen Kontakt zu kreieren, der mit der Zeit den Partnern ermöglicht, ihre alten Glaubenssysteme fallenzulassen und neue Erfahrungen zu machen. Manchmal arbeiten wir diese Schwierigkeiten anhand von Themen aus unserem Alltag durch oder in der Arbeit an unserer Kindheit mit Vater und Mutter in den

Sitzungen, und manchmal zeigen sich diese Glaubenssysteme direkt im Kontakt mit dem Focusingpartner. Dafür sind dann die verschiedenen Interventionen bei Beziehungsstörungen notwendig und hilfreich. Da jeder Charakter auch seine Stärken hat, soll die folgende Liste helfen, sich über die eigenen Schwächen und Stärken in der Begleiterrolle Gedanken zu machen. Wieder ist die Terminologie nur als Anregung gedacht, in Systemen zu denken.

Charakter	mögliche Schwierigkeit	mögliche Stärke
schizoid	starke Distanz und Zurückgezogenheit	große Sensibilität, auch für besonders feine Schwingungen
oral	zu wenig Distanz, Hang zur Verschmelzung	kann besonders gut Wärme und Geborgenheit ausstrahlen
psychopathisch	nicht real distanziert	hat den Überblick, strahlt Sicherheit aus, läßt sich nicht manipulieren
masochistisch	Hang, im Sumpf zu versinken	viel Verständnis, Geduld und Zeit
rigide	zu viel Tun und Handeln	ist aktiv in der Sitzung
hysterisch	verfließt in vagen Gefühlen, wenig Klarheit	ermuntert den Klienten zum Fühlen, strahlt Wärme und Mütterlichkeit aus

Übung

Nach der Pulsingsitzung und nach der Lektüre des vorangegangenen Textes setzen sich die beiden Focusingpartner zu einem Beziehungsgespräch zusammen. Damit der Aspekt der Charakterinteraktion noch deutlicher werden kann, stellen sie sich die Frage: «Wenn wir ein Paar wären, das schon 20 Jahre miteinander verheiratet ist, wie würde unsere Ehe aussehen?» Es ist dabei egal, ob zwei Männer, zwei Frauen oder Mann und Frau miteinander arbeiten. Die Vorstellung einer langjährigen

Ehe hilft, bestimmte Muster, die jetzt bei den Sitzungen schon vorhanden sein mögen, zu vergrößern und zu karikieren. Beispielsweise könnte dem oralen Partner bei dem schizoiden Partner folgendes Bild kommen: «Ich glaube, ich wäre immer depressiv und würde immer nörgeln, daß du nur deine Bücher liest und nie Zeit für mich hast. Ich würde vielleicht schwer krank werden, um deine Aufmerksamkeit zu erringen, und würde versuchen, dir dein Alleinsein zu vermiesen.»

Hilfe durch Supervision

Für jedes Focusingpaar dürfte es hilfreich sein, dann und wann eine Supervisionsstunde zu haben. Das kann die therapeutische Arbeit oder ein Beziehungsgespräch in Gegenwart eines professionellen Therapeuten sein, das kann aber auch genausogut ein Beziehungsgespräch in Gegenwart eines gemeinsamen Freundes oder eines anderen Menschen sein, der auch mit dem partnerschaftlichen Focusing arbeitet. Wichtig ist lediglich, daß da ein Mensch ist, der nicht in das Kommunikationssystem der beiden Focusingpartner gehört. Schon dessen Gegenwart verändert etwas in der Kommunikation zwischen den beiden. Das gleiche trifft auch für echte Paare oder Familien zu. Die Gegenwart eines Menschen, der nicht zum System gehört, verändert die Kommunikation.

Der Dritte braucht sich kaum anders zu verhalten als beim Focusing mit einem Partner. Zuhören, Folgen – aber auch Führen, wenn ihm das angebracht erscheint. Grundsätzlich läuft etwas Ähnliches ab wie beim Begleiten eines inneren Dialogs zwischen zwei Seiten (siehe Seite 194). Bei diesem Gespräch haben wir jetzt allerdings zwei reale Personen und den Begleiter. Er darf auf keinen Fall die Verantwortung für den Ausgang des Gesprächs übernehmen. Zurückspiegeln, bewußtmachen und den Prozeß vertiefen, das sind seine Aufgaben.

Sehr hilfreich ist es, wenn sich mehrere Focusingpaare zu einer Gruppe zusammentun und sich dann und wann zur *kollegialen Supervision* treffen. Ein Paar arbeitet dann in der Mitte der Gruppe oder spricht über seine Schwierigkeiten. Die anderen Teilnehmer hören zu, fragen nach und geben Rückmeldung. Dadurch werden die eigenen Schwierigkeiten und Probleme relativiert; außerdem lernt man sehr viel dazu, wenn man beobachten kann, wie Focusing in den anderen Paaren vor sich geht. Falls für eine solche Gruppe die Möglichkeit besteht, längerfristig zusammenzubleiben, dann kann es auch sehr reizvoll sein, Erfahrungen mit einem *anderen* Focusingpartner zu machen oder regelmäßig mit zwei Focusingpartnern abwechselnd zu fokussieren. Außerdem hilft es der Arbeit sehr, sich in einen größeren Rahmen eingebettet zu fühlen.

Falls eine solche Gruppe sich nicht bilden kann, müssen unsere Interventionen bei Beziehungsstörungen ausreichend helfen. Auf jeden Fall ist es auch ohne Gruppe möglich, diese Störungen fruchtbar für den gemeinsamen therapeutischen Prozeß zu nutzen.

Die Focusingsitzungen als Prozeß

Unsere Focusingsitzungen wie auch Therapie überhaupt laufen in Entwicklungsschritten ab. Es ist vollkommen sinnlos sich vorzunehmen, der ideale Begleiter zu sein, der alles perfekt macht. Therapie ist genauso wie das Leben ein ständiges Werden. Wir können niemals soviel lernen, um auf jede Situation vorbereitet zu sein. Wir können aber lernen, freudig und unvorbereitet in Situationen hineinzuspringen und sie dann im Hier-und-Jetzt zu lösen. Es geht darum, im Kontakt zu bleiben, offen für alle Gefühle sein zu können und flexibel und lernfähig zu bleiben. Es nützt nichts, sich vorzunehmen, nichts falsch zu machen. Wenn man das versucht, wird die Therapie wie auch das Leben langweilig und fad. Viel besser ist es, etwas einfach zu tun, dann zu sehen, ob es klappt oder nicht, ob es ankommt oder nicht, und es dann in veränderter Form wieder zu versuchen. Man muß jederzeit bereit sein für eine erneute Korrektur. Also nicht versuchen, den richtigen Kurs herauszufinden, um dann dabei zu bleiben, sondern immer wieder Freude daran haben, neu auszuloten, wie die Route in diesem Augenblick verlaufen muß, damit man heil an den Riffs vorbeikommt. Das gilt für Focusingpaare, für reale Paare wie auch ganz allgemein für den Umgang mit dem Leben. Das Erlernen von Wissen und das Üben von Fertigkeiten ist nur eine Vorbereitung. Die wahre Meisterschaft besteht darin, das alles wieder zu vergessen und unvorbereitet aus dem Nichts heraus die Wirklichkeit zu gestalten.

Ich will das noch einmal an einem Beispiel ausdrücken. Du brauchst für die Rolle des Begleiters beim partnerschaftlichen Focusing (das gleiche gilt auch für professionelle Therapeuten) nicht in dir allein zu wissen, was jetzt richtig und was falsch ist. Denn da ist ja auch noch dein Focusingpartner oder dein Klient. Du kannst ihn fragen, was er meint. Was ist gut für ihn und was nicht?

Ihr beide habt eine Beziehung, und ihr könnt über alles sprechen und über alles gemeinsam nachdenken. Du stehst nicht allein davor.

10. Sitzung: Eine vollständige Sitzung

In dieser Sitzung sollen die Focusingpartner ihr drittes Probefocusing durchführen, bei dem sie jetzt in der Begleiterrolle alles anwenden können, was sie bisher gelernt haben. Das zweite Probefocusing wurde durchgeführt, nachdem die verschiedenen Arten des *Folgens* und die *führenden Interventionen* zum Focusingprozeß geübt waren (ab Seite 136). Zu dieser Sitzung können jetzt zusätzlich Interventionen aus der Hakomi-Therapie, Interventionen auf der Bilderebene, Interventionen auf der Handlungsebene und Interventionen auf der Beziehungsebene eingesetzt werden. Wir haben sozusagen all diese zusätzlichen Interventionen in unserem «Begleiterrucksack» und können sie herausholen, falls wir es für sinnvoll halten. Genügen uns die verschiedenen Arten des Folgens und die Führungsschritte zum Focusing, dann ist auch das vollkommen in Ordnung.

Vor diesem dritten Probefocusing wollen wir uns aber noch kurz mit dem Aufbau einer vollständigen Sitzung beschäftigen. Das dann folgende Protokoll einer vollständigen Sitzung sollten die Focusingpartner lesen und diskutieren.

Der Aufbau einer vollständigen Sitzung

Eigentlich brauchen wir uns um den Aufbau und Ablauf einer Sitzung keine Gedanken zu machen. Wir folgen als Begleiter dem Prozeß des Klienten oder – anders ausgedrückt – Klient wie Begleiter lassen sich *vom Körper des Klienten führen*. Wir folgen also als Begleiter diesem Prozeß und schlagen dann führende Schritte vor, wenn wir den Eindruck haben, den Prozeß dadurch vertiefen zu können. Diese Schritte lenken also den Prozeß, die Art, wie der Klient seinen Inhalt erlebt, nicht aber den Inhalt selbst. Dennoch möchte ich einige Muster im Sitzungsaufbau anführen; damit kann später das Folgen des Prozesses erleichtert werden.

Zunächst wird zu Beginn die *Armeübung* und zum Schluß das *Händeauflegen* den symbolischen Anfang und Schluß setzen. In späteren Sitzungen können dann die Partner in einer freieren Weise mit Beginn und Ende umgehen – so, wie es ihren Gefühlen entspricht und wie es für sie paßt.

Häufig wird dann die Sitzung folgende Stadien durchlaufen:

o Zunächst *erzählt* der Klient, noch *mit offenen Augen* und im Sitzen, was ihm wichtig ist. Der Begleiter folgt und versucht, sich erst einmal in den Klienten hineinzufühlen.

o Meist wird dann ein *bestimmendes Gefühl oder ein Thema sichtbar*, mit dem der Klient arbeiten, mit dem er sich intensiver auseinandersetzen möchte. Das wäre dann ein Punkt, um vermehrt in einen Focusingprozeß einzusteigen.

o Dann wird *Freiraum* geschaffen. Der Klient sitzt oder liegt, so wie es für ihn bequemer ist. Er geht in die *innere Achtsamkeit* und sucht sich erst einmal einen guten Ort in seinem Körper. Das kann auf verschiedene Weise geschehen. Im Liegen kann die Armeübung oder die Atemmassage dabei eine gute Hilfe sein.

o Der Begleiter folgt und vertieft den Prozeß. Meist nimmt der Prozeß insofern einen dramatischen Verlauf, indem er auf einen *Höheoder Wendepunkt* zuläuft und dann wieder abflacht.

o Die Bewußtheit nähert sich wieder mehr dem *Alltagsbewußtsein*. Es werden evtl. Zusammenhänge hergestellt, oder man überlegt, wie das Erlebte in den Alltag integriert werden kann.

o Manchmal ist der Klient nach dem Höhe- und Wendepunkt *so entspannt*, daß er *nicht viel denken und ausdrücken* möchte. Dann kann die Atemmassage oder das Händeauflegen sehr gut sein. Oder er liegt nur einfach da und hört vielleicht Musik.

o Nicht immer ist es möglich, mit einem guten oder entspannten Gefühl aufzuhören. Manchmal herrscht am *Ende der Sitzung Traurigkeit oder Betroffenheit* vor. Dann ist es wichtig, daß der Begleiter dem Klienten hilft, diese Gefühle *anzunehmen* und zu *akzeptieren*. Danach kann man dem Klienten anbieten, diese Gefühle doch noch einmal etwas zur Seite zu stellen und durch Atemmassage oder Handauflegen etwas Abstand zu den traurigen oder betroffenen Gefühlen zu bekommen.

o Nach einer genügenden *Pause* sollten sich die Focusingpartner noch zusammensetzen und sich *Feedback* über ihre Sitzungen geben. Wie fühlt man sich, wenn man jetzt noch einmal rückblickend auf die Sitzung schaut? Was hat einem an dem Begleiterverhalten gefallen, was nicht? Was war für den Begleiter schwierig, und wo konnte er sehr gut mitgehen?

Wurde allerdings schon während der Sitzung viel an Information ausgetauscht, ist ein abschließendes Feedback nicht mehr so wichtig. Manchmal möchte man nach der Sitzung gar nicht mehr viel sprechen. Und das ist dann auch in Ordnung.

Jede Sitzung läuft anders ab, und wir sollten nicht versuchen, den Ablauf der Sitzung in ein Schema zu pressen. Beispielsweise wird man häufig keinen Höhe - oder Wendepunkt feststellen können. Dieses Muster soll die Focusingpartner eher sensibilisieren, selbst genauer herauszufinden, welchen Verlauf denn *ihre* Sitzungen nehmen. Sie können sich dann auch andere Ordnungsschemata ausdenken, die für ihre Sitzungen viel besser passen.

Hier will ich noch einige Bilder beschreiben, die mir für den dramatischen Aufbau mit dem Höhe- oder Wendepunkt kommen:

o Manchmal scheint von Anfang an etwas Angstbesetztes in der Luft zu liegen. Der Klient nähert sich diesem Etwas während der Sitzung immer mehr an und da, wo er das Angstbesetzte vollständig erlebt, löst sich seine große Spannung, und das Wichtigste scheint in der Sitzung geschehen zu sein.

o Der Klient erlebt mehrere kleine Erleichterungen, dennoch aber bleibt in der Atmosphäre ein Gefühl von «unerledigt», «nicht zufrieden» zurück. Und dann geschieht eine körperliche Erleichterung, und man hat den Eindruck, daß es eben darum ging. Der Klient fühlt sich danach vollständig entspannt und hat keinen Drang mehr, weiterzuforschen.

o Eine Einsicht will sich in der Sitzung zeigen. Der Klient dreht sich in Spiralform immer dichter an sie heran, räumt dabei den einen oder anderen Schutt beiseite, streift die betreffende Einsicht dann und wann leicht, und schließlich erreicht er die Mitte der Spirale. Die Einsicht wird formuliert, der Klient fühlt sich entspannt, und der Prozeß läuft jetzt langsam aus.

Die Arbeit an der Charakterbarriere

Eine weitere «Landkarte» für den Prozeß einer Sitzung hat Ron Kurtz in der Hakomi-Therapie erstellt: die Arbeit an der Charakterbarriere. Obwohl dieses Schema nicht für alle Focusingsitzungen passen

wird, soll es hier beschrieben werden, weil es sich für die Arbeit mit
verschiedenen Methoden als sehr hilfreich erwiesen hat. Die Beschäftigung mit diesem Schema hilft auf jeden Fall, offene Augen und Ohren zu haben, falls der Prozeß unseres Klienten diesen Verlauf nehmen sollte. Dieses Konzept von der Charakterbarriere kann auch sehr
gut dabei helfen, längerfristige Therapieprozesse oder Lebens- und
Schicksalsverläufe besser verstehen zu können.

Wenn wir Focusing auf die hier beschriebene Weise als *Charakter-
therapie* benutzen, gehen wir davon aus, daß die Ursache vieler
Schwierigkeiten und Probleme unseres Klienten in einem oder mehreren grundlegend einengenden Glaubenssystemen liegen. Um diese
herum organisiert sich die Persönlichkeit des Klienten, seine Psyche,
sein Körper und sein Leben. Treffen wir in der Sitzung auf solch ein
tiefsitzendes Glaubenssystem und wird der Widerstand sichtbar, dieses zu verlassen und gegen ein positiveres und gesünderes Glaubenssystem einzutauschen, dann spricht die Hakomi-Therapie von einer
Charakterbarriere.

Dies soll an einem Beispiel deutlich gemacht werden. Ich benutze
dabei wieder die Sprache der Charaktertheorie und weise wieder darauf hin, daß es nicht um diese bestimmte Einteilung geht, sondern
darum, den Klienten als jemanden aufzufassen, der sein Leben, seinen Körper und seine Psyche um ein bestimmtes, einengendes Glaubenssystem herum organisiert hat. Wie dieses System im Einzelfall
aussieht und welchen Namen man ihm gibt, ist weniger wichtig. Die
Charaktertheorie kann da nur ein Anreiz sein, für den Einzelfall eine
ganz eigene Persönlichkeitstheorie zu entwickeln, die nur für diesen
einen Menschen gilt.

Beispiel:
Vom Beginn der Sitzung an sind die Augen und Ohren des Begleiters
für die Antwort auf die Frage: «Welches Glaubenssystem mag hinter
all dem liegen, was der Klient mitteilt?» besonders aufnahmebereit.
Dabei ist nicht nur der Inhalt des Gesagten wichtig, sondern die ganze
Art, wie der Klient da ist. Wie er spricht, wie er atmet und wie er
Kontakt mit dem Begleiter aufnimmt.

Der Klient erzählt heute von einigen Dingen aus seinem Alltag, bei
denen er immer wieder das Gefühl hat, daß er versage, daß das alles
zuviel für ihn sei. Seine Stimme und seine ganze Art scheint auszu-

drücken: «Ich schaffe es nicht». Als Begleiter scheint uns dieses Gefühl das heutige Thema zu sein. Um das zu prüfen, können wir jetzt unseren Eindruck zurückspiegeln oder aber eine Sonde probieren. Wir können verbalisieren: «Das, was sich durch alles heute durchzuziehen scheint, ist wohl das Gefühl: ‹Ich schaff es nicht!› Ist das so?» Oder aber wir probieren die Sonde: «Was geschieht, wenn du den Satz hörst: ‹Du kannst es schaffen›?»

Haben wir das richtige Thema wahrgenommen und angesprochen, dann wird beim Klienten wie auch beim Begleiter ein Gefühl der Klarheit wachsen. «Ah ja, darum scheint es immer wieder zu gehen.» Fühlt sich der Klient angesprochen, können wir nun gemeinsam anschauen, was zwischen seinem jetzigen Zustand und dem erstrebenswerten Zustand liegt. Denn zunächst würde er solch eine Sonde kaum annehmen können und diese wird eher die Funktion haben zu verdeutlichen, warum sie nicht richtig für ihn sein kann.

Hier können wir sagen, der Klient befindet sich an seiner Charakterbarriere (dies wäre eine orale Barriere), und es geht jetzt darum, diese Barriere zu erkunden, zu erforschen und auszudrücken. Manchmal treten dann frühere Erlebnisse oder Kindheitserinnerungen in den Vordergrund und manchmal auch traumatische Erfahrungen mit einem Elternteil, die mit der Barriere zu tun haben.

Unserem Klienten könnte bewußt werden, wie dieses Gefühl schon immer da war. Schon als Kind hatte er das Gefühl, es nie zu schaffen. Daß alles zu schwer sei. Oft hatte er das Gefühl weggedrückt, indem er sich von anderen Menschen abhängig machte, die für ihn die Leistungen vollbringen sollten.

Wir können als Begleiter fragen, wie sich das Gefühl genau im Körper ausdrückt. Unser Klient mag dann herausfinden, daß er beispielsweise die Brust als eingedrückt erlebt und von dort her auch das Gefühl kommt: «Ich bekomme nicht genug Luft.» Das bedeutet, er bekommt auch nicht genug Kraft und Unterstützung, um etwas zu schaffen.

Meist genügt es, die negativen Gefühle an der Barriere zu erforschen und auszudrücken, um dann über sie hinwegzuspringen. Nach dem Ausdruck ist der Klient eher bereit, auch einmal das *positive* Glaubenssystem hinter der Barriere («Ich kann es schaffen») zu spüren und zu schmecken. Das bedeutet nicht, daß sich gleich sein ganzes Leben verändern wird, aber es macht schon einen großen Unterschied, ob dieses neue Glaubenssystem wenigstens einmal *gefühlt* werden konnte. Beispielsweise kann der Begleiter nach all dem Erforschen und Ausdrücken der negativen Gefühle die Sonde «Du kannst es schaffen» noch einmal probieren. Vielleicht wird sie jetzt einmal «hineingehen», d. h. der Klient kann sie jetzt annehmen, in den Körper hineinlassen und dann beobachten, wie sich genau dieses positive Lebensgefühl eigentlich anfühlt. Hier ist es wichtig, ausführlich zu genauern, damit der Klient später im Alltag diesen Zustand erinnern kann.

Unser Klient würde beispielsweise, wenn er zum Schluß die Sonde «Du kannst es schaffen» hineinlassen könnte, eine große Entspannung fühlen. «Ja, dieses Lebensgefühl tut mir gut. Das würde mein Leben verändern.» Wie fühlt es sich genau an? Die Brust ist weiter, ein wohliges Gefühl von Wärme breitet sich im Unterbauch aus, und der ganze Körper liegt irgendwie fester auf der Unterlage auf. Was für ein Bild würde passen? Ein Bauer, der vor seinem Haus steht und mit zufriedenem Gesicht auf all das schaut, was er aufgebaut hat. Er braucht sich keine Sorgen zu machen.

Hier ist der Klient also kurz über die Barriere gesprungen und hat etwas Schönes und Gesundes erleben und schmecken können. Ab diesem Moment mag langsam eine Transformation in seinem Leben geschehen. Er hat auf jeden Fall erlebt, daß es nicht immer so sein muß, daß er es nicht schafft. Es gibt Momente, in denen er spüren kann: «Ich schaffe es.»

Bei unserem partnerschaftlichen Focusing können wir nicht immer auf diese Weise vorgehen. Wir sollten sie kennen, um dafür sensibilisiert zu sein, ob unser Klient auf seine Weise gerade an einer Barriere arbeitet. Auch wenn wir dadurch gar keine andere Intervention anbieten, kann einfach diese Wahrnehmung mehr Klarheit bringen.

Sehen wir dann solche Grundthemen und deren Barrieren klarer, ist es bald möglich, etwas aktiver bei der Arbeit an der Barriere mitzuhelfen. Da sind dann der Kreativität des Begleiters keine Grenzen gesetzt.

Manchmal scheint es auch so zu sein, daß mehrere Focusingsitzungen im nachhinein als Arbeit an einer bestimmten Barriere erkennbar werden. Vielleicht wird in den beiden ersten Sitzungen alles mögliche erforscht, was dann in der dritten Sitzung erst als Grundthema deutlich wird. Dann folgen einige Sitzungen, in denen die Barriere erforscht wird, und schließlich springt der Klient beispielsweise in der 7. Sitzung über die Barriere hinüber. Darauf folgen 3 Sitzungen, in denen er wieder vollkommen in seinem alten Glaubenssystem herumschwimmt, und ab der 11. Sitzung schließlich taucht dieses Thema nie wieder auf.

Ebenso kann es interessant sein, sich einen Lebenslauf einmal unter diesen Gesichtspunkten anzuschauen. Durch welche Ereignisse wird ein Grundthema erst einmal bewußt gemacht? Durch welche Ereignisse werden dann Lernprozesse ausgelöst, die das Annehmen eines gesünderen und positiveren Glaubenssystems ermöglichen?

In dem jetzt folgenden Protokoll einer vollständigen Sitzung wird auch recht aktiv an der Barriere gearbeitet. Mir scheint dieses Beispiel einen genauen Eindruck solch einer Sitzung zu verschaffen. Man sollte sich aber keinesfalls unter Druck gesetzt fühlen, beim partnerschaftlichen Focusing nun genauso aktiv arbeiten zu müssen. Dieses Beispiel soll nur die Richtungen aufzeigen und sensibilisieren – auf keinen Fall aber einen Leistungsdruck hervorrufen!

Protokoll einer vollständigen Sitzung

Beide Focusingpartner werden gemeinsam dieses Protokoll lesen und sofort unterbrechen und miteinander diskutieren, wenn ihnen ein Gedanke oder eine Frage kommt. An vielen Stellen hätte man anders intervenieren können, und diese Sitzung hätte ganz anders verlaufen können. In einer Supervisionssitzung könnte der Begleiter evtl. herausbekommen, daß er aktiver geführt hatte, als er es eigentlich für richtig hält, und sich daraufhin vornehmen, den Prozeß sich bei der nächsten Sitzung mehr von selbst entfalten zu lassen. Wenn die Focusingpartner etwas anders gemacht hätten, ist es gut, darüber zu diskutieren. Es gibt kein richtig oder falsch. Tausend Wege führen nach Rom – aber schauen wir uns jetzt einmal einen an:

(Das Protokoll ist sehr langsam mit vielen Pausen zu lesen)

Kl. (hat sich hingelegt. Sie liegt inmitten einer Gruppe. Es ist sozusagen eine Einzelsitzung in der Gruppe.)
Ich weiß nicht, ob es mir gelingt, mich so ein bißchen aus meinem Kopf herauszubefördern ...

Begl. *Hm, Hm.*

Kl. Und wirklich mal zu fühlen, was in mir ist. Oder ob ich das eben nicht schaffe. So aus der Situation heraus.

Begl. *Hm, Hm. Ob du es schaffst, das ist die Frage für dich. Ob du es richtig schaffst.*

Kl.   Ja, genau. Ich würde es auch ganz gut finden, wenn du so ein bißchen Atemmassage machst. Vielleicht nur so ein bißchen. Oder die Armeübung. Ich weiß nicht, so über den Körper geht das, glaube ich, leichter.

Begl.   *Hm, um erst mal so in eine Entspannung zu kommen?*

Kl.   Ja, so ein bißchen.

Begl.   *Hm.*

Kl.   Oder ich atme erst mal so ganz tief durch. Einen kleinen Moment. Ich weiß nicht.

Begl.   *Hm. Ja, ich mache dir gleich gern eine Atemmassage. Aber ich würde gerne zunächst eine Sonde ausprobieren. Ist das o. k.?*

Kl.   Ja, gern.

Begl.   *Was geschieht, wenn du hörst: «Ulla, es ist vollkommen in Ordnung, wenn du hier alles falsch machst!»*

Kl.   (lacht) Das ist sehr gut! Das ist ein gutes Gefühl. Ach ja, das wäre eigentlich das!

Begl.   *Das geht irgendwie gleich in den Bauch richtig rein. Solche Lachbewegung.*

Kl.   Ja. Doch das war genau das! Das kann ich gut gebrauchen.

Begl.   *Hm, Hm. Hat sich jetzt etwas im Körper verändert?*

Kl.   Ja, das ist alles so ... Der Druck ist ziemlich weg so im Augenblick. Ich fühl mich so ganz wohl und auch ganz kuschelig. Auch hier mit dem Rahmen rundherum.

Begl.   *Hm.*

Kl.   Es ist eben so wie es ist. So nach dem Motto ...

Begl.   *Nach dem Motto?*

Kl.   Es ist eben so wie es ist. Und wie es kommt, so läuft es eben.

Begl.   *Hm, Hm.*

Kl.   Mal gucken.

Begl.   *Ich bin ein wenig mißtrauisch, Ulla, ob das so wirklich stimmt.*

Kl.   Nö, stimmt.

Begl.   *Na – wir beide können es nicht wissen. Du kannst es nicht wissen und ich nicht – nur dein Körper. Laß mich deswegen die Sonde noch mal geben und laß jetzt nur den Körper antworten. Und vielleicht hat dein Kopf das eben richtig gesehen. Aber dann hat dein Kopf auch die Neigung, das, was er jetzt positiv wahrnimmt, stärker zu machen und den Körper ein wenig hinter sich zu lassen. Deswegen laß uns noch einmal ganz genau sein.*

Guck noch mal, was der Körper sagt, wie der sich jetzt anfühlt, wenn du hörst: «Ulla, es ist vollkommen in Ordnung, wenn du alles falsch machst.»

– Pause –

Kl.   Na ja, es bleibt so ein bißchen Spannung hier im oberen Brustteil. Die spür ich noch. Aber so im Bauch fühl ich mich jetzt besser.

Begl. *Hm. So, der Bauch kann es glauben, nur ganz oben in der Brust ... Kannst du die Spannung noch mal näher beschreiben?*

Kl.   Ja, so ein Druck, so dieses Festhalten. So, als ob sich irgend etwas drauflegt von oben.

Begl. *Aha, hier, aha!*

Kl.   Als wenn ich es wegatmen müßte.

Begl. *Und weil du es gesagt hast, wurde der Atem schon tiefer eben. Laß mich jetzt mal den Druck mit meinen Händen ein bißchen unterstützen. Und du schaust einfach mal, was passiert.*

– Pause –

Begl. *Wie ist das?*

Kl.   Ein ganz vertrautes Gefühl.

Begl. *Hm.*

Kl.   Aber der Druck wird auch geringer dadurch. Unverständlich. Irgendwie wird es leichter, obwohl der Druck von außen stärker wird.

Begl. *Ja. Leichter, und du merkst, es kommt dir vertraut vor. Woher kennst du das?*

Kl.   Ja, Prüfungsangst.

Begl. Aha. So an der Uni, oder wo hast du das erlebt?

Kl.   Schon als Kind. So die Klassenarbeiten. Da ging das schon los.

Begl. *Aha, da ist eine ganze Geschichte mit verbunden, mit dieser Prüfungsangst. Magst du mal mehr darüber erzählen?*

Kl.   Ja, alle diese Situationen, wo ich das Gefühl habe, ich muß irgend etwas machen, etwas durchstehen, was mich bedrückt oder so.

Begl. *Ja, etwas machen müssen, etwas durchstehen.*

Kl.   Wenn ich meinem Vater irgend etwas nicht rechtmachen konnte.

Begl. *Aha, der hat immer ordentlich etwas verlangt?*

Kl.   ... kräftig.

Begl. *Fühlst du im Moment etwas, wo du das so sagst? Ist gerade ein Gefühl da?*

Kl.   Es strahlt so durch den ganzen Körper wieder aus, bis in die Finger. Auch im Bauch so das Gefühl, jemandem nicht zu genügen mit irgendwelchen Ansprüchen.

Begl. *Dann bleib ruhig bei diesem Gefühl, und wenn du Lust hast, erzähl ruhig mehr von deinem Vater.*

Kl.   Tja, solche Situationen, wenn ich dann nach Hause kam mit einer drei in der Klassenarbeit, und ich war eigentlich ganz zufrieden ... wenn er dann so sagt: 'ne drei, das ist ja schon fast 'ne vier. Und warum hast du denn das hier nicht gekonnt ...

Begl. *Hmh, da war immer so das Gefühl, der Vater ist doch nicht zufrieden mit einem.*

Kl.   Ja. So daß ich, auch wenn ich eigentlich mal ganz glücklich war, das Gefühl hatte, das schaffst du nie, daß er mal zufrieden ist mit dir.

Begl. *Mmh, Mmh. Ein bißchen traurig, wo du das sagst?*

Kl.   Ja.

Begl. *Mmh. Das schafft man doch nie! Man kann sich anstrengen, soviel man will. Der ist nie zufrieden.*
Wo merkst du jetzt die Traurigkeit im Körper?

Kl.   Im Bauch auch. Bis oben hin, also bis an den Hals. Ich hab so das Gefühl, ich möchte da so richtig gegenatmen, um das so wegzukriegen.

Begl. *Aha. Du hast das oft versucht, so wegzukriegen?*

Kl.   Ja.

Begl. *Wie wäre es, wenn wir das jetzt einmal andersherum machen? Es eher ganz zulassen, ganz reinatmen, damit wir es rauskriegen.*

Kl.   (Pause)
Ja, ich fühl mich so ganz klein und häßlich ... und mickrig.

Begl. *Wie alt ungefähr?*

Kl.   Sechs.

Begl.   Sechs Jahre, häßlich, mickrig.

Kl.   (lacht)

Begl.   *Wir gucken uns mal zusammen diese kleine Ulla an, diese kleine häßliche. Und laß sie doch noch mal ein bißchen erzählen, laß sie uns ein bißchen interviewen, wie es der eigentlich geht. Die hat ziemlich viel Traurigkeit, ziemlich viel Leiden.*

Kl.   Ja, mein Vater, der dominiert schon ganz schön. Er macht auch überall soviel Druck in der Familie, so nach allen Richtungen.

Begl.   *Ja, dauernd Zwang und Druck geht von ihm aus. Aber irgendwie mag die kleine Ulla ihn auch ganz gerne, nicht? Oder, daß sie gemocht werden möchte von ihm.*

Kl.   Jaja. Es ist auch so eine ... Ich glaub, ich bewundere ihn auch unheimlich, so einige Seiten von ihm.

Begl.   *Erzähl mal, was da so toll an ihm ist.*

Kl.   (lacht) Er ist erst mal einfach noch so unheimlich groß ...

Begl.   *Ja.*

Kl.   Und kräftig körperlich. Und dann hat er auch so unheimlich viel Schwung. Er kann so mitreißen ...

Begl.   *Mmh.*

Kl.   Und er kann toll Märchen erzählen (lacht).

Begl.   *Das ist ja toll! Ist er manchmal denn auch so ganz lieb? Kommt er dann auch und ...*

Kl.   Ja, spontan, aber er ist so schnell wieder weg (lacht).

Begl.   *Mmh. Und dann nimmt er die kleine Ulla in den Arm und liest ihr ein Märchen vor?*

Kl.   Ja, das Märchenvorlesen ist schon wieder für die ganze Familie, aber nicht so für mich. Ich würde ihn ganz gern ein bißchen mehr für mich haben.

Begl.   *Ja, laß uns doch mal vorstellen, wenn er jetzt ganz für dich da wäre, was du alles mit ihm machen würdest! Was soll er mal tun?*

Kl.   Ach, es würde eigentlich schon reichen, wenn ich wüßte, daß er jetzt eine halbe Stunde neben mir sitzt und nicht immer gleich wieder wegrennt und was anderes fühlt und macht.

Begl.   *Hm. Ja, das ist immer so schlimm, dieses Weglaufen.*

Kl.   Ja.

Begl.   *Ja ... ich möchte dir mal eine Sonde geben, aber die Sonde zur kleinen Ulla, ja? Und stell dir mal vor, es kommt in der Stimme deines Vaters. Ich spiel mal deinen Vater. Mal sehen, wie die kleine Ulla reagiert. Was passiert, wenn sie jetzt hört – in der Stimme deines Vaters: «Ulla, ich bleib jetzt eine halbe Stunde ganz sicher bei dir sitzen.»*

Kl.   Nöö.

Begl. *Das ist so eine Mischung von «nöö» und auch irgendwie so eine Traurigkeit?*

Kl.   Ich bin unheimlich traurig im Augenblick.

Begl. *So ein Gerührtsein?*

Kl.   Nee, traurig.

Begl. *Ja, traurig.*

Kl.   Daß das nichts geworden ist.

Begl. *Hmm, Hmm.*

Kl.   (weint)

Begl. *Diese Traurigkeit, daß es das war, was du dir gewünscht hast und was nicht gekommen ist.*

Kl.   So als ob ... für die ganze Familie überhaupt nicht dasein wollen, nur mal spontan gefühlsmäßig, aber überhaupt kein biß- chen Zuverlässigkeit und so Dauerwärme.

Begl. *Ja.*

Kl.   So im Augenblick wie so ein Sonnenschein da, und dann weg. Kälte und Fremdheit und Druck und ...

Begl. *Kannst du diese Traurigkeit jetzt einfach noch mal fühlen? Und den Atem ganz sanft reinfließen lassen. Daß du so einfach mit dieser Traurigkeit bleibst, so einfach in sie hineinatmest, mal guckst, ob es irgendwo einen Block gibt, oder irgend etwas, was dich hindert, diese Traurigkeit zu spüren.*

Kl.   – Pause – (dann sehr leise) – Ich glaub, da ist noch eine un- heimliche Verletztheit.

Begl. *Ja. Wo merkst du die, diese Verletztheit? Wo sitzt die?*

Kl.   Mir ist zum Heulen – undeutlich (lacht).

Begl. *Schämst du dich ein wenig?*

Kl.   (lacht) Ja.

Begl. *Irgendwie schämst du dich, wenn du weinst.*

Kl.   (eine Mischung zwischen Lachen und Weinen) Ich denk eben doch, ich müßte damit umgehen können.

Begl. (spaßig ironisch) *Das find ich auch. Das müßte man erwarten können.*

Kl.   (lacht) Genau!

Begl.   *Das wäre doch gelacht, was. Mit so ein bißchen Traurigkeit aus der Kindheit nicht zurechtzukommen.*
        (Beide lachen)
Kl.   Ja ... es ist sehr massiv da jetzt.
Begl.   *Dann laß uns da doch noch mal hinfühlen, wo die sitzt, auch körperlich, diese Verletztheit.*
Kl.   Ich glaub, ich fühl's in der Herzgegend.
Begl.   *Laß mich doch meine Hand ein bißchen aufs Herz legen. Und du schaust, was passiert. Ja? O. k. Jetzt leg ich mal die Hand ...*
Kl.   Die intensiviert den Schmerz da noch.
Begl.   *Mhm. Geht das, daß du noch ein bißchen bei dem Schmerz bleibst und auch in ihn reinatmest? Wollen noch mal gucken, ob der sich weiter bewegt und vielleicht sogar verändert?*
Kl.   Es wird alles wärmer.
Begl.   *Aha. Der Schmerz wird also nicht nur größer, sondern es wird auch irgendwo etwas Schönes oder Angenehmes.*
Kl.   Das verteilt sich so durch den ganzen Körper ein bißchen.
Begl.   *Mmh.*
Kl.   Bis in die Fingerspitzen.
Begl.   *Der Schmerz ist nicht mehr so konzentriert.*
Kl.   Es ist was Positives dabei.
Begl.   *Aha, wenn meine Hand da ... die Hand gibt etwas Positives?*
Kl.   Ja.
Begl.   *Wenn die jetzt sprechen könnte, und sie das noch mal ausdrückt, was sie dir da Positives gibt, was würde sie zu dir sagen?*
Kl.   Ganz was Tröstendes und ...
Begl.   *Mmh.*
Kl.   und Behütendes
Begl.   *Behütendes*
Kl.   Wärme Gebendes.
Begl.   *Ja.*
Kl.   Ist schon gut!
Begl.   *Es ist schon gut!*
Kl.   Ich bin ja da!
Begl.   *Aha. Das wäre eigentlich toll, wenn man dem Vater diesen Schmerz so zeigen könnte. Und der legt dann die Hand da hin,*

und dann sagt er: Es ist schon gut, Ulla. Ich weiß, daß es weh tut. Und wir werden den Schmerz schon irgendwie wieder lösen.

Kl.   (weint)

Begl.   *Ja, bleib man ganz dabei.*
Ja, und nicht den Atem festhalten.
Ja, jaja, ganz reinatmen und versuch mal, das Kinn zu lockern. Es ist irgendwo so eine ganz große Sehnsucht, daß das kommt und auch eine ganz große Angst. Spür mal, wie du den Kopf so abwendest. Laß das Kinn noch mal ganz locker, auch wenn es zittern möchte. Es scheint zittern zu wollen.
Ja, ich sag das noch mal zur kleinen Ulla. Es löst irgendwie doch etwas. Kleine Ulla, es wird schon werden. Wir kriegen das schon hin! Ich weiß, daß das weh getan hat. So langsam müssen wir jetzt den Schmerz sich lösen lassen ...
Und guck jetzt mal wieder als große Ulla. Was hat sich jetzt dadurch verändert im Körper? Du hast mehr Schmerz gehabt, mehr Weinen, aber vielleicht ist auch etwas Positives mit dem Körper dabei passiert.

Kl   Ich fühl mich viel größer.

Begl.   *Aha.*

Kl.   Und weiter, mit mehr Luft. Und auch kräftiger irgendwo, trotz des Weinens.

Begl.   *Aha, du hast jetzt gemerkt, das Weinen ist nicht nur irgendwie, daß man nicht damit zurechtkommt, sondern es ist auch etwas Schönes, was dich löst, dich größer macht.*

Kl.   Ja, als ob der Oberkörper so zugelegt hätte.

Begl.   *Das ist ja toll! Vorher war mehr so ein bißchen was Kindliches drin, jetzt bist du da irgendwo größer?*

Kl.   Hm, ja.

Begl.   *Wie alt ungefähr? Bist du schon richtig erwachsen, oder eine Zwischenstufe?*

Kl.   Ich habe das Gefühl, ich bin schon fast ich.

Begl.   *Aha, fast eine erwachsene Frau.*

Kl.   (lacht) Da fehlt nicht mehr viel.

Begl.   *Wie wäre es mit so einem jungen Mädchen – 18, 19?*
Nur eine Idee, ich weiß nicht, ob dir ...

Kl.   Ja, schön. Nur da hat dann der Vater so wenig Funktion.

Begl. *Ja, schau mal hin, wie das so ist, wenn du jetzt 18, 19 bist. Vielleicht, ob da auch noch ein Drama mit irgend jemand ist. Auch so ein bißchen Schmerzgefühle. Kommt dir grad jemand in den Sinn?*

Kl. (lacht) Ja, weil du gerade fragst, ob da irgend jemand ist. Das war so die Trennung von meiner ersten Verlobung.

Begl. *Aha, da habt ihr euch verlobt und dann ... hat er sich getrennt, oder hast du dich getrennt?*

Kl. Nöö, wir haben eigentlich beide gemerkt, daß es nicht ging. Und da war auch dieser Block so (– tiefes Atmen –) jemandem nicht zu entsprechen.

Begl. *Aha, daß er nicht zufrieden ist.*

Kl. Ich hab auch so für mich selbst gemerkt, daß ich ... daß ich da nicht weiter kam und ...

Begl. *Mmh.*

Kl. Das ist eine unaufgelöste Geschichte irgendwo.

Begl. *Mmh – Da war irgendwo wieder das Gefühl, du bist nicht gut genug.*

Kl. Ja.

Begl. *Der ist nicht zufrieden mit dir.*

Kl. Und auch, daß ich nicht zufrieden mit mir war, damals schon, die bewußten Ansprüche damals schon.

Begl. *Mmh.*

Kl. Das Leistungsdenken so manifestieren und so bewußt haben schon, zu blöd. Das war anders, als ich es jetzt habe. Da, ich weiß nicht. Da war ich so ganz drin in diesem «Ich will» und «Das muß irgendwie gehen».

Begl. *Viel verkrampfter als heute.*

Kl. Ja, ja, ja. So vorgegebene, so eingeschränkte Zielsetzungen irgendwie.

Begl. *Mmh.*

Kl. So feste Wünsche.

Begl. *Wenn du jetzt so darüber sprichst, ist das richtig unangenehm, wie das alles war?*

Kl. Ja, so wie ich mich jetzt im Augenblick sehe, habe ich das Gefühl, ich wünsch mir da so einen kleinen Schritt rauszukommen.

Begl. *Mmh, ja.*

Kl.   Offener zu sein so zu ... Mich mehr so zu fühlen und keine
        Zielsetzungen haben.

Begl.   *Hm, hm. Laß mich doch mal eine Sonde probieren und du
        schaust mal, wieweit das jetzt schon stimmt. Was passiert, wenn
        du hörst: «Ulla, du kannst dich so lassen, wie du bist.»*

Kl.   (Pause)
        Nee, das ist nicht so.

Begl.   *Mmh.*

Kl.   Das ist in Ansätzen gerade für mich richtig.

Begl.   *Was kommt da alles hoch? Das ist nicht so! Das geht nicht!*

Kl.   Ich fühl mich noch viel zu sehr blockiert und in dem, was ich
        eben so als Achtzehnjährige so negativ gefühlt habe.

Begl.   *Hm. Karikier doch mal die Stimme, die sagt: Das muß verän-
        dert werden! Das ist noch nicht in Ordnung!*
        *Und ich weiß auch nicht, was für eine Färbung die hat, ob die
        streng spricht mit dir. Spiel die mal aus, drück das alles mal aus.*

Kl.   Nee. Ich fühl mich noch viel zu eingeengt durch die eigenen
        Vorstellungen. Ach, ich möchte so richtig alles kommen las-
        sen, wie es kommt, und einfach nur so ... hach, mich auf das
        einstellen, reagieren, wahrnehmen. Und blöde Vorstellungen
        davon, wie etwas im Leben sein müßte, wegkriegen.

Begl.   *Mhm. Also dieser Leistungsanspruch ist ein ganz geschickter.
        Der zieht sich jetzt noch das Mäntelchen der humanistischen
        Psychologie an.*

Kl.   Ja, ja. Genau das.

Begl.   *Unter dem Mäntelchen, nichts zu wollen, übt er jetzt den Druck
        aus.*

Kl.   Ja.

Begl.   *Mmh.*

Kl.   Ja, das ist richtig.

Begl.   *Ja, schau mal, dann würde das doch hinkommen, wenn die
        Stimme so gern möchte, daß du alles zuläßt und dich nicht an-
        strengst, daß du dann noch einmal die Sonde einfach reinlassen
        kannst und dich so lassen kannst, wie du bist. Und dann wäre
        alles o. k.*

Kl.   Na ja, das ist ja auch mit Angst verbunden, glaub ich.

Begl.   *Aha, paß auf, dann laß uns das mal ausprobieren. Stell dir vor,
        durch ein Wunder wäre die Stimme ein bißchen verstummt und*

du könntest dich jetzt schon so lassen, wie du bist. Und viel-
leicht kommt etwas Neues hoch, wenn du das dann wirklich
fühlst. Deswegen laß mich die Sonde noch mal geben, und du
stellst dir vor, du bist jemand anders als Ulla, und du läufst mit
einem Lebensgefühl herum: «Ich brauch nichts zu tun: Alles ist
o. k.! Nichts ist zu leisten!» Und dann guckst du mal, wie das
eigentlich im Körper wirklich ist, o. k.?

Kl.   Ich bin ganz verspannt. Ich merk's schon so (lacht).
       Ja, aber mach man.

Begl. *Ja. Gut, wenn ich jetzt die Sonde sage, kommt es wahrschein-*
       lich stärker. Und beobachte es einfach, was da unten ... Was
       das ist. Guck noch mal, was geschieht, wenn du hörst: «Ulla,
       du kannst dich vollkommen so lassen, wie du bist.» (Pause) Ja,
       was passiert da?

Kl.   Ja, da ist schon eine ganz große Sehnsucht danach, das zu
       glauben.

Begl. *Mmh. So eine kleine Ahnung eben: Mensch, wäre das toll!*

Kl.   Ja.

Begl. *Mmh.*

Kl.   (lacht) Ach, ich möchte es sehr gerne.

Begl. *Ja, kannst du es im Körper fast ein bißchen nachfühlen, so*
       diese Ahnung, wie es wäre, wenn es so schon wahr wäre. Wie es
       sich anfühlen würde im Körper?

Kl.   Hm, warm und sonnig und entspannt und ... faul.

Begl. *Mmh.*

Kl.   So richtig schön, ja.

Begl. *So ganz entspannt. Ich hatte den Eindruck, dein Atem in dei-*
       nem Bauch hat sich auch verändert. Willst du da noch mal hin-
       fühlen? Ob mit dem Warmen und Sonnigen dein Bauch anders
       atmet?

Kl.   Mmh, es geht so von unten bis oben die Wärme so hoch.

Begl. *Mmh, das heißt, von diesem Gefühl, das du jetzt geahnt hast,*
       müßtest du eigentlich noch mehr haben, nicht?

Kl.   (lacht) Ja, ich weiß nicht. Vielleicht. Es wäre schön, ja. Ich
       weiß nicht so. Im Augenblick kann ich es ein bißchen glauben,
       ja.

Begl. *Du weißt nicht so genau.*

Kl.   Ja, es sind auch noch natürliche Widerstände da. Ich merk das auch so (atmet tief) hier oben so im ... da bin ich auch noch im Augenblick so verspannt.

Begl. *Im Zwerchfell, ja? Wenn das sprechen würde, das Zwerchfell, was würde das sagen?*

Kl.   Na, na – irgendwie geht das nicht.

Begl. *O. k., dann können wir nichts machen. Guck vielleicht nur noch einmal, ob da irgend etwas ist in Richtung, daß das nicht geht oder daß das nicht sein darf.*

Kl.   Nee, ich krieg's im Augenblick nur über den Kopf, so als Trennwand zwischen Unterleib und Kopf, oder so als Barriere jedenfalls. Das kommt mir im Augenblick nur so in den Kopf.

Begl. *Mmh. Dann laß mich ... Dann mach ich da mal ein bißchen Atemmassage, ja?*

Kl.   Ja.

Begl. *Mal sehen, ob wir das ein bißchen lösen können. Das Zwerchfell.* (Lange Pause)
       Wie fühlt es sich jetzt an?

Kl.   Das hat sich verändert.

Begl. *Kannst du das genauer beschreiben?*

Kl.   Ja, die Spannungen sind weniger. Es ist so ... es ist fließender geworden.

Begl. *Mmh.*

Kl.   Fast im ganzen Körper so als Sehnsucht ... so ein Kribbeln.

Begl. *Mmh. Sehnsucht.*

Kl.   Ja, so nach Offenheit und Zulassenkönnen und Weichsein. Deine Hand war nachher so ganz ... die hat das hier verstärkt.

Begl. *Mmh. Ja, aber es ist noch nicht so ein erfülltes Gefühl, daß du so fühlen kannst, wie «Ich bin jetzt weich, ich bin jetzt offen». Sondern mehr Sehnsucht, es könnte sein.*

Kl.   Ja, ja. So Ansätze davon hab ich zwischendurch gefühlt.

Begl. *Mmh. Und was hindert dich daran, es ganz zu fühlen im Moment? Die Offenheit und die Weichheit? Hast du das Gefühl, da ist noch zuviel Härte?*

Kl.   Ja, ich glaube Angst.

Begl. *Mmh, eine Angst ...*

Kl.   Ja, das ist so wie zuerst, dem nicht zu genügen.

Begl. *Mmh.*

Kl.   Aber auch etwas anders. Es ist (lacht) ... es ist das Prinzip Hoffnung. Ich fühl die Angst zwar noch, aber ich fühl mich auch lockerer. Ich glaube, daß ich dichter dran bin, oder so, da mal irgendwie durchzurutschen.

Begl.   *Da ist die Angst, aber da ist auch die Hoffnung.*

Kl.   Ja, aber die Hoffnung auch. (Atmet tief)

Begl.   *Laß mich noch mal was probieren. Eine Sonde. Stell dir mal vor, die geben wir noch mal der kleinen Ulla. Wir stellen uns vor, dein Vater wäre zu mir in die Therapie gekommen, weil er unter seinem Stress so gelitten hätte. Und er hätte sich total verändert, ja? Er hätte sich mal gewandelt, und er sagt jetzt die Sonde «Ulla, ich bin sehr zufrieden mit dir!»*

Kl.   Hmm, wenn da noch ein bißchen von Nahe-Sein reinkäme, dann wäre das super.

Begl.   *Ich bin dir ganz nahe – so etwas?*

Kl.   Mmh, ja.

Begl.   *O. k.*

Kl.   Verständnis.

Begl.   *Oh, ja.*

Kl.   (lacht) So!

Begl.   *Das möchtest du gern hören, ja? O. k., dann achte ganz auf deinen Bauch- und Brustraum, ob das jetzt reingehen kann. Was geschieht, wenn du hörst: «Ulla, ich verstehe dich.»*

Kl.   Ja, da könnte ich schon heulen. Das ist sehr das, was ich mir wünsche.

Begl.   *Mmh. Ganz leises Weinen im Moment?*

Kl.   Ja, so ... so ein Entspannungsgefühl.

Begl.   *Ein bißchen Schmerz ...*

Kl.   Ja – (lacht und weint)

Begl.   *Mmh.*

Kl.   (lacht) Der Eisblock geht so ein bißchen in die Knie.

Begl.   *Hm. Da kommt eine ganz andere, da kommt die weiche Ulla raus, nicht? Die das braucht und die ganz weich ist. Und wenn du das gar nicht kriegst, dann wirst du so ein bißchen ein Eisblock.*

Kl.   Ja.

Begl.   *Vielleicht machst du jetzt die Erfahrung, daß es gar nicht so gefährlich ist, ein bißchen zu schmelzen.*

Kl.   Hmm, ganz schön.

Begl.   *Mmh. Können wir noch irgend etwas tun, um das Gefühl noch zu stärken? Eine Möglichkeit wäre es, daß wir als Gruppe mal alle die Hände auflegen. Oder daß ich noch einmal die Hand auflege.*

Kl.   Hm, so die Hand auflegen, das wäre wohl ganz gut so. So eine tolle Wärme.

Begl.   *Hm, was hältst du davon, wenn wir alle noch mal die Hände drauflegen?*

Kl.   Ja, wenn ihr mögt.

Begl.   (zur Gruppe) *Habt ihr Lust?*
        (Gruppe: ja)
        Dann kommt mal ran.
        (Gruppe legt Hände auf)

Kl.   Das ist so wie Strand und Sonne und Zufriedenheit (lacht).

Begl.   *Mmh.*

Kl.   Herrlich.

Begl.   *Blaues Meer.*

Kl.   Ja. Ein bißchen Wind und so. Ganz toll!

Begl.   *Wir kommen alle mit.*

Kl.   Ja, macht mal. Hmm, das ist so schön. Und das ganz unbescheiden für die nächsten 50 Jahre meines Lebens! Herrlich! (lacht) Ja, das ist schön.

Begl.   *O. k. Und Margot kocht dann für uns alle am Strand den Kaffee. (Alles lacht) Dann bleib man noch ruhig liegen, wenn du möchtest oder knuddel etwas mit den anderen – so wie du es magst.*

Kl.   Ja, Dankeschön. Ich bleib noch etwas hier liegen.

Das dritte Probefocusing

Nach all dem Gelernten, Geübten und Gelesenen führen die Focusingpartner jetzt ihr drittes Probefocusing durch. Es ist sozusagen ihre Generalprobe, bevor ihre wöchentliche, regelmäßige Arbeit beginnt.

Diesmal sollte man die Arme-Übung am Anfang und das Hände-auflegen zum Schluß noch ganz schematisch dazunehmen. Danach zählt dann nur noch, wozu die Focusingpartner Lust haben.

11. Sitzung: Positives Focusing

Bevor die beiden Partner ihr Übungsprogramm beenden, sollen sie in dieser Sitzung gemeinsam einen großen Sprung über die Barriere tun und mit positiven Inhalten fokussieren. Und zwar sollen sie beide den «Herzensprozeß» vom Ende des Teiles II durchführen, wobei sie den Text der Phantasiereise auf Tonband sprechen, um dann gemeinsam diesen Prozeß in innerer Achtsamkeit durchführen zu können. Danach hat jeder Partner eine Einzelsitzung, in der er seinen felt sense vom Zustand des offenen Herzens mit den verschiedensten Bildern und Worten symbolisieren kann.

Malt euch das Positive so plastisch und deutlich aus, wie es nur geht. Versucht auf der Bilderebene auszuprobieren, was ihr alles in diesem neuen, geöffneten Zustand tun und erleben könnt. Geht auf die Geschichten- und Märchenebene und phantasiert munter drauflos. Achtet dabei immer wieder auf euren Atem und euren Körper – laßt den positiven Zustand voller und voller werden. Falls ihr an Barrieren stoßt oder in negative Gefühle hineinrutscht – arbeitet ruhig mit ihnen. Aber haltet euch nicht zu lange mit ihnen auf. Das Hauptaugenmerk in dieser Sitzung soll auf dem positiven Erleben liegen.

Diese gemeinsame Beschäftigung mit den Zielen der Entwicklung der beiden Partner kann so etwas wie ein Kompaß für die weitere Arbeit sein. Man weiß besser, wo man selbst und wo der Partner eigentlich hinstrebt. Und da wir in diesem Programm sehr häufig gelernt haben, wie wir mit negativen Gefühlen, mit Problemen und Blockaden umgehen können, wollen wir doch nicht versäumen, auch etwas Übung in dem Umgang mit dem Positiven zu bekommen – damit das Gleichgewicht wieder stimmt.

Denn Focusing muß nicht immer ernst und schwer sein. Alle Stimmungen haben ihren Platz – und häufig wird gelacht, häufig braust man in enthusiastischen Phantasien davon oder ist so albern und verrückt, wie man es sich sonst nicht erlauben mag.

Und noch etwas kann in dieser Sitzung deutlich werden. In jeder partnerschaftlichen Focusingsitzung helfen wir uns, unser Herz weiter öffnen zu können. Wir bearbeiten all das, was unser Herz und unser wahres Wesen verstellt und verdeckt – um immer mehr auch in unserem Alltag den Zustand zu erleben, den wir in der Phantasie hoch oben auf dem Berg erleben konnten. Focusing ist also eine Methode, die uns hilft, unser Leben aus unserem offenen Herzen heraus zu leben.

12. Sitzung: Einige Erfahrungsberichte

Diese fünf Erfahrungsberichte haben Teilnehmer unseres Hamburger Focusingprojektes geschrieben. Die ersten zwei Berichte stammen von Teilnehmern mit einer einjährigen Praxis im partnerschaftlichen Focusing und gehen mehr auf das *Focusingsetting* direkt ein, während die letzten drei Berichte von Teilnehmern mit zweijähriger Praxis im partnerschaftlichen Focusing stammen. Sie gehen mehr auf allgemeine Persönlichkeitsveränderungen ein, die durch das Focusing in Gang gesetzt worden sind.

Meiner Erfahrung nach macht es vielen Menschen Mut, einmal nicht vom Autoren und Therapeuten, sondern von anderen Menschen zu hören, wie es ihnen beim partnerschaftlichen Focusing ergangen ist. Und da auch ganz offen über Schwierigkeiten und Zweifel geschrieben wird, wird man leichter mit diesen umgehen können, wenn sie bei der eigenen Arbeit aufkommen sollten.

Die Focusingpartner, die dieses Programm durchgearbeitet haben und sich nun auf ihre gemeinsame Reise begeben wollen, können diese Berichte wie ein Gruppengespräch auffassen, bei dem sie die Erfahrung anderer Menschen, die diesen Weg schon eine Zeitlang gegangen sind, auf sich wirken lassen. Diese Erfahrungen anderer können einem selbstverständlich nicht die eigenen Schwierigkeiten abnehmen, aber sie können einen doch stärken, vorbereiten und außerdem ein Gefühl von Solidarität vermitteln.

Ulla

«Zwischen meiner Focusing-Partnerin G. und mir bestand seit längerer Zeit eine locker-freundschaftliche Verbindung. Wie sich bald herausstellte, eine besonders günstige Bedingung. Wir kannten bereits viele Seiten des Partners, waren aber anderseits gefühlsmäßig nicht aneinander gebunden. Das gab von vornherein ein gutes offenes Vertrauensverhältnis.

Um unsere Focusingbeziehung möglichst effektiv zu gestalten, legten wir schon nach den ersten Treffen einen fixen Focusingtag in der Woche fest. So gern ich mich auch sonst mit G. traf, erzeugte die reine Focusing-Situation anfangs immer etwas Druck. Die ungewohnte äußere Kommunikationsform und der selbst auferlegte Leistungsdruck machten mir zu schaffen. Dieses Gefühl, immer irgendwelche Erfolge produzieren zu müssen, wurde dann auch schnell zum zentralen Thema der ersten Wochen und Monate.

Als Begleiter fühlte ich mich schon bald ganz wohl. Das ‹Aktive Zuhören› war mir von Thomas Gordon her vertraut und damit auch das Gefühl, den Partner seinen eigenen Lösungsweg finden lassen zu wollen. Anfangs experimentierten G. und ich auch noch ziemlich viel mit den neu gelernten Interventionsmöglichkeiten herum. In letzter Zeit gehe ich aber damit nicht mehr so bewußt um. Das Wichtigste als Begleiter ist mir, den Klienten durch Spiegeln seiner Gefühle am Prozeß zu halten und ihn bei Ablenkungen und Störungen wieder an sein Körperempfinden heranzuführen. Wenn G. sich im Ablauf der Sitzung in unangenehmen Gefühlen zu verlieren droht, die durch reines Erforschen nicht wieder in Bewegung kommen, versuche ich oft eine Sonde. Danach läuft der Prozeß häufig auf einer etwas bewußteren Ebene neu an.

Immer wieder erstaunlich und beglückend empfinde ich die Nähe, die das Focusing zwischen Begleiter und Klienten erzeugt. Mehrfach kam es in unseren Prozessen zu Situationen, in denen wir einander in einer völlig anderen Dimension wahrnahmen. Es war dann so, als bestünde zwischen uns ein geschlossener Energiekreis, so daß der Begleiter auch Prozesse des schweigenden Klienten als unmittelbare – oft erschreckend deutliche – Körperempfindung erlebte.

Als Klient fühlte ich mich bei G. immer gut aufgehoben. Ich hatte das Gefühl, wirklich alles sagen zu können, was mich bewegte und – erstaunliche Erfahrung! – auch einmal klein, schwach und unentschlossen sein zu dürfen, ohne daß die Welt zusammenbrach. In der für mich schwierigen Anfangsphase hat mich G. durch ihr Einfühlungsvermögen und ihre eigenen positiven Focusingerfahrungen sehr unterstützt. Dabei war besonders ihre Beharrlichkeit wichtig, mich in meinem Körperbewußtsein zu halten.

Langsam lernte ich auch, G.s Begleiten bewußter wahrzunehmen. In für mich schwierigen Situationen versuchte sie manchmal, mir Mut zu machen oder ein Bild aus ihrer Sicht gerade zu rücken. Das empfand ich dann als sehr mitfühlend und liebevoll, aber als meinem eigenen Prozeß hinderlich. Teils konnte ich ihr diese Rückmeldung während der Arbeit selber geben, teils haben wir am Schluß darüber gesprochen.

Ich denke, daß sich mein regelmäßiges Fokussieren mit G. auch positiv auf mein Verhältnis zu anderen Menschen auswirkt. Das bewußtere Wahrnehmen meiner Gefühle – wobei mir gleichzeitig klar ist, daß sie sich laufend verändern – erlaubt mir, viel angstfreier in eine Situation zu gehen. So lebe ich seit einem Vierteljahr unter Glück und Tränen in einer gleichzeitig sehr offenen und intensiven Partner-Beziehung, die noch vor einiger Zeit für mich völlig indiskutabel gewesen wäre.

Diese wachsende Fähigkeit, den anderen Menschen und sich selbst immer wieder neu wahrzunehmen, verbunden mit dem Bewußtsein, daß der Partner der ‹andere› und kein Teil des eigenen Selbst ist – diesen Zuwachs an Mut und Lebendigkeit halte ich für eine direkte Folge des Focusing. Vor kurzem haben G. und ich festgestellt, daß es uns schwer vorstellbar wäre, langfristig auf unsere Focusing-Sitzungen verzichten zu müssen.»

Frauke

«Vor einem Jahr im Oktober habe ich mit dem partnerschaftlichen Focusing begonnen. Als Partnerin hatte ich mir eine Frau gewählt, die ich vorher nicht gekannt hatte, die mir aber auf Anhieb sympathisch war. Damals befand ich mich in einem innerlich ziemlich zerrissenen Zustand. Mein größtes Problem war, daß ich mich nirgendwo zu Hause fühlte, weder bei mir in meiner Wohnung noch in der Wohnung meines Mannes, bei dem meine Tochter lebte. Es war alles für mich ziemlich chaotisch. Meine Beziehungen zu anderen Männern waren unbefriedigend, weil ich immer das Gefühl hatte, zu kurz zu kommen und von ihnen ausgenutzt zu werden. Die Freundschaften zu Freundinnen, die immer emotional sehr intensiv gewesen waren, ruhten auch. Ich hatte keine Lust, mich darum zu kümmern. Eigentlich fühlte ich mich zu dieser Zeit sehr isoliert, allein und unverstanden. Der Kontakt zu meiner Tochter war die einzige beständige Beziehung, die mir Vertrauen gab. In diesem emotionalen Wirrwarr fing ich an, mit E. zu fokussieren. Rückblickend gesehen bin ich jetzt erstaunt, wie problemlos sich das Focusing bereits nach einigen Übungen und Anweisungen gestaltete.

E. und ich hatten von Anfang an ein sensibles Empfinden füreinander und waren sofort bereit, uns aufeinander einzustellen. Natürlich verlief jede Stunde anders, und ich will die für mich effektivsten beschreiben und die, die schwierig waren. Mit E. lief es meistens so, daß wir uns vor dem Fokussieren bei einem Tee unterhielten, über unser augenblickliches Empfinden oder unsere Erlebnisse. Dann besprachen wir noch einmal das technische Vorgehen, und dann ging es los mit einer Arme-Übung zum Entspannen. Ich hatte mich hingelegt und war während der Arme-Übung schon in ein Problem hineingeraten, das ich mir ansehen mußte. Und dieses Problem machte sich nur im Kopf breit. Der Versuch, das Problem im Körper zu lokalisieren, gelang ziemlich schnell durch E.s Fragen: ‹Wo spürst du das Problem?› Es war für mich die Angst, durch mein Doppelleben, Allein/Beziehung, zerrissen zu werden. Diese Angst spürte ich als Druck in der Kehle und im Brustraum. Wir guckten uns diese Angst genau an, d. h., ich guckte sie mir genau an, und E. half mir, immer wieder aus dem Kopf in den Körper zu kommen. Dieses Gefühl, das Problem im Körper zu spüren, war für mich sehr intensiv und ermöglichte mir, in einer ganz anderen Weise an diesem Problem zu arbeiten, als es mir mit dem Kopf allein bisher möglich war.

Mir kamen z. B. Bilder zu meiner Angst, ich hatte das Gefühl, von Eisenringen umschnürt zu sein, die mich erdrückten. Oft kamen mir auch Bilder aus der Kindheit, und ich vergaß die Focusingsituation und wurde wieder das kleine Mädchen, das ständig von seinem Vater gegängelt wurde und das nicht allein losziehen durfte. Wenn E. dann noch diesem kleinen Mädchen mit der Stimme des Vaters tausend Verbote gab, dann fühlte ich mich tatsächlich wie damals in der Situation; festgehalten, bevormundet, ohnmächtig, hilflos. In dieser Situation der Traurigkeit und Verzweiflung passierte dann in der Focusingsituation etwas anderes, als es früher so oft geschehen war. E. veränderte die Situation durch Sonden wie ‹Du kannst frei sein› oder ‹Niemand kann dich festhalten›. Diese Sätze, die wir gemeinsam suchten, bis sie genau das ausdrückten, was ich mir damals gewünscht hätte (oder was heute fehlte) veränderten das eingeprägte Gefühlsschema für einen Augenblick.

Wenn der Satz stimmte, konnte ich wirklich im Körper erfahren, was ich brauchte. Mit den Eisenringen passierte es so, daß sie zerrissen und der Druck wirklich nachließ – ich konnte frei atmen.

Für mich war in diesen Momenten der anderen Erlebnisweise als der gewohnten die Erfahrung die wichtigste, daß ich zu diesen Gefühlen überhaupt fähig war, daß mein Körper sie fühlen und ausdrücken konnte. Das Gefühl der Freiheit – ich fühlte es im ganzen Körper als ein wohliges, pulsierendes Prickeln. Der Kopf spielte dann auch gleich mit und malte die Bilder dazu: weite Blumenwiesen, endlose Strände usw.

Zu jeder Focusingsitzung wurden mir gravierende Zusammenhänge zwischen meinen heutigen Zwängen und Ängsten und meiner Programmierung durch meine Eltern und andere Personen klar. Während der Focusingstunden hatte ich die Chance, mich neu zu programmieren, aber nicht mit dem Kopf, wie sonst immer, sondern mit dem Körper. Ich machte wirklich mit meinem ganzen Körper die neuen Erfahrungen. Das gab mir Vertrauen und Mut in dem Glauben, es kann sich etwas verändern.

Das weitere sehr wichtige Gefühl, das mir Kraft gibt und das durch die Focusingstunden immer deutlicher wurde, ist: Ich bin kein Opfer. Mein negativ programmiertes Gefühlsschema macht mich zum Opfer, es wirkt auf mich. Und ich habe die Erfahrung gemacht: ich bin kein Opfer dieser negativen Erfahrungen. Ich bin in der Lage, andere Gefühle zu erleben, andere Erfahrungen zu sammeln. Die Auswahl ist unbegrenzt, es gibt noch alle Möglichkeiten, und ich kann sie sehen.

Heute fühle ich mich sicherer in meinen Entscheidungen, die Zerrissenheit ist nicht mehr das vorherrschende Gefühl, ich bin entspannter und habe zum erstenmal das Gefühl, mit beiden Beinen auf der Erde zu stehen, auch wenn auf der Erde nicht nur Blumen wachsen, wie jeder weiß. Ich muß nicht mehr weglaufen – wenigstens nicht mehr so oft.»

Felix

«Ganz von außen betrachtet kommen mir die eineinhalb Jahre Focusing wie ein neuer, anderer, großer Abschnitt in meinem Leben vor. Obwohl ich vorher schon Gruppenerfahrungen gemacht habe, allerdings mehr sporadisch. Wenn ich es zusammenfasse, dann ist es eine sehr bewußte, intensive Zeit, mit einem Gefühl, daß alles mehr mit meinem Leben zu tun hat. Daß ich das, was ich tue, als stimmig mit mir erfahre. Alles, was ich tue, ist bewußter und verantwortlicher geworden. Ich bin freier und ehrlicher geworden, mehr Kind und gleichzeitig auch erwachsener. Ich bin unsicher, ob ich glücklicher bin als früher. Ich glaube, viel tiefer in mich hineingetaucht zu sein und mehr mit meinen mir unangenehmen Teilen, aber auch mit mir bisher unbekannten Stärken im Kontakt zu sein.

Manchmal glaube ich auch, früher unbeschwerter gewesen zu sein, eine Art Sonnyboy, der viele tolle Sachen erlebt. Dies ist vorbei – Gott sei Dank –, weil ich dabei aus heutiger Sicht auch sehr viel verdrängen mußte und sehr hart mit mir umgegangen bin. Tatsächlich bin ich heute in der Lage, manche Charakterzüge in mir anzunehmen, zu betrachten, zu akzeptieren. Ja, das ist eine der größten Veränderungen: die Fähigkeit, etwas anzuschauen, nicht gleich zu bekämpfen oder wegzustoßen – Beobachter zu sein und anzunehmen. Dies gibt mir ein weites, großes und schönes Lebensgefühl, nimmt eine gewisse Angst vor der Zukunft, vor dem Leben selbst, nimmt das Gefühl der Enge.

Ich glaube, daß ich viel mutiger zu dem stehen kann, was ich für mich entschieden habe, was ich spüre, daß ich es in erster Linie mir selbst und nicht anderen recht machen will und ich dafür auch äußerliche Entscheidungen wie Berufspause usw. in Kauf nehme. Es gibt für mich auch eine faszinierende Vision eines Lebens, das meinem eigenen Rhythmus entspricht und nicht entfremdet ist, d. h., das paßt. Und zwar insofern, als das persönliche Wachstum und meine Arbeit in einem helfenden Beruf zueinander gehören.

Aber es ist auch irgendwie gemein. In der Sonnyboy-Zeit bespielsweise hatte ich zwar Zweierbeziehungen, die aber beim Auftreten von Schwierigkeiten zerbrachen. Oder ich hatte keine Beziehungen und Abenteuer. Insofern kommt mir diese Zeit manchmal auch leichter und unbeschwerter vor – mehr ‹Drauf los›. Jetzt muß ich viel mehr leiden, kann nicht mehr einfach abhauen. Zu sehr habe ich dafür die Schwierigkeiten als meine eigenen erkannt. Ich muß leiden und sehen, daß da sicher noch sehr viel drankommen wird.

Noch nie habe ich eine so vertraute, auch spirituelle Beziehung gehabt wie mit G. Noch nie bin ich so an meine Starrheit, meine Sehnsüchte und Ängste gekommen. Noch nie habe ich aber auch in einer Beziehung so gelitten, soviel Unangenehmes bewußt wahrgenommen. Und ich habe die Beziehung immer noch und sehe, wieviel ich immer dem anderen an Schuld zugeschoben habe. Wieviel Begrenzungen in mir selbst stecken, welche Schwierigkeiten ich habe, eine Beziehung zu einer Frau einzugehen und dabei frei und unabhängig zu sein. So denke ich manchmal, daß es nicht die Richtige ist und sehe dann wieder, daß es um *mich* geht. Und darin liegt eine Freiheit, eine Aufgabe, etwas Tolles.

Und ich bin ja auch stolz darauf, was ich mit G. jetzt habe, daß wir gemeinsam diesen Weg gehen, um wie vieles realistischer unsere Beziehung ist als früher, wieviel ehrlicher und echter. Wieviel freier und gerade wegen der (oft unangenehmen) Ehrlichkeit soviel liebevoller. Und wenn es gerade schön ist, dann ist es besonders schön, und ich glaube wegen der Spiritualität, die in dem gemeinsamen Weg liegt.

Das partnerschaftliche Focusing ist eine ständige Herausforderung. Es gibt keinen Weg mehr zurück. Es ist manchmal mühsam für mich, aber auch spannend und faszinierend, und ich glaube, solche Momente, wo ich einfach für mich sein kann, ohne zu wollen oder zu müssen – solche Momente des Wohlfühlens und der Zufriedenheit, die kann ich jetzt erst richtig haben.

Was meine sonstigen Kontakte angeht, finde ich sie echter und tiefer als früher, aber es sind auch weniger, was mich manchmal beunruhigt. Und ich frage mich, ob das Focusing mich nicht zu sehr auf mich wirft, so daß ich zunehmend Interesse an anderen verliere.

Ich fühle mich körperlich auch freier und bewußter für meine Blocks. Insbesondere eine Enge und ein Stechen in der vorderen Herzgegend, die ich immer im Zusammenhang mit Zweierbeziehungen gespürt habe, sind irgendwie verschwunden. Andererseits merke ich, welche Schwierigkeiten mit dem Thema Sexualität und Energiefluß für mich da sind.»

Gisela

«Als ich anfing mit dem partnerschaftlichen Focusing, habe ich als erstes eigentlich gemerkt, daß ich die ganze Zeit immer nur Freundin von . . . Tochter von . . . Arbeitskollegin von . . . gewesen war. Ich hatte mich nie darum gekümmert, was ich eigentlich wollte und was ich eigentlich für Ansprüche habe. Ich war stets bemüht, alle Erwartungen an mich zu erfüllen und ein lieber, netter Mensch zu sein. Heraus kam, daß ich mich langweilig fand und nicht wußte, was ich mit mir anfangen sollte. Das war erst einmal ziemlich erschreckend.

Ich habe durch das Focusing gemerkt, wieviel Ängste ich hatte. Angst vor Kontakten, Angst davor, Entscheidungen zu treffen, Angst vor dem Alleinsein. Vor allem Angst vor Streit, den ich auch selten einging, weil ich dann ja nicht mehr lieb war und auch nicht mehr eine freundliche Frau, sondern eine dumme Kuh, ein hysterisches Weib oder sonst was. Heute habe ich nicht mehr das Gefühl, daß ich unbedingt lieb sein will. Ich habe zwar immer noch Angst, daß mich jemand doof findet oder zickig, und es macht mir auch was aus, wenn es so ist. Aber ich streite mich trotz meiner Angst und trotz der komischen Gefühle, denn ich habe gelernt, auch meine Bedürfnisse durchzusetzen, und ich erreiche manche Sachen, die früher nie im Rahmen des Möglichen gewesen wären. Ich riskiere einfach mehr.

Sehr positiv hat sich das beispielsweise auf meine Beziehung ausgewirkt. Dadurch, daß ich mir mehr Freiraum nehme, habe ich auch gelernt, dem anderen mehr Freiraum zu lassen, habe mehr Verständnis dafür und fühle mich nicht gleich zurückgesetzt oder ausgeschlossen.

Genauso ist es auch mit anderen Sachen, mit den so alltäglichen kleinen Macken. Je mehr ich im Focusing gelernt habe, mich mit meinen komischen Seiten zu akzeptieren, desto mehr konnte ich auch andere akzeptieren. So habe ich heute in meiner Zweierbeziehung, zu meinen Freunden und auch zu meinen Eltern einen viel echteren Kontakt. Oft bedeutet das viel Auseinandersetzung, Kämpfe und Mühe, aber seitdem ich das nicht mehr um jeden Preis vermeide, fühle ich auch echter und lebendiger.

Ich habe gerade noch einmal gelesen, was ich bis jetzt geschrieben habe, und es hört sich für mich ein wenig so an, als wäre ich schon der Ober-Guru. Das ist überhaupt nicht so. Ich laufe ja schließlich noch oft genug mit Gefühlen herum wie: Ich kann nichts, ich bin nichts wert, ich bin langweilig, ich bin nicht hübsch, die anderen finden mich doof usw.

Aber ich habe gelernt, mir diese Gefühle anzugucken, zu schauen, was eigentlich los ist, wenn ich mich beispielsweise klein und scheu fühle. Und damit verändern sich diese Gefühle schnell.

Ich habe gesehen, daß ich viele verschiedene Personen in mir habe: das kleine Baby, den Teenager, die Frau, die Zimtzicke. Mal fühle ich mich langweilig, mal interessant, hübsch oder häßlich, mal weiß ich genau, was ich will, dann wieder gar nicht. Früher habe ich immer gedacht, man muß immer erwachsen sein – immer genau wissen, was los ist. Inzwischen habe ich gesehen, wie erleichternd es ist, wenn ich mir erlaube, auch einmal klein und dumm zu sein.

Für mich war unheimlich wichtig bei all diesen Schritten die Unterstützung durch den Focusingpartner und die Gruppe. Das Gefühl, ich werde dort gemocht und anerkannt. Die Atmosphäre, das geschützte Klima in der Gruppe und auch die Konfrontationen haben mir erst ermöglicht, mich mit all meinen positiven wie negativen Seiten zu betrachten und mich zu mögen, so wie ich bin.

Für mich war auch wichtig zu lernen, mich auf mein Gefühl zu verlassen und dem zu trauen. Nicht vor lauter Sicherheitsbedürfnis durch die Ratschläge von anderen immer auf der Stelle zu treten. Ich habe nach 7 Jahren Krankenhausarbeit aufgehört, dort zu arbeiten, habe eine Schule und eine Ausbildung angefangen und habe mir erlaubt, mehr Zeit für mich zu haben. Das ist ein Risiko, das ich früher niemals eingegangen wäre.

Ganz wichtig war die partnerschaftliche Focusingarbeit. Ich habe da meine Gefühle, Körperempfindungen, Ängste und Freuden plötzlich jemandem mitgeteilt, den ich erst mal ja nicht so gut kannte. Und habe erfahren, wie hilfreich und unterstützend so eine Beziehung ist, um mit meinen Problemen zu arbeiten. Und es war auch ein schönes Gefühl, daß ich jemanden unterstützen konnte und ihm eine akzeptierende Atmosphäre vermitteln konnte, so daß er sich sicher fühlen konnte. Es war auch gut, so eine Verpflichtung einzugehen, sich regelmäßig zu treffen, auch wenn man eigentlich keine Lust hat. Oft habe ich gemerkt, daß dieses ‹keine Lust› eigentlich auch Angst war, mich mit irgend etwas auseinanderzusetzen. Und es war immer ein tolles Gefühl und hat mich meistens auch weitergebracht, wenn ich es dann trotz der Unlust gemacht habe. Ich fühlte mich hinterher klarer und erleichtert, so als ob ich eine Last abgeworfen hätte.

Insgesamt kann ich sagen, daß ich immer noch Probleme habe und mich oft komisch fühle, aber mit dem Wissen, nicht in meinen Problemen zu versinken, sondern mit ihnen umgehen zu können. Und die ganze Therapie und mein größeres Selbstvertrauen haben mir geholfen, echtere und warmherzigere Kontakte zu anderen Menschen zu haben.»

Birgit

«Als ich mit dem Focusingprojekt anfing, saß ich hier jämmerlich klein mit dem Gefühl, es ist ganz wichtig, allen klarzumachen, wie schlecht es mir geht. Jeder soll sehen, mitfühlen können, mit welchem harten Los mich das Schicksal gestraft hat. An Martin war mehr oder weniger unbewußt die Erwartung gerichtet: Hilf mir, ich bin doch so ein armes Häschen. Und sag mir ja nicht etwas, was mir nicht gefällt. Therapie sollte bloß nicht unangenehm sein – war's dann aber natürlich doch. Ich hatte Angst vor den Gruppenabenden und auch Angst vor den partnerschaftlichen Focusingsitzungen. Anstatt daß es mir besser ging, fühlte ich mich immer schlechter, und die Probleme, derentwegen ich gekommen war, waren ganz und gar nicht weg – eher schlimmer geworden –, und es kamen jede Menge neue dazu.

Zwischendurch ein paar Hochstimmungen. ‹Erfolge› mit dem Gefühl, jetzt weiß ich, wie ich's machen muß. Jetzt ist es endlich geschafft, das ist die Lösung – und schon ging es wieder abwärts. Nichts hatte sich verändert. Ein Gefühl, ich gehe keinen einzigen Schritt vorwärts.

Jetzt, nach 2 Jahren, ist alles ‹plötzlich› anders. Ich habe mich verändert, ohne so richtig zu ‹wissen›, wann und durch was. Aber das Gefühl ist jetzt da, alles, was passiert ist von Anfang an, war wichtig und richtig. Von außen betrachtet, so scheint es mir, ist eine Veränderung kaum sichtbar. Obwohl das auch nicht stimmt – es läuft nur so still und leise ab, daß es kaum bemerkt wird. In mir hat sich sehr, sehr viel verändert. Mein Gefühl zu Leben und Schicksal, zu anderen und zu mir.

Am wichtigsten für mich ist so ein grundsätzliches Gefühl von Zuversicht, Glück und Liebe und Vertrauen in das, was geschieht. Probleme werde ich immer haben. Tiefe Depressionen, mich mies fühlen, so richtig schön abstürzen – trotzdem hat das alles eine andere Qualität bekommen. Das Grundgefühl von Zuversicht kann zwar verdeckt werden, ist aber nie ganz weg.

Und wenn es noch so schlimm kommt, ich hab so etwas wie eine sichere Basis bekommen, die mir immer bleibt. Ein Gefühl zu mir selbst. Und wenn ich mich auch manchmal noch schlecht behandle, hab ich mich im Ganzen gesehen doch viel lieber als früher und kann das Mich-schlecht-Behandeln in den jeweiligen Situationen erkennen.

Ich freu mich auf das, was noch kommt, was ich mit dem Leben machen werde, und bin gespannt. Zur Therapie habe ich jetzt das Gefühl, daß sie auch Spaß macht, daß es eine Freude ist, immer weiter zu gehen. In meinen eigenen von mir bestimmten großen oder eher kleinen, langsamen Schritten. Ich fühle mich zwar noch oft unter Leistungsdruck, hab aber gleichzeitig klar: Ich bestimme den Weg, und ich bin selbst verantwortlich. Keiner kann es für mich machen. Ich brauche die Unterstützung, die Gedanken und Ideen der anderen, aber die Verantwortung für mein Leben liegt bei mir. Manchmal macht dieser Gedanke Angst, und immer wieder geht es zurück in alte Muster – aber sei's drum –, wichtiger ist mir, daß der Gedanke an die Selbstverantwortlichkeit auch viel Kraft und Klarheit gibt. Es ist so schön, zu spüren, daß da tatsächlich in mir eine Kraft ist, der ich wie einem guten Geist vertrauen kann.

Beziehungen zu anderen. Kontaktschwierigkeiten sind mir erst während des Focusingprojektes bewußt geworden, und damit wird es jetzt weitergehen. Das macht mir etwas Angst, aber auch dabei ist das Gefühl von Neugierde stärker. Das ist ziemlich aufregend. Aggression und Aufrechtstehen. Hier bin ich am Arbeiten, und in die Richtung will ich auch weitergehen.

Verändert hat sich in meinem Gefühl zu anderen zweierlei. Ich empfinde mich oft als eigener Kosmos, ganz für mich allein und manchmal schon sehr isoliert, aber auch das nicht mehr so schrecklich gnadenlos unüberwindbar wie früher. Da ist schon so eine Ahnung, daß es möglich ist, sich wirklich nahezukommen. Die zweite Veränderung ist allgemeiner. Ich habe die Menschen grundsätzlich lieber als früher; selbst wenn ich wen nicht so gut abkann, ist da ein viel größeres Gefühl von Akzeptanz. Das gibt innerlich auch so ein warmes, frohes Gefühl. Schwer zu beschreiben. So etwas von Miteinanderverbundensein, selbst wenn ich im Alltag Isolation spüre. Mein Gefühl zu meinem Körper hat sich verändert. Ich mag ihn lieber als früher. Nackt zu sein vor anderen habe ich regelrecht gelernt, geübt – und jetzt ist es so angenehm. So etwas von tief durchatmen, sich frei fühlen.

Ich ‹pflege meine Wehwehchen›, und das tut mir auch gut. Vor allem ist ein Effekt, daß ich weniger und weniger krank bin als früher. Ich habe bei Krankheit – Gesundheit auch den Blickpunkt verändert in Richtung Selbstverantwortung und Botschaft des Körpers, die ihren Sinn und Zweck hat. Ganz neu dazugekommen ist für mich überhaupt das Körpergefühl: meinen Körper zu spüren, daß ich überhaupt fühle, wo er hart, steif und undurchlässig ist, und dann den Genuß zu spüren, daß sich Spannungen auch lösen, daß der Atem fließen kann, wie schön es ist, wenn er fließt. Wie schön es ist, entspannt zu sein.

Ich bekomme immer mehr und mehr Raum für mich, kann immer größer und immer weiter werden. Wertvorstellungen lösen sich auf, und dadurch entsteht mehr Raum, viel mehr Freiheit, viel mehr Möglichkeiten ohne ‹Das tut man nicht›, ‹Das ist gut – das ist schlecht›.

Ich könnte noch so viel schreiben, ganz viele Einzelheiten, Beispiele. Wir haben so viel schöne Sachen gemacht. Und wenn ich es mit der rosaroten Brille sehe, mir fällt im Moment nur Schönes ein, und ich bin glücklich und dankbar. Hab so ein bißchen Angst, kitschig zu werden, in Rührung zu schwimmen, aber ich könnte wirklich heulen vor Rührung, und ich bin froh, zum Focusing und zu dieser Gruppe gekommen zu sein.»

*

Weitere Informationen über Einführungs- und Ausbildungsseminare in Focusing erhältst du beim IFN (International Focusing Network)-Büro (8000 München 40, Marktstr. 8). Das IFN führt auch eine Kartei der Focusing-Therapeuten in der BRD, Österreich und der Schweiz und kann dir Adressen vermitteln, wenn du mit Focusing arbeiten willst.
Literatur: Eugene T. Gendlin: Focusing. Technik der Selbsthilfe bei der Lösung persönlicher Probleme. Salzburg 1981.

Informationen über Hakomi-Therapie (Einführungskurse, Ausbildungsmöglichkeiten und Therapeuten-Adressen) erhältst du durch
  Dipl. Psych. Roland Kopp
  Im Linsenbühl 13
  6901 Heidelberg-Dossenheim
Literatur: Ron Kurtz: Körperzentrierte Psychotherapie – Die Hakomi Methode. Essen 1985

Körpererfahrung

sachbuch rororo

C 2163/5

John Selby
Die Augen

Ein Gesundheitsbuch zur
Verbesserung des Sehvermögens
und zur Heilung
von Augenkrankheiten

(8349)

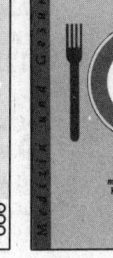

Ingeborg-Christel Spiess
Selbstheilung
bei Nahrungsmittel-
allergien

Erfahrungen
mit den Methoden der
Klinischen Ökologie

(8422)

Lernprogramme

Eine
Auswahl

rororo sachbuch

C 2177/2